Die Kunst des Alterns

KLAUS MÖLLERING HRSG.

Die Kunst des Alterns

Eine Lebensaufgabe

EVANGELISCHE VERLAGSANSTALT
Leipzig

Bildnachweis
S. 22: Michael Birgden
S. 80: Corbis
S. 110: epd/Katharina Eglau
S. 178: Oda-Gebbine Holze-Stäblin
S. 187: Jens Schulze
S. 198: Jörg Machel
S. 228: epd/00835
Norbert Blüm (Cover): epd/49485
Margot Käßmann (Cover): epd/86736
Andrea Schneider (Cover und innen): epd/42679
Friedrich Schorlemmer (Cover): dpa-5236298
Fulbert Steffensky (Cover): epd/82544
Covermotiv (auch S. 168): Getty Images
Die Bildrechte der übrigen Autorenporträts liegen beim jeweiligen Autor/bei der jeweiligen Autorin.
Copyright aller übrigen Bilder: Steffen Giersch, Dresden.

Die Deutsche Bibliothek – Bibliographische Information
Die Deutsche Bibliothek verzeichnet diese Publikation in der Deutschen Nationalbibliographie; detaillierte bibliographische Daten sind im Internet über http://dnb.ddb.de abrufbar.

3. Auflage 2007

Printed in Germany · H 6974

Gesamtgestaltung: Georg Design, Münster
Druck und Binden: Clausen & Bosse

ISBN 978-3-374-02264-9
www.eva-leipzig.de

Inhalt

Vorwort

Kühlschränke werden weithin unterschätzt als lebensnahe Medien für tiefe Einsichten. Den Anstoß zu diesem Buch und den darin versammelten Beiträgen der evangelischen Sendereihe des Deutschlandfunk gab nämlich ein Zettel an einem Kühlschrank. Der steht in der Küche einer sympathischen Frau, die sich in bewundernswerter Weise den Herausforderungen des Alterns stellt. An ihrer Kühlschranktür las ich: »Jugend ist ein Geschenk, Altern eine Kunst.«

Die Besitzerin des Kühlschranks lebt vorbildlich nach diesem Motto. Mit achtzig ist sie noch so offen und neugierig gegenüber ihren Enkeln und Urenkeln, dass sie sich – wenigstens auf diesem kleinen Umweg – an dem Geschenk der Jugend durchaus erfreuen kann. Krankheit und abnehmenden Kräften tritt sie andererseits so ausdauernd, tapfer und engagiert entgegen, wie das auch sonst im Leben überall da nötig ist, wo man es in irgendetwas zu einer Kunst bringen will. Die Erkenntnis, wie richtig dieser Kühlschrankspruch ist, wurde sicher dadurch noch befördert, dass diese Frau meine Schwiegermutter ist. Aber es gibt auch zahlreiche andere Menschen, die sich mit Elan und Einfallsreichtum den Herausforderungen stellen, die das Altern mit sich bringt.

Das ist eine lebenslangen Aufgabe. Deshalb reicht das Altersspektrum der Autorinnen und Autoren dieses Buches von Anfang dreißig bis an die Achtzig. Ihre Beiträge zeigen, wie sehr sich das eigene Verhältnis zum Alter im Laufe eines halben Jahrhunderts Lebenserfahrung ändert. Und es wird deutlich, was wir selbst tun, lernen, leben können gegen die geradezu apokalyptischen Alters-Ängste, die in letzter Zeit geschürt werden: vor einem »Methusalem-Komplott« beispielsweise, einer Verschwörung der vielen Alten gegen die schwindende Schar der Jungen, alles angeblich Vorboten eines drohenden »Kriegs der Generationen«.

Was ist dran an diesen Ängsten? Die demografischen Fakten belegen zwar, dass es in Zukunft deutlich mehr ältere als jüngere Menschen in unserer Gesellschaft geben wird als bisher. Aber muss das solche bedrohlichen Folgen haben oder kann es gelingen, auch dadurch gegebene Chancen zu nutzen? Darüber gehen die Meinungen in der Wissenschaft auseinander. Bei genauem Hinsehen verlieren die finsteren Visionen vieles von ihrem Schrecken: die hohen medizinischen Kosten etwa, die eine vergreisende Gesellschaft mit sich bringt. Diese Kosten entstehen in der Tat vor allem in den letzten Lebensjahren. Aber ob diese nun weit vor oder erst lange jenseits der Achtzig liegen, macht kaum einen Unterschied. Denn laut einer OECD-Studie geht nur ca. ein Fünftel der steigenden Gesundheitskosten auf den wachsenden Anteil alter Menschen in unserer Gesellschaft zurück. Den Löwenanteil verursachen, so sagt diese Studie, politische Fehlentscheidungen.

Mancher Mythos über das Altern wurde mittlerweile enttarnt – nicht erst von der eigenen Schwiegermutter. Die gerontologischen Studien der letzten Jahre, so etwa die »Berliner Altersstudie« oder der »Alterssurvey« von Backes, Clemens und Höpflinger, zeigen, dass trotz wachsender Individualisierung und unterschiedlicher Lebensformen die Beziehungen zwischen den Generationen wieder enger und intensiver werden. Vielleicht liegt das auch daran, dass sie nun unbelasteter sind, weil es mehr Freiheit und größere Spielräume gibt.

Denn die Alten ändern sich, auch das zeigen die Studien. Die Bereitschaft zu lebenslangem Lernen und zur Bewahrung der geistigen Leistungsfähigkeit wächst gerade bei älteren Menschen. Deren Altersgruppe hat unter den Internet-Nutzern derzeit mit die höchsten Zuwachsraten. Nicht nur die Alten, sondern auch die Gesellschaft muss sich künftig vermehrt auf lern- und leistungswillige Ältere einstellen – bei älteren Arbeitslosen, die viel zu rasch in der Sackgasse landen, kann sie das heute schon einüben. Noch arbeitet in der Hälfte der deutschen Unternehmen keiner mehr, der über fünfzig ist! Man wird die Grenze zum »Ruhestand« aber künftig längst nicht mehr so starr und schematisch ziehen können, schon weil die persönlichen Fähigkeiten bei älteren Menschen sehr unterschiedlich ausgeprägt sind – das gilt auch für die Fähigkeit, mit Altersproblemen umzugehen. Und die Unterschiede nehmen mit den Jahren noch zu.

Ungleichheit heißt derzeit oft auch Ungerechtigkeit. Besonders Frauen haben unter Alterslasten und Altersdiskriminierung zu leiden. Das zeigt Margot Käßmann auf (»Sara ging es nicht mehr nach der Frauen Weise«). Doch die Erkenntnis setzt sich durch, dass das eine Geschlecht vom anderen lernen und damit Lebensqualität hinzugewinnen kann: sowohl die Frauen, die sich in der zweiten Lebenshälfte mehr von dem trauen, was sonst Männern vorbehalten war, als auch die Männer, die ihre weiblichen Seiten als bereichernd erleben. So wie Norbert Blüm, der sich über alles freut, was er mit seinen Enkeln erlebt (»Hurra, ich bin Großvater«) – eine Domäne, die früher vor allem den Großmüttern vorbehalten war.

Dem Frieden zwischen den Generationen dient zudem, wenn mit manchem Vorurteil über »die Alten«

aufgeräumt wird. Sie werden auch künftig sicher keine großen Sprünge machen können mit ihren Renten. Und schon heute verjuxen sie ihre Rücklagen nicht so einfach in der weiten Welt, sondern sparen zumeist auch dann noch Geld, wenn sie längst Rente beziehen. Wer das weiß, der lässt sich auf keine falsche Neiddebatte ein zwischen Alt und Jung.

Aber viele Fragen sind noch offen. Bis 2050, so sagt eine Studie der Vereinten Nationen voraus, wird die Bevölkerung Deutschlands um ein Drittel schrumpfen. Wird diese ältere, kleinere Gesellschaft der Zukunft vielleicht sogar reicher sein? Schließlich verteilen sich die vorhandenen Güter und das vorhandene Kapital auf weniger Menschen – nur wie? Das ist eine Frage der Gerechtigkeit. Die Bevölkerungsentwicklung betrifft aber auch Fragen der Sicherheit. Momentan sind fast die Hälfte aller Straftäter jünger als fünfundzwanzig. Bedeuten weniger Jugendliche dann also auch weniger Kriminalität?

Andererseits, so hat der Ökonom und Zukunftsforscher Meinhard Miegel festgestellt, werden die Fixkosten einer schrumpfenden Gesellschaft nur in begrenztem Maße von wachsender Produktivität aufzufangen sein. Die gleichbleibenden Kosten müssen dann auf weniger Köpfe verteilt werden. Zukunftsforscher in den USA haben dieses Dilemma, irgendwann zB. zwischen den Versorgungskosten für die Alten und den Verteidigungskosten entscheiden zu müssen, auf die griffige Formel gebracht: *Guns or wheelchairs* – Gewehre oder Rollstühle? Wahrlich eine Friedensfrage!

Welches Bildungs- und welches Sozialsystem werden wir wählen? Welche Zuwanderungs- und welche Familienpolitik? Wie diese Entscheidungen fallen, hängt sehr davon ab, wie wichtig unsere Gesellschaft künftig die

Altersfrage nimmt, ob Altern zum Angstwort wird oder zur lebenslangen Aufgabe, ob es eine Katastrophe sein muss oder eine Kunst sein kann.

Das ist der Hintergrund, vor dem achtundzwanzig Christinnen und Christen über das Altern nachgedacht haben, oft sehr persönlich. Die jüngeren von ihnen haben nach Vorbildern beim Altern und nach ersten Spuren der Veränderung bei sich selbst gesucht. Eine ihrer Antworten: Je eher ich mich dem Altern stelle, desto besser lerne ich, mich darauf einzustellen. Die eigenen, engeren Grenzen akzeptieren, aber auch immer wieder neu anzufangen, die neuen Freiheiten genießen, die es innerhalb dieser Grenzen gibt – auch das gehört zur Kunst des Alterns. Brücken zu schlagen zwischen den Generationen, nach Versöhnung zu suchen und die Unterschiede zwischen Männern und Frauen besser auszuhalten. Sterbende begleiten und selbst die allerskeptischsten Fragen zuzulassen. Aber auch von der Hoffnung erzählen, dass mit dem Tod nicht alles zu Ende ist, dass es zu den wichtigsten Erfahrungen im letzten Teil des Lebens gehört, den eigenen Wert und die eigene Würde nicht mehr erarbeiten zu müssen, wie auch Fulbert Steffensky in der »Kunst des Abdankens« ausführt. Gerade weil die »Kunst des Alterns« sich auf den Trost, die Gelassenheit und die Verheißung stützen kann, die der christliche Glaube bereithält.

Ich danke den Autorinnen und Autoren für ihre achtundzwanzig geistlichen Essays – Kunst und Geschenk zugleich. Mein Dank gilt ebenso all denen, die mitgeholfen haben, dass diese Beiträge nun zu hören und zu lesen sind.

Berlin, im Januar 2005 *Klaus Möllering*

T-Shirt-Weisheiten

von Friedrich Grotjahn

Als ich dreißig wurde und fasziniert war von den Romanen von Albert Camus, da war es, dass ich – eben bei Camus – den Satz las: »Eines Morgens wacht man auf und entdeckt, man ist dreißig; damit fängt es an.« Was fängt damit an? Das Wissen, dass man mit diesem Alter nicht mehr unsterblich ist? So etwas muss wohl auch der Tennisspieler Andre Agassi gemeint haben, als er im vorigen Jahr sagte: »Ich bin unsicher, weil ich vierunddreißig bin. Ich war niemals zuvor vierunddreißig.«

Als ich vierzig wurde, wohnte ich in Stuttgart. Und dort in Schwaben wurde ich von verschiedenen Seiten darauf hingewiesen, dass ein Schwabe mit vierzig »gscheit« werde. Ich bin aber kein Schwabe geworden. Außerdem war ich in den Jahren beruflich derart eingespannt, dass ich mich ums Gescheitwerden nicht auch noch kümmern konnte.

Als ich fünfzig wurde, dachte ich: Jetzt bricht das Alter über dich herein. Ich las zu der Zeit vor allem norwegische Schriftsteller, und prompt fand ich bei Knut Hamsun den Satz: »Wenn man fünfzig ist, fangen die Siebziger an.« Hamsun wurde dreiundneunzig. Doch dann geriet ich an den weniger bekannten Öystein Lönn, der über das Leben eines Mannes mit Namen Reber schreibt: »Als er fünfzig geworden war, hatte er beschlossen, dass es vorbei sein sollte. Aber es hatte nichts gebracht. Er hatte weitergemacht wie vorher, ohne darüber nachzudenken.« Und auch ich war erstaunt, wie das alles einfach so weiterging.

Als ich sechzig wurde, fiel mir plötzlich ein, dass ich jetzt älter war als mein älterer Bruder, der mit neunundfünfzig gestorben war. Das war eine ganz eigene Erfahrung. Ohnehin fand ich: Sechzig ist schwierig. Das war auch einem Freund so gegangen, der mir um ein halbes Jahr voraus ist. So habe ich mich an meinen sechzigsten Geburtstag herangeärgert, überlegt, ob ich ihn einfach nicht zur Kenntnis nehmen sollte, habe dann schließlich – dazu tat die Diskussion mit meiner Frau das ihrige – beschlossen, nicht so zu tun, als wäre das ein Tag wie jeder andere, mich nicht wegzuducken oder wegzufahren, sondern richtig zu feiern mit Verwandtschaft und Freundschaft. Es wurde dann auch eine schönes Fest. Und als ich mich davon erholt hatte, war ich schon bald einundsechzig.

Jetzt werde ich siebzig. Will ich der Kundenwerbung glauben, befinde ich mich im Übergang von den »vitalen Sechzigern« zu den »aktiven Siebzigern«. In zehn bis fünfzehn Jahren werde ich, wenn ich dann noch am Leben bin, zu den »Hochbetagten« gehören und für die Werbung nicht mehr so interessant sein.

Mein Leben lang habe ich mich für T-Shirts interessiert, will sagen, seit es sie gibt, und es gibt sie, seitdem sie mit den Jeans in unserem Kulturkreis Einzug hielten. Nicht, dass ich selbst ein T-Shirt-Träger geworden wäre. T-Shirts interessieren mich vor allem an anderen Menschen, und da auch nur die beschrifteten, sofern es sich nicht ausschließlich um Reklame handelt. Schön fand ich zum Beispiel den Satz: »Gib Alles!« hinten auf einem T-Shirt, das den Träger vorn als Mitglied des Kinder- und Jugendturnvereins Haselünne auswies. Gern lasse ich mich durch ein T-Shirt auch darauf hinweisen, dass »Der Kleine Prinz lebt«.

Drei T-Shirt-Sprüche aber haben es mir besonders angetan. Auf den ersten stieß ich, als ich hinter einem klapperdürren, blassen Jüngling her ging, der in das schwärzeste Schwarz gekleidet war. Die Aufschrift, giftgrün auf dem schwarzen Tuch: »This day is the first day of the rest of your life.« – »Dieser Tag ist der erste vom Rest deines Lebens.«

Das Wissen, dass jeder Tag ein Tag näher zum Tod hin ist, ist eigentlich ein Gemeinplatz und gilt für den eben geborenen Säugling ebenso wie für die »hochbetagte« Greisin. Doch dieser Spruch auf dem Rücken eines noch jungen Menschen hat etwas Unzeitgemäßes und berührt anders, als wenn jemand in meinen Jahren davon spricht. Jeder Altersstufe folgt eine andere, der

Kindheit die Jugend, der Jugend das Erwachsensein und dem das Alter. Dem Alter folgt aber nichts als nur der Tod. Sicher, er kann jederzeit kommen, doch nach dem Alter kommt er bestimmt. Wenn man sich schon in jüngeren Jahren von dem Gedanken an die Begrenztheit des Lebens hat berühren lassen, dann kann das für das Alter ein Gewinn sein, denn der Tod, der im Alter unausweichlich auf einen zukommt, ist dann keine so plötzliche Bedrohung mehr. Und so wird das Alter zu der privilegierten Lebenszeit, in der man sich »den Tod vor Augen«, in seiner Begrenztheit einrichten kann, nicht mehr irgendwelchen Zielen nachlaufen muss, sich darum kümmern kann, was der heutige Tag erfordert.

»Wer ist unter euch, der seines Lebens Länge eine Spanne zusetzen könnte, wie sehr er sich auch drum sorgt?«, lese ich in der Bergpredigt. Die Textpassage, zu der dieses Wort gehört, läuft nicht darauf hinaus, dass man ständig auf das Ende starrt, sondern dass man sich dem zuwendet, was heute dran ist. Weiter heißt es dort: »Darum sorgt nicht für morgen, denn der morgige Tag wird für das Seine sorgen.« Das ist mir wichtig.

Und was ist heute dran? Letzten Herbst erhielt ich einen Brief von einer Freundin. Dem war ein Zeitungsausschnitt beigelegt, in dem die Rede von zwei älteren Herren war, die im Park auf einer Bank saßen und die Wärme genossen. »Weißt du, wenn ich mir den Platz aussuchen könnte, wo ich einmal sterbe«, sagte der eine, »dann würde ich im Sommer meinen Garten und im Winter mein Gewächshaus wählen.« – »Wenn ich wüsste, wo ich einmal sterbe«, brummelte der andere, »dann ginge ich einfach nicht hin.«

Meine Freundin schrieb dazu: »Meine Mutter starb im vorigen Sommer mit sechsundneunzig, und ich habe mich endlich mit ihr aussöhnen können. Zu meinem eigenen Tod geht es mir wie dem zweiten Herrn aus der Zeitung. Aber obwohl ich sechsundsiebzig bin, interessiert mich das noch nicht besonders.«

Meine Freundin lebt im Einklang mit der Bergpredigt. Sie hat getan, was »heute« dran war, hat sich mit ihrer Mutter ausgesöhnt. Und wo das gelungen ist, wird dann auch der »morgige Tag für das Seine sorgen«, bis es schließlich einen Tag geben wird, an dem nur noch das Gebet des Mystikers Thomas Merton gilt: »Lehre mich, in jenes Land zu gehen jenseits der Worte und jenseits der Namen.«

Die zweite T-Shirt-Weisheit entdeckte ich während eines Kindergeburtstags. Sie stand auf dem himmelblauen T-Shirt eines schüchternen Zwölfjährigen. Dargestellt war ein Segelschiff auf rollenden Wogen, und darunter las ich die Worte: »Don't give up the ship!« – »Gib das Schiff nicht auf!«

Ein schöner Spruch für eine stolze Lebenshaltung! Er ruft dazu auf, Lebensträume nicht aufzugeben, bei dem zu bleiben, was einem wichtig ist, und auch bei stürmischem Wetter nicht klein beizugeben. »Don't give up the ship!« Für mich in meinen Jahren gehört noch dieses dazu: das Alter anzunehmen, aber es nicht einfach hinzunehmen und mich nicht dem vorherrschenden Altersbild anzupassen.

In seinem Buch »Die verwerfliche Alte« erzählt Dieter Lattmann die Geschichte einer Frau, die sich mit über siebzig in der Friedensbewegung engagiert. Bei einem NATO-Manöver setzt sie sich mit anderen zusammen in eine Durchfahrt und blockiert die Ausfahrt der Panzer.

Später kommt sie deswegen vor Gericht und wird verurteilt. Man hält ihr vor, dass es in ihrem Alter üblicherweise um andere Aktivitäten und vor allem Passivitäten geht. Ihr Kommentar: »Was hat das Alter für einen Sinn, wenn es nicht frei macht?«

Das Alter muss nicht eindimensional verlaufen. Wenn das, was noch geht, die einzige Frage bleibt, dann hat man schon aufgegeben. Das Eingeständnis, begrenzt und auch in mancher Hinsicht hilflos zu sein, ist kein Grund, einfach alles nur noch hinzunehmen. Mit Lebenskrisen umzugehen kann ich lernen, und diese Lernfähigkeit ist wesentlich davon abhängig, welches Interesse ich an der Welt, an den Dingen um mich herum behalte, wie aufgeschlossen ich bleibe, mit welcher Neugier ich anderen Menschen begegne.

Bei den heute so viel gescholtenen Achtundsechzigern gab es den Spruch: »Wer sich nicht wehrt, lebt verkehrt.« Mir hat er immer besser in seiner Umkehrung gefallen, die da lautet: »Wer nicht lebt, wehrt sich verkehrt.«

»Gib das Schiff nicht auf!« – Der amerikanische Sozialpsychologe Erik H. Erikson hat von der Integrität des Alters gesprochen, die vor Verzweiflung und Ekel über das Leben bewahrt. Es geht um das Bewahren der eigenen Lebensform mit einer ganzheitlichen Auffassungs-, Reaktions- und Erlebnisweise. Es geht um Menschen, die ihr Dasein mit seiner ganz eigenen Vergangenheit und Gegenwart als den einen und einzigen Lebenszyklus annehmen und nicht in die Erinnerungsfalle tappen, die immer nur nach verpassten Möglichkeiten fragt.

Worauf es ankommt, ist, eine positive Bilanz des Lebens zu ziehen, das eigene Leben als das eigene anzunehmen und sich mit ihm auszusöhnen. Knut Hamsun hat, und zwar in einem weit höheren Alter als meinem jetzigen, geschrieben: »Ich bin ziemlich weit herumgewandert in meinem Leben, und ich bin jetzt stumpf und verblüht. Aber ich habe nicht den perversen Glauben der Greise, dass ich weiser geworden sei, als ich war. Und ich hoffe auch, dass ich niemals weise werde ... Wenn ich Gott für das Leben danke, so geschieht das nicht kraft einer höheren Reife, die mit dem Alter gekommen ist, sondern weil ich immer Freude am Leben gehabt habe.«

Die dritte T-Shirt-Weisheit stand in ziegelroten Buchstaben auf einem dunkelblauen T-Shirt, Größe XXL, getragen von einem Mann in den »besten Jahren«, der fröhlich lachend auf mich zukam. Da stand: »It's never too late to have a good childhood.« – »Für eine gute Kindheit ist es nie zu spät.«

Das, was dieser Spruch aussagt, lässt sich nicht auf eine einzige Formel bringen. Es kann heißen, im Alter wieder an etwas anzuknüpfen, was ich in der Kindheit einmal angefangen, dann aber wieder aufgegeben hatte. Ich kann zum Beispiel wieder anfangen, Klavier zu spielen oder Französisch zu lernen.

Im vergangenen Herbst hörte ich im Radio ein Gespräch mit dem Altersforscher Hartmut Radebold, der inzwischen siebzig Jahre alt ist und die Möglichkeit hat, seine Forschungsergebnisse an sich selber auszuprobieren. Im vorigen Jahr hat er sich einen Jugendtraum erfüllt: Er hat den Lokomotivführerschein gemacht. Es ging ihm darum, nach den Zwängen, die das Berufsleben ihm auferlegt hatte, den, wie er sagte: »Jungen in mir zu akzeptieren«, Fähigkeiten zu reaktivieren, die in der Jugend einmal vorhanden waren, andererseits aber auch, Lebensmöglichkeiten zu erproben, die ihm damals nicht offen standen.

Doch mir scheint, der Spruch von der lebenslangen guten Kindheit geht darüber hinaus. Es geht darum, mit dem, was man mitbekommen hat, so umzugehen, dass immer wieder etwas Neues daraus werden kann. Es geht darum, in alledem noch und intensiv weiterzuleben.

Und schließlich hat mich dieser T-Shirt-Spruch wieder auf ein Wort von Jesus aufmerksam gemacht. Jesus, für den Kinder nicht einfach Noch-nicht-Erwachsene, sondern Persönlichkeiten im vollen Sinne des Wortes waren, hat den Großen zugemutet, von diesen Kleinen zu lernen. Und zwar nicht wegen ihres »naiven« Weltbildes, sondern wegen ihrer Fähigkeit, ohne Hintergedanken, ohne Nachzurechnen und ohne Argwohn das Leben als Geschenk anzunehmen: »Wenn ihr nicht umkehrt und werdet wie die Kinder, so werdet ihr nicht ins Himmelreich kommen.«

Friedrich Grotjahn, evangelischer Theologe, wurde 1935 geboren und wohnt heute in Bochum. Bis 1991 wirkte er als Gemeindepfarrer, Studentenpfarrer und als Generalsekretär der Evangelischen Studentengemeinden. Zwei Jahre lang baute er ein ökumenisches Bildungswerk in Norwegen für StudentInnen aus aller Welt mit auf.
Seit 1991 arbeitet er als freier Journalist und Autor mit den Arbeitsschwerpunkten Theologie, Kirche, Literatur und Kultur vor allem für den Hörfunk.

So möchte ich alt werden
von Michael Birgden

Irgendwo auf der Welt gibt's ein kleines bisschen Glück.
Und ich träum' davon in jedem Augenblick.
Irgendwo auf der Welt gibt's ein bisschen Seligkeit.
Und ich träum' davon schon lange lange Zeit.
(Werner R. Heymann, 1932)

Wie kann ich in Würde alt werden? Ich bin gerade über dreißig. Wenn ich also die für mich als Mann durchschnittliche Lebenserwartung von 78,5 Jahren erreiche, habe ich noch fast ein halbes Jahrhundert Zeit, um das heraus zu finden. Doch schon jetzt ahne ich, dass es einer Kunstfertigkeit bedarf, lustvoll zu altern, und dass nicht jedem diese Fertigkeit in die Wiege gelegt worden ist. Doch wo kann ich diese Kunst erlernen, damit mir, auch bei schwindenden Möglichkeiten, noch die Freude am Leben erhalten bleibt?

Uns »fehlt eine Kultur des Alterns«, sagt der Berliner Altersforscher Paul Baltes. Unsere Gesellschaft setzt auf ewige Jugend. Altsein hat keine Lobby und erscheint so für mich wenig attraktiv. Die in diesem Zusammenhang aufgekommene Rede von den »jungen Alten« und »rüstigen Rentnern« verschiebt das Problem lediglich auf die Lebensphase ab fünfundsiebzig, in der Krankheit und Tod unausweichlich näher rücken – und oft leider auch die Einsamkeit. Wenn die körperliche Leistungsfähigkeit schwindet und ich von immer mehr Menschen meiner Generation Abschied nehmen muss, wie kann ich mir bis zuletzt die Freude am Leben bewahren?

Man muss schon ein »Alterskünstler« sein, um den Schattenseiten des Alters etwas Positives abzugewinnen. Ein Künstler, der es versteht, bei abnehmenden Lebensmöglichkeiten seinen Ort neu zu entdecken. Ein Künstler, der kreativ und inspiriert die Altersweisheit formt und dem es gelingt, die Disharmonien des Lebens formvollendet in einen fulminanten Schlussakkord zu verwandeln.

»Die Kunst des Alterns«, wie erlernt man sie? Es heißt, dass mit dreißig der Alterungsprozess einsetzt. Noch spüre ich nicht viel davon. Mit Anfang dreißig bin ich mit dem Aufbau meiner beruflichen Existenz beschäftigt, wir erwarten unser erstes Kind, es ist eine wunderbare Zeit. Ich habe Entscheidungen getroffen: in welche Richtung ich beruflich gehe und wen ich heirate. Dass mir nicht mehr alle Möglichkeiten offen stehen, wie mit Anfang zwanzig, erscheint mir nicht als Verlust. Es ist enorm entlastend, endlich erwachsen zu sein. Doch wird diese spannende Zeit nicht ewig anhalten. Auch ich werde mit zunehmendem Alter immer öfter Abschied nehmen müssen. Und das kann auch einem Zweiunddreißigjährigen Angst machen.

Ich suche also nach Vorbildern. Doch es ist nicht leicht, welche zu finden. Denn alt bedeutet nicht automatisch auch weise. Wer kann mich »Die Kunst zu altern« lehren, mir beibringen, gelassen dem Älterwerden entgegenzugehen?

Um das herauszufinden, treffe ich mich mit Gerda Kirchhoff. Die Dreiundachtzigjährige habe ich in der Gemeinde, in der meine Frau Pfarrerin ist, kennen gelernt. Sie hat mich von Anfang an fasziniert, denn sie strahlt eine Weisheit aus, die neugierig macht. Ihre wachen Rückfragen, ihre treffenden Anmerkungen machen sie zu einer vorzüglichen Gesprächspartnerin auch für einen jüngeren Menschen wie mich. Dabei hätte sie vielleicht Grund, am Altsein zu verzweifeln. Sie erlebt ihr Alter ohne ihren geliebten Mann. Ihr schwächer werdendes Augenlicht schränkt ihren Bewegungsradius immer weiter ein und seit einem schweren Sturz vor ein paar Monaten ist sie von ständigen Schmerzen geplagt. Sie ist vom Alter gezeichnet und versprüht dennoch eine Lebendigkeit, die fasziniert. So möchte ich alt werden. Und auch wenn ich weiß, dass jeder für sich altern wird, will ich von ihrer »Kunst zu altern« lernen. In ihren Äußerungen spürt man den Widerschein eines reich gesegneten Lebens:

Ich habe von Gott Begabungen mitbekommen. Diese Begabungen konnte ich in allen meinen Berufen wirklich einsetzen. Und das ist in meinem Leben eigentlich meine größte Freude: Dass ich, wo ich echte Begabungen spürte und hatte, diese auch beruflich einsetzen konnte.

Mit welchen Begabungen bin ich ausgestattet worden? Nutze ich sie auch alle in meinem selbst gewählten Beruf, oder schlummern sie den Arbeitstag über und warten begierig auf den Feierabend, um sich endlich zu entfalten? Auch mir war es wichtig, meine Talente in die Waagschale zu werfen, als ich mich gegen eine feste Anstellung mit monatlichen Bezügen entschied und als Theologe in die Freiberuflichkeit ging. Natürlich zwingen mich die Sorge um meine Mitarbeiter und die Notwendigkeit, mit meinem Können Geld zu verdienen, bisweilen schmerzliche Kompromisse einzugehen, zum Beispiel den Auftrag, der mehr Geld in die Kasse bringt, dem vorzuziehen, der mich inhaltlich mehr herausfordert. Aber dass ich das so kann: auswählen, schauen, dass mich meine berufliche Tätigkeit voll und ganz erfüllt und meine Begabungen einsetzen – das empfinde auch *ich* als Geschenk Gottes. Wie sehr dies eine Gnade ist, erlebe ich schon allein dann, wenn Freunde unverschuldet arbeitslos werden oder unglücklich in Arbeitsroutinen gefangen sind, die sie mittlerweile weder herausfordern noch reizen. Und sie haben in der Regel noch mehr als dreißig Jahre Berufsleben vor sich. Den ersten Hinweis, wie die Kunst des Alterns zu erlernen ist, fand ich in der Bibel: Wuchere mit den Pfunden, sprich, mit dem, was dir als Begabung geschenkt wurde.

Es war für mich immer selbstverständlich, dass ich im Leben meine Frau stehe. Früher hat man gesagt: seinen Mann stehen. Für mich war es eben so wie für die meisten Frauen, die zuhause blieben. Ich wusste: Das war mein Leben und hier drin musste ich nun weitermachen.

Gerda Kirchhoff ist gelernte Kinderkrankenschwester, wollte aber ungern nur mit Babys arbeiten – mit Neugeborenen könne man schließlich noch nicht viel reden. Der Zufall wollte es, dass sie nach 1945 von den Engländern mit der Aufgabe betraut wurde, vom Krieg ausgezehrte Kinder seelisch und physisch aufzupäppeln. Aus den Kindern wurden später Studentinnen, die sie in einem Wohnheim betreute. Ist es das, was ihre Kunst zu altern ausmacht, frage ich mich? Dass sie sich immer mit der nachkommenden Generation beschäftigt hat, ihre Sorgen und Fragen mit durchlebt hat und immer noch durchlebt? Hat sie das jung gehalten?

Ich möchte immer noch alles mitbekommen. Und ich bin niemand, der sagen würde: Das hat's früher bei uns nicht gegeben. Es macht immer der Ton die Musik und ich habe dafür Verständnis, dass es die Jugend heute auf andere Weise schwerer hat als wir. Wir konnten unser Examen machen und stiegen dann auch in den Beruf ein, den wir gelernt hatten. Heute können die jungen Menschen das nicht so einfach.

Heute braucht man also »lebenslanges Lernen«, um zurechtzukommen. Das ist eine Schlüsselqualifikation und eine wunderbare Idee. Doch es ist eben nicht reines Vergnügen – schließlich reicht es nicht, ein ganzes Leben lang irgendwelche Weisheiten anzusammeln. Die Halbwertszeit des Wissens, welches ich zur Ausübung meines Berufes benötige, ist derart kurz, dass ich ständig am Ball bleiben muss, um meinen Job nicht aufs Spiel zu setzen. Und es heißt auch: Mit dem Beruf, mit dem ich ins Berufsleben eingestiegen bin, werde ich höchstwahrscheinlich nicht ins Rentnerdasein eintreten – wenn es das für unsere Generation überhaupt noch gibt. Auch der Berliner Altersforscher Baltes dämpft die Euphorie über das lebenslange Lernen: Er schreibt: »Du bist niemals komplett. Es wird niemals eine Phase geben, in der du dich einfach bequem treiben lassen kannst.« Baltes hat das 21. Jahrhundert deshalb das »Zeitalter des chronisch unfertigen Menschen« genannt.

Gerda Kirchhoff gab mir noch einen weiteren Hinweis, was die »Kunst des Alterns« ausmacht: Neugierde. Das bedeutet, auch mit nachlassendem Augenlicht so viel wie möglich mitbekommen zu wollen, sich auf die jüngeren Generationen einzulassen und ihre Fragen und Probleme ernst zu nehmen. So bin ich ja überhaupt auf Gerda Kirchhoff gekommen. Sie gehört eben nicht zu den alten Menschen, die das Gespräch abbrechen mit dem Hinweis: Dafür bin ich zu alt. Das verstehe ich sowieso nicht mehr. Im Gegenteil: Sie ist trotz ihres Alters derart neugierig, dass sie mir als jungem Menschen Tipps geben kann. Und sie hört so genau hin, dass ihr Antworten eben nicht gut gemeinte Ratschläge sind. Es sind Weisheiten, die auch in meine fünf Jahrzehnte jüngere Lebenswelt passen. Sie beherrscht es virtuos, eine Brücke zu den Generationen zu bauen. Das ist sicher auch ein Grund, warum sie so viele lebendige Beziehungen zu den Menschen ihrer Umgebung hat. Und sie bekommt von ihnen vieles zurück: Als sie nach ihrem schweren Sturz im Krankenhaus lag, gaben sich die Besucher die Klinke in die Hand.

Doch um die Kunst des Alters wirklich zu erlernen, brauche ich noch mehr Hinweise. Ich frage sie, ob sie mit den Jahren religiöser geworden sei. Ihre Antwort:

Religion hat mich immer interessiert. Aber diese wirklich tiefe Gläubigkeit, die hab ich mit der Zeit immer mehr bekommen. Ich weiß mich ganz sicher an Gottes Hand, auch wenn mein Leben morgen beendet wäre. Obwohl ich natürlich auch spüre, dass ich noch gar nicht gerne gehen möchte, wenn es soweit ist.

Das ist die Kunst der tiefen Gelassenheit. Hoffentlich erlerne ich die auch, denke ich. Gerade jetzt, wo ich langsam etwas Routine im Beruf habe, wo ich mich auf meine Fähigkeiten verlassen kann und mich die Zweifel an meinem Können nicht sofort aus der Bahn werfen. Aber ich bin noch weit davon entfernt, ein gelassener Mensch zu sein. Zu sehr peitscht mich der Ehrgeiz, zu sehr treibt mich der Wunsch, meine Ziele auch zu erreichen. Auch versetzt es mich in Unruhe, wenn ich erlebe, wie sehr sich die wilden Achtundsechziger – gerade in den Führungspositionen angekommen – mit ihren Pensionsansprüchen und ihrer Versorgungsmentalität hervorragend etabliert haben. »Jetzt sind erst mal wir dran«, scheint heute ihre heimliche Parole zu sein. Wie kann man gelassen sein bei all den brennenden Zukunftsfragen, wie der nach der demografischen Entwicklung und den Fragen, wie unter den derzeitigen Bedingungen der Sozialstaat zu erhalten sei, Fragen nach dem Gesundheitswesen, dem Klimawechsel und der Globalisierung? Aber ich bin mir sicher, dass sich Gerda Kirchhoff diese Fragen auch stellt – und dennoch weiß sie sich sicher an der Hand Gottes.

Das ist der Schlüssel: das Notwendige tun und, wenn es sein muss, auch dafür kämpfen – eben die Begabungen einsetzen. Zu wissen, da ist jemand im Hintergrund, der mich sicher an seiner Hand geleitet.

Und wenn etwas gelingt, sich nicht selbstgefällig auf die eigene Schulter klopfen, denn meine Fähigkeiten sind mir geschenkt worden und es ist nicht selbstverständlich, dass ich sie auch einsetzen kann. Eine solche tiefe Gelassenheit muss bei mir erst noch reifen – und sogar bei Gerda Kirchhoff, denn schließlich würde auch sie noch gerne bleiben.

Ich sage: Gott, ich weiß, irgendwann muss ich sterben. Aber so lange du mich noch brauchst, würde ich ganz gerne noch leben. Mein Leben war ganz ausgefüllt – auch mit Trauer. Aber danach bin ich sofort wieder eingestiegen in den »Treffpunkt Teestube«. Das wäre für mich nichts gewesen: Hier zuhause zu sitzen.

Im Auftrag Gottes leben und handeln, und das bis ins hohe Alter. Immer noch auf der Suche danach, wo ihre Hilfe, wo ihre Fähigkeiten gebraucht werden. Gerda Kirchhoff macht vielleicht kleinere Schritte und längere Pausen, um wieder Kraft zu schöpfen, aber sie ist immer auf der Suche und hat ein Gespür für die Fragen und Nöte von Menschen. Was mich daran fasziniert, ist, dass Gerda Kirchhoff trotz ihrer schwachen Augen, der schmerzhaften Rückenverletzung, die nur noch langsam heilt, immer noch bereit ist, für andere da zu sein, weil das für sie im Sinne Gottes ist. Und ich vermute, zur Kunst des Alters gehört es, auch in seinem Leben nach Spuren Gottes zu suchen und sich danach zu richten.

Ich glaube nicht mehr, dass es nur Zufälle gibt. Ich denke, »wer sucht, der findet«. Alles, was ich erlebt habe, habe ich auch in mich aufgenommen. Später denkt man dann manch-

mal: Siehst du, das war kein Zufall, das hast du erleben müssen.

Echte Schicksalsschläge stehen für mich noch aus. Natürlich habe ich auch schon schwierige Phasen durchgemacht: Misserfolge in Prüfungen, den Tod meiner Großeltern. Aber ich musste keinen Krieg erleben, habe die Liebe meines Lebens nicht zu Grabe getragen – wie Gerda Kirchhoff. Sie hat diese schrecklichen Erfahrungen durchlebt und durchlitten und ist trotzdem in der Lage gewesen, für sich einen Sinn darin zu finden. Sie hat die Fähigkeit, in den Spuren des Leids und der Traurigkeit Gott zu suchen.

Ich habe diesen einen Engel gesehen. Und ich werde ihn nie nie vergessen. Das war ein Gesichtchen voller Liebe und Zärtlichkeit und zugleich großer Trauer. Ich habe so etwas noch nie gesehen. Ich habe viele Engelbilder nachgeguckt und nichts Vergleichbares gefunden. Und da habe ich mich dann gefragt: Willst du dieses Gesicht eigentlich wirklich finden? Du hast es doch gesehen.

Michael Birgden wurde 1972 in Remscheid geboren. Er studierte Theologie und kam schon während seines Studiums mit der Rundfunkarbeit in Berührung. Zuerst arbeitete er als Reporter und Moderator von »Sonntags bei uns« bei NDR1 und dann für die Morgenandachten im Jugendsender EINS LIVE (WDR). Heute ist er Geschäftsführer der Kommunikationsagentur Kerygma, die seit 1997 kirchliche Einrichtungen bei ihrer Medienarbeit berät. In jüngster Zeit sind regelmäßige Beiträge für »Gott und die Welt« im WDR Fernsehen hinzu gekommen. Michael Birgden ist mit der Pfarrerin Christiane Schulte-Birgden verheiratet, lebt in Köln und engagiert sich ehrenamtlich als Prädikant.

Michael Birgden sprach mit Gerda Kirchhoff, geb. Winschermann, Jahrgang 1921.

Siebzig Jahr, blondes Haar?

von Barbara Manterfeld-Wormit

Als ich Kind war, gab es das Alter nicht. Nicht nur, weil ich selbst blutjung war. Kinder denken nicht in den abstrakten Kategorien der Erwachsenen. Das Alter ist das Schreckgespenst von uns Großen. Mit Vorliebe bemüht von der Werbung, die uns Abend für Abend vor dem Bildschirm fragt, ob wir uns dieses Leben auch »im Alter« noch leisten können. Das Alter ist eine Erfindung von Erwachsenen: sachlich, unpersönlich und vor allem freudlos. Wenn vom Alter die Rede ist, geht es nicht um Weisheit und Lebenserfahrung, um Enkel und einen ruhigen Lebensabend. Das Alter meint dann eine Welt, die von mangelnder Altersvorsorge und Rentenloch, Falten, grauen Haaren, Einsamkeit und Demenz bestimmt ist.

Aber Kinder sind Reisende zwischen den Welten. Sie pendeln neugierig und unbefangen zwischen Kinder- und Erwachsenenwelt, zwischen Kindheit und Alter. Ich reiste als Kind in die Welt der kleinen Hexe des Kinderbuchautors Otfried Preußlers und begleitete die bereits 127-Jährige auf ihrem Ritt durch die Hexenwelt. Im wahren Leben bestieg ich in regelmäßigen Abständen einen Bus und fuhr in den Südwesten Berlins. Dort klingelte ich an einem mehrstöckigen Mietshaus und betrat die Welt meiner Großeltern. Heute weiß ich: Es war die Welt des Alters in ihren unzähligen Facetten – fremd und vertraut, unheimlich und anziehend zugleich. Hier gab es einerseits Zeit im Überfluss, ein offenes Ohr für jeden Kummer, wahre Geschichten von früher bei Keksen und Schokoplätzchen und eine gemütlich tickende Wanduhr, die die Stunden schlug. Als Kind habe ich diese Welt geliebt. Und am allermeisten liebte ich meine Großeltern.

Andererseits: Ehe ich die Treppe zu ihrer Wohnung im vierten Stock erreichte, tat sich meist eine andere Tür auf. Dahinter erschien eine in meiner Erinnerung uralte Frau: Sie trug einen altmodischen Dutt auf dem Kopf und eine geblümte Kittelschürze über dem Kleid. Ihr Rücken war gebeugt, die Hand umfasste einen Krückstock. Aus der Wohnung kroch der Geruch nach Essen und Alter. Sie lebte allein. Ohne Angehörige. Besuch hatte sie selten. Und so lauerte sie auf jeden, der an ihrer Tür vorbeiging. Der Hausflur als letztes Tor zur Außenwelt. Als Kind hatte ich Angst vor ihr und war jedes Mal froh, wenn ich unbehelligt passieren konnte.

Wenn sich die nächste Wohnungstür einmal zufällig öffnete, war es mir nicht weiter unangenehm. Hier wohnte ein altes Ehepaar, das selbst Enkel hatte. Die Frau verschwand eiligst in der Küche und kehrte stets mit einer Tafel Schokolade zurück. Ihr Mann unterhielt mich in der Zwischenzeit mit Witzen. Durch den Türspalt spähte ich in den Flur. Dort standen Möbel wie aus einem Museum und es roch nach Maiglöckchenparfum. Während ich mich artig bedankte, warf ich stets einen staunenden Blick auf die Haare der freundlichen Nachbarin: Sie waren feuerrot gefärbt. Die meiner Großmutter waren grau.

Das Haus in Berlin-Charlottenburg steht noch. Doch hinter den Türen wohnen andere Menschen. Von den Alten ist niemand mehr am Leben, auch meine Großmutter nicht. Aber noch heute – Jahre nach ihrem Tod – höre ich ihre Stimme, mit der sie mich scherzhaft fragt, ob sie sich nicht auch ihre »ollen grauen Haare« rot färben solle. »Nein«, habe ich ihr damals empört geantwortet, »deine weißen Haare sind wunderschön!« Nie hätte ich mir meine Großmutter anders gewünscht. Ich mochte ihre Haare, ihre Falten, ihren leicht gebeugten Gang und die braunen Altersflecken auf ihren Händen. In meinen Augen war sie wunderschön. Eine Frau, die altern konnte ohne jede Künstlichkeit. Damals hatte ich vor dem Alter keine Angst.

Inzwischen kringeln sich auch auf meinem Kopf einzelne graue Haare. Ich finde sie – anders als bei der eigenen Großmutter – nicht schön, sondern ärgere mich darüber. Ich liebe mein Leben, doch das eigene Alter liebe ich nicht. Noch steht es nicht unmittelbar vor der Tür wie die einsame Alte von damals, doch es schickt hin und wieder dezente Botschaften an meine

Adresse und erinnert mich daran, dass es existiert und näher kommt mit jedem Jahr, das geht: das Alter – *mein* Alter.

»Mama, wenn du dann noch lebst, lade ich dich zu meiner Hochzeit ein!« Meine eigene fünfjährige Tochter hat mich unsanft daran erinnert: Ich gehöre nicht mehr zu den Jüngsten – sie, meine Kinder, gehören dazu. Ihnen gehört die ganz große Zukunft, mir der kleinere Teil davon.

Im ausgehenden Mittelalter machten sich die Menschen ein Bild vom Alter, indem sie sich das Leben als Treppe vorstellten, die uns erst auf-, dann abwärts führt. Von der Wiege bis zur Bahre führen Stufen: Auf der ersten befindet sich das Baby, auf der zweiten das Kind, auf der dritten der Jüngling, auf der obersten der Ehemann samt Kindern und Weib. Danach geht es abwärts. Unten wartet der Sarg.

Mit sechsunddreißig befinde ich mich vom eigenen Lebensgefühl her ganz oben auf dieser Treppe – mitten im Leben: Ich baue auf und nicht ab. Was bringt das mehr zum Ausdruck als die Kinder, die durch unsere Wohnung toben. Ich stehe im Beruf, bin umgeben von Freunden und Familie. Den Kopf voller Pläne, das Herz voller Liebe und Hoffnung, die Hände voller Tatkraft.

Doch wer oben steht, sieht nicht nur zurück auf das, was war, er ahnt auch deutlicher, was ihn beim Abstieg erwartet. Und wenn ich den Prophezeiungen der Generationenforscher Glauben schenke, wachsen mir bei jeder Zeitungslektüre bezüglich der eigenen Zukunft ein paar graue Haare mehr: Ich werde schließlich der Generation von Alten angehören, die den wenigen Jungen das Leben schwer macht: uralt wie der biblisch legendäre Methusalem und finanziell unzureichend abgesichert, um sich dieses biblische Alter auch tatsächlich leisten zu können. Durch mich und Millionen andere alte Menschen wird Deutschland vergreisen.

»Der ältere Mensch ist wie ein Gast, der zu lange geblieben ist«, schreibt Frank Schirrmacher in seinem Buch »Das Methusalem-Komplott«. Nach dessen Lektüre habe ich endgültig meine kindliche Naivität bezüglich des eigenen Älterwerdens verloren. Das Alter ist nicht so beschaulich, wie ich es als Kind im Hause meiner Großeltern erleben durfte. Wenn es kommt, werde ich erleben müssen, wie Freunde und Angehörige gehen. Mein Kreuz wird schmerzen und ich werde im Stimmengewirr einer Gesellschaft nicht mehr verstehen, was gesprochen wird. Ich werde erleben, wie aus meiner Tochter eine junge Frau wird, während bei mir die Falten kommen und die gute Figur geht. Andere werden Karriere machen und ich mit einem Blumenstrauß in den Ruhestand verabschiedet werden.

Vorbei sind die Zeiten, als man von einem beschaulichen Alter zu zweit träumte: Seite an Seite mit dem Partner, umgeben von Kindern und Kindeskindern. Er raucht genüsslich sein Pfeifchen, sie legt die emsigen Hände in den Hausfrauenschoß. Das Alter als Zeit der redlich verdienten Ruhe und dankbaren Rückschau. Aus der Traum! Wer heute vom eigenen Alter träumt, bekommt Albträume: Schluss mit verklärter Romantik – Endstation Altersheim. Ein Haus voller unerwünschter Gäste, die den rechtzeitigen Absprung aus dieser Welt verpasst haben.

Meine Großmutter hatte sich ihr eigenes Alter anders erträumt. Erst starb mein Großvater, dann musste sie am Ende ihres Lebens ihre geliebte Wohnung verlassen. Sie zog aus dem Haus, in dem ich als Kind so viele schöne Stunden verbrachte, in ein Altersheim. Wir haben sie dort oft besucht. Es war nicht mehr wie früher. Sie war in dieser Welt nicht mehr zuhause. Sie war ein Gast, der gehen wollte.

Jedes Mal, wenn ich mit meiner kleinen Tochter über die Schwelle des Heimes trat, saßen da alte Frauen in Rollstühlen oder stützten sich auf Gehhilfen und bestaunten das Kind wie ein unbekanntes Wesen aus längst versunkenen Tagen. Meine Tochter reagierte scheu auf die vielen Alten. Aber auf deren greisen Gesichtern, die längst erloschen waren, blitzte plötzlich wieder ein Funken Lebendigkeit.

Meine Großmutter ist in diesem Heim gestorben, im Kreis ihrer Familie. Ich vermisse sie oft. Wenn ich mir das Bild dieser alten Frau vor Augen rufe, schäme ich mich der schwarzen Gedanken über das eigene Älterwerden. Ich schäme mich meiner eigenen kleinen Eitelkeit vor dem Spiegel. Ich schäme mich der Unbarmherzigkeit unserer Sprache, wenn wir vom Alter reden. Da heißt es: Wer alt wird, baut ab. Und Menschen, die einen runden Geburtstag feiern, sieht man ihr eigentliches Alter am besten nicht an, so als wäre es ein hässlicher Pickel im Gesicht.

Zwar hat die Lebenstreppe heute mittlerweile erheblich mehr Stufen als im Mittelalter. Wir werden immer älter und die Alten werden immer fitter. Meine Großmutter mag es mir verzeihen, wenn ich meine Haare färbe. Meine Enkel mögen es mir eines Tages verzeihen, wenn ich jenseits der sechzig durch die Weltgeschichte reise, statt bei den eigenen Kindern einzuhüten. Vielleicht arbeite ich auch noch mit siebzig und fühle mich frisch und munter – wer weiß?

Doch aufgeschoben ist nicht aufgehoben. Das Alter wird kommen und mit ihm auch all das, was ich an ihm fürchte.

Meine größte Furcht vor dem Alter ist aber nicht die, körperlich und geistig abzubauen. Ich fürchte mich vor der Gnadenlosigkeit der Jungen, die eines Tages denken könnten: »Du bist wie ein Gast, der zu lange bleibt.« Ich fürchte mich vor einem Alter, in dem keine Kinder mehr zu Gast sind, vor einer Welt, in der die Alten sich gegen die Jungen und die Jungen gegen die Alten zusammentun, statt einander zu begegnen. Sollte dieser Albtraum wahr werden – ich ginge lieber heute als morgen.

»Der ältere Mensch ist wie ein Gast, der zu lange geblieben ist.« Sätze wie diese verkaufen sich mittlerweile als Bestseller. Ich habe diesen Satz in ähnlicher Form schon einmal gelesen. Nicht in einem Buch über das Alter, sondern in einem Ratgeber über das Leben mit einem Neugeborenen. Dort heißt es: »Ein Baby ist wie ein Gast im Hause seiner Eltern. Mit dem feinen Unterschied, dass dieser Gast mit seinen Ansprüchen, mit seinem Geschrei in der Nacht und seinen vollen Windeln am Tage nicht so schnell wieder gehen wird.«

Alte und Junge verbindet also doch etwas: Sie strapazieren als Gäste, die nicht gehen, unsere Nerven und unseren Geldbeutel. Ist das tatsächlich alles? Deutschland will keine Kinder und hasst seine Alten – eine Schreckensvision? Oder die grauenhafte Realität, wenn ich einmal alt bin?

Wer bestimmt eigentlich, wer hier auf Erden Gast bei wem ist und wie lange er zu bleiben hat? Bestimmen die Jungen über die Alten oder umgekehrt? Alt zu werden ist gewiss nicht leicht. Aber ein Gutes hat es: Es zeigt uns, dass wir unser Leben, unseren Besitz, diese Welt nicht gepachtet haben, sondern Gäste in ihr sind, die eines Tages wieder gehen müssen. Ein altes Kirchenlied bringt dies mit einfachen Worten auf den Punkt: »Ich bin ein Gast auf Erden.« Eine Erkenntnis, die mir beim Älterwerden mehr helfen wird als Rentenversicherungen, Vitalkapseln und Farbe in den Haaren. Ein Satz, den ich lieber höre, als: »Der ältere Mensch ist wie ein Gast, der zu lange geblieben ist«.

Ich bin ein Gast auf Erden: als Baby, als Kind, als junger Mensch, als alte Frau. Und der eigentliche Gastgeber sind weder die Eltern noch der Partner, noch die eigenen Kinder und auch nicht unsere Gesellschaft.

Gott ist der Gastgeber, und er lädt mich ein zu diesem Leben. Er führt mich wieder aus dieser Welt, wenn er die Zeit für gekommen hält. Ich glaube, dass die Lebenstreppe nicht abwärts führt – Endstation Sarg –, sondern aufwärts in den Himmel. Dann ist das Alter kein Abstieg, kein Abbau, sondern eine wichtige Station auf dem Weg nach oben.

Ich wünsche mir ein Alter, in dem ich zwischen den Lebenswelten reisen kann wie damals als Kind. Ich wünsche mir Kinder und Enkel, die mich besuchen und an ihrer Welt teilhaben lassen. Eine Gesellschaft, die Türen zwischen den Generationen öffnet. Eine Welt, in der wir alle uns als Gäste verstehen und willkommen wissen, so wie ich es als Kind bei den Großeltern war.

Wenn ich heute vor ihrem Haus in Berlin stehe, ist mir, als würden sie gleich auf den Balkon treten und mir zuwinken. Sie haben ihre Lebensreise vollendet und sind angekommen. Durch sie habe ich gelernt, dass das Alter bei allem Schmerz schön sein kann und ein Geschenk – zuallererst an uns Junge.

Gäste wirft man nicht aus dem Haus. Man nötigt sie nicht zu gehen und spart nicht bei der Bewirtung. Menschen, denen wir begegnen, sind Gäste. Unsere Kinder, unsere alten Eltern und Großeltern. Wir selbst sind hier zu Gast.

Ich möchte dem Satz aus dem Bestseller von Frank Schirrmacher einen Vers aus der Bibel gegenüberstellen, aus dem Brief an die Hebräer: »Gastfrei zu sein, vergesst nicht; denn dadurch haben einige ohne ihr Wissen Engel beherbergt!«

Barbara Manterfeld-Wormit wurde 1968 in Berlin geboren. Nach ihrem Studium der evangelischen Theologie in Berlin und Heidelberg unterrichtete sie als Katechetin in Frankfurt/Oder. Ihr Vikariat absolvierte sie beim Sender Freies Berlin und beim Evangelischen Rundfunkdienst und ist seither freie Autorin des RBB, Deutschlandradio Kultur, Deutschlandfunk sowie des Monatsmagazins »Chrismon.« Von 1999–2001 war sie als Deutschlandkorrespondentin für den Reformierten Pressedienst der Schweiz tätig. Als Pfarrerin für Privatfunk arbeitete sie von 2000 bis 2001 im Rundfunkdienst der Berlin-Brandenburgischen Landeskirche. 2001 erhielt sie den Predigtpreis des Verlags für die Deutsche Wirtschaft in Bonn. 2002 moderierte sie die Verkündigungssendung »So gesehen« auf SAT 1. Seit 2002 ist sie Pfarrerin in Berlin Lankwitz. Babara Manterfeld-Wormit ist verheiratet und Mutter von zwei Kindern.

Das Alter greift nach mir
von Stephan Krebs

Ich bin noch nicht alt. Mit meinen sechsundvierzig Jahren bin ich noch, wie man so schön sagt, in den besten Jahren. Kindheit und Alter, beide scheinen mir sehr weit weg zu sein. Aber etwas ändert sich. Die Zukunft kommt mir seit kurzem überschaubar vor. Und ich habe angefangen, mein Leben von hinten her zu denken, also von dem her, was mir davon noch bleibt und was ich damit noch machen kann. Die Zeit ist mir wertvoll geworden. Das gilt für die Zukunft wie für die Vergangenheit.

Zugegeben: Das Alter greift nach mir. Wenn ich mir morgens im Stehen die Socken anziehe, dann ging das früher schon mal eleganter. Heute ist es ein ziemlich wackeliger Tanz auf einem Bein. Und manchmal geht es gar nicht, weil der Körper noch zu steif ist von der Nacht. Dafür wachsen die Haare in der Nase schneller. Vor einigen Wochen habe ich meine erste Gleitsichtbrille beim Optiker abgeholt. Ich konnte einfach die Texte auf den CD-Hüllen nicht mehr lesen. Die sind aber auch unverschämt klein geschrieben!

Und letztens ist er mir zum ersten Mal herausgerutscht, dieser Seufzer: Man wird älter. Das ist eine Binsenweisheit, die eigentlich vom ersten Tag des Lebens an gilt. Aber mit etwa Mitte vierzig bekommt sie allmählich einen anderen Klang. Zunächst schwingt da noch Ironie mit und man erwartet eigentlich Widerspruch. Aber dann fängt man an, eigene Fehler damit zu kommentieren. Dann wird daraus immer mehr ein resignativer Seufzer: »Tja, man wird älter!« Darin klingt das Bittere des Alterns an, denn zum Altern gehört untrennbar der Verlust.

Mit jedem neuen Leben ist auch ein neuer Tod in der Welt. In der Jugend wünschen sich die meisten noch, älter zu sein als sie sind. Sechzehn für das Kino, achtzehn für den Führerschein, Anfang zwanzig für das selbständige Leben. Kaum Gedanken macht man sich dabei über den Verfall. Um ihn weiß man, aber man spürt ihn nicht, bis dann irgendwann ein Schlüsselmoment kommt.

Bei mir hat es mit einem Zahn angefangen, der gezogen werden musste. Plötzlich wurde mir klar: Er ist ein Teil von mir. Und dieser Teil ist nun unwiederbringlich verloren. Eine Brücke hat die Zahnlücke bald darauf gefüllt. Die Funktion war damit ersetzt, aber mein Zahn war nicht mehr da. Er machte den Anfang in einer Reihe von Verlusten, die mir gezeigt haben: Ich werde weniger. In kleinen Stücken muss ich mich verabschieden. Etwa vom Sehen können ohne Brille oder vom spontanen Fußball spielen mit meinem Sohn und seinen Freunden, weil ich mir garantiert dabei eine Zerrung hole. Auch der ausgelassene Tanzabend in der Disco passt nicht mehr zu mir. Stattdessen drängen eher unangenehme Termine auf den Kalender, wie etwa der beim Urologen. Das sind alles relativ harmlose Beispiele. Viele Menschen müssen mit sehr viel dramatischeren Verlusterfahrungen fertig werden. Es sind Wegmarken des Verfalls, der irgendwann vor dem dreißigsten Geburtstag einsetzt. Zunächst klein und heimlich und dann zunehmend so, dass man es merkt. Irgendwann kommt dann der Schlüsselmoment, meist Anfang vierzig, da nimmt man die Endgültigkeit dieser Verluste plötzlich deutlich wahr. Jeder kennt diese Aha-Erlebnisse mit ihren unwiderruflichen »Vorbeis«, »Zuspäts«, »Niewieders«.

Und vielen fällt es sehr schwer, das zu ertragen. Sie möchten dann am liebsten auf die »Alters-Bremse« treten, etwa indem sie zu allerlei kosmetischen Mitteln greifen und schönheitschirurgische Eingriffe über sich ergehen lassen. Sie verlängern die Jugend wenigstens äußerlich ein wenig und halten den Tod damit in scheinbar weiter Ferne, wenn es gut geht. Aber letztlich begibt man sich damit in eine verzweifelte Abwehrschlacht, die man nicht gewinnen kann.

Kosmetik und andere äußerliche Gestaltungsmittel sind deshalb nicht falsch. Sie können auch ein Ausdruck der eigenen Fürsorge sein. Die Kernfrage dabei ist: Gestalte und schmücke ich mein aktuelles Alter, weil ich es mag? Oder verstecke ich mein aktuelles Alter, weil ich es nicht mag?

Was kann man sonst tun? Die dritten Zähne zusammenbeißen und lernen, Abschied zu nehmen? Vielleicht noch von einem schönen, schnellen Tod träumen? Das Leben als langsames Verfallen zum Nichts. Viele versuchen diesem Drama mit Religion zu begegnen. Manchen erscheint dabei die Idee der Wiedergeburt attraktiv. Diese Vorstellung entstammt dem Hinduismus, und sie besagt, dass alles Leben im Tod eine neue Gestalt erhält und wiedergeboren wird. Das ist für viele Europäer heute offenbar eine betörende Vorstellung. Losgelöst vom hinduistischen Kontext winkt hier die Chance, immer neu zu leben, vielleicht sogar besser als vorher. Aber es handelt sich dabei um ein Fragment aus einer fernöstlichen Weltreligion, das hier in Europa eher wie Opium für das Volk wirkt, wie ich befürchte. Mit diesem Begriff hat der Philosoph Ludwig Feuerbach eigentlich das Christentum kritisiert, das, so Feuerbach, die Menschen auf das Jenseits vertröste. Das nehme ihnen die Kraft, hier und jetzt für bessere Lebensbedingungen zu kämpfen.

Aber die Vorstellung von einer Wiedergeburt kann auch die Erkenntnis vernebeln, dass unser Leben einen Anfang und ein Ende hat. Das Christentum ist an dieser Stelle dagegen ganz klar. Christen hoffen auf eine Auferstehung, auf ein Leben nach dem Tod bei Gott. Für das Leben hier und jetzt ist klar: Es ist einzigartig. Jeder Mensch, jeder Tag – ein Unikat. Unwiederbringlich. Das gibt jedem Menschen seine vor Gott unverbrüchliche Würde und jedem Tag seine großartige Bedeutung.

Manchmal sehe ich das nicht ein. Dann blicke ich zurück auf die Jahre, die hinter mir liegen und revoltiere innerlich gegen das »Vorbei«, das »Zuspät« und das

»Niewieder«. Denn manches habe ich in der Vergangenheit falsch gemacht oder verpasst. Oft stelle ich mir vor, ich könnte noch mal jung sein, könnte mit athletischem Körper surfen gehen, Abenteuer bestehen, in der Disko flirten und vor mir die ganze Weite der Zukunft haben. Äußerlich betrachtet scheint es ja so, als stünde den jungen Leuten die ganze Welt offen. Doch dann erinnere ich mich, wie es sich wirklich angefühlt hat, ein Jugendlicher zu sein. Wie eng die eigenen Grenzen gesteckt waren, wie unklar mir die Welt damals war und ich mir selber dazu. Es mag stimmen, dass Altern eine Kunst ist und Jugend ein Geschenk. Doch es ist ein Geschenk, das man sich nicht ausgesucht hat. Und es fehlt dabei die Gebrauchsanweisung. Auch jugendlich sein musste ich erst lernen. Bevor ich es noch so richtig konnte, war ich nicht mehr jung. Wenn ich nun also in schwachen Momenten der Jugend neidisch hinterher blicke, dann komme ich schnell zu dem Schluss: Ich will diese Jahre gar nicht mehr wiederholen.

Es ist gut, dass ich sie gelebt habe. Und es ist gut, dass sie hinter mir liegen. Viel spannender und interessanter ist es, meine Gegenwart weiterzuleben, und zwar da, wo ich gerade bin: unterwegs auf einer einmaligen Reise. Doch wo geht diese Reise hin?

Das Älterwerden ist nicht nur Verfall. Es ist ein Reichtum an Erfahrung. Plötzlich merkt man: Ich habe Geschichte. Ich überblicke Jahrzehnte. Ich werde ernst genommen. Andere schätzen meinen Rat. Ich bin gereift und habe eine gewachsene Persönlichkeit. In ganz banalen Situationen wird mir das bewusst, etwa wenn ich in einem Geschäft stehe. Die Verkäuferin hat mich engagiert bedient. Aber ich habe trotzdem nicht das

Passende gefunden. Ich weiß noch heute, wie schwer es mir als jungem Menschen gefallen ist, ihr das zu sagen und dann einfach zu gehen. Heute kann ich das, charmant und freundlich, problemlos für beide Seiten. Heute fällt es mir außerdem viel leichter als in der Schulzeit, stundenlang konzentriert zu arbeiten. Heute nutze ich die Zeit intensiv und zielgerichtet. Ich schenke den kleinen Schönheiten am Rande des Lebens viel mehr Aufmerksamkeit, wie etwa dem warmen Morgenlicht, das ich mit Muße genießen kann. Ich habe ein Auge für die saftigen Farben der Blumen und Blüten. Als Jugendlicher hatte ich dafür gar keinen Blick.

Obwohl mein Körper steifer geworden ist, lebe ich heute besser darin als früher, als er noch mackenfrei und jung war. Heute weiß ich ihn zu schätzen. Damals war er halt da. Im Laufe der Jahre habe ich gelernt, mit mir zu leben, mit meinen Möglichkeiten und meinen Grenzen. Ich nenne es Wachsen und Reifen. So kommt es, dass ich heute lieber lebe als früher. Und das ist ein Gewinn. Das Älterwerden ist auch ein Zugewinn, ein Reifeprozess. Diesen Aspekt denkt die christliche Tradition noch einen Schritt weiter. Sie lädt ein, auch geistlich zu reifen. Sie lädt ein, in eine Glaubenswelt einzutreten, die meine sonstigen Lebenserfahrungen durchaus einschließt, aber auch weit darüber hinausgeht.

Das Leben soll sich aus christlicher Sicht hin zu Gott entwickeln, so wie ein Baum sich zum Licht hin entfaltet. Auch so gesehen ist das Leben ein Reifeprozess, der mit der Taufe beginnt. In ihr wird eine feste Verbindung gelegt, die über die Jahre hinweg gestaltet wird.

Mit dem Alter kommt die Erfahrung und es wächst die Beziehung zu Gott. Dazu gehört auch, zu erkennen, dass äußere Werte nur begrenzte Werte sind. Was hilft aller Luxus, wenn der Mensch innerlich leer und unzufrieden bleibt? Der wahre Wert, der einen Menschen durch das Leben tragen kann, durch Höhen und Tiefen, der ist in der Taufe gelegt, glauben die Christen.

Die Menschen können zwar durch ihre Leistung weit kommen. Aber in ihren Erfolgen sind sie doch immer vom Scheitern bedroht. Urplötzlich kann aller Reichtum, kann alles Familienglück und alle Gesundheit hinweggespült werden. Man wird bescheidener und dankbarer für das, was ist. Daran reife ich und mit mir meine Beziehung zu Gott. In ihr finden Gottes Wille und menschliche Kraft zusammen. Das ist die Heiligung, wie dieser Reifeprozess auch theologisch genannt wird, eine Heiligung als Reifen im Sinne Gottes. Sie bedeutet bereit werden für das Leben bei Gott, jenseits irdischer Grenzen.

Diese Sicht ist freilich nur dann sinnvoll, wenn der Reifeprozess ein Ziel hat, das nicht allein im Tod liegt. Aber genau diese Perspektive fehlt vielen Menschen heute. Im Tod endet für sie alles, und alles wird sinnlos. Deshalb ist für sie das Alter nur eine letzte Phase vor dem großen Totalverlust des Lebens, und die Jugend erscheint ihnen als höchst erstrebenswert, weil sie die Zeit ist, die möglichst weit weg ist von diesem Totalverlust. Dabei ist der Tod das Tor zu einem anderen Leben, und darauf zielt alles Reifen und Verfallen. Die menschliche Lebenserwartung liegt nicht bei siebzig oder achtzig Jahren. Sie liegt bei unendlich, so zumindest verheißt es die Bibel. Diese Verheißung ist nicht nur eine Hoffnung für die letzten Tage des Lebens. Sie wirft einen Leitstrahl weit in das Leben hinein. Sie leitet mich auf meinem langen Weg zwischen Reifen und Verfallen. Es wäre falsch, einen dieser beiden Aspekte auszublenden: Die Gefahr in der Jugend ist wohl, dass man so wenig von ihrer Vergänglichkeit weiß. Und es ist wohl die Gefahr des Alters, nicht mehr genug Schwung zu haben zum Lernen und zum Weiterreifen.

So gesehen ist die Kunst des Alterns, sowohl das Reifen als auch den Verfall anzunehmen. Vielleicht brauchen beide Aspekte einander – keiner von beiden ist ja endgültig. Vielleicht reife ich, indem ich lerne loszulassen. Bei meiner Jugend habe ich damit angefangen.

Stephan Krebs wurde 1958 in Wiesbaden geboren. Seine Kindheit verbrachte er in Flensburg an der Ostsee und seine Jugend in Bensheim an der Bergstraße. Er studierte in Heidelberg Theologie. Nach seinem Vikariat folgte ein Spezialvikariat in der Medienzentrale der Evangelischen Kirche in Hessen und Nassau (EKHN) in Frankfurt am Main. Ab 1988 war er Gemeindepfarrer im südhessischen Egelsbach. 1994 absolvierte er eine publizistische Zusatzausbildung für Theologen im Gemeinschaftswerk der Evangelischen Publizistik und wurde anschließend für sechs Jahre Fachreferent im Büro der Rundfunkbeauftragten des Rates der Evangelischen Kirche in Deutschland. Dort organisierte er bundesweit Gottesdienstübertragungen für das ZDF. Seit 2002 ist er Pressesprecher der EKHN in Darmstadt. Stephan Krebs hat vier Kinder.

Sammeltassen in die Spülmaschine und dem Leben treu bleiben

von Ralf Meister

Heute bin ich dreiundvierzig Jahre alt geworden. Gibt es ein besseres Datum als seinen Geburtstag, um über das Älterwerden nachzudenken? Draußen geht ein milder Winter, Fahnen klirren im Wind. Glückwünsche treffen ein, von Gesundheit und Tatendrang ist da die Rede, auch manch persönliches Wort wird gesagt und bewegt mich. Meine Eltern werden kommen, die Kinder haben heute morgen schon gesungen.

Dreiundvierzig Jahre, das ist schon mehr als die Hälfte des Lebens. Aber ich rechne das anders. Schließlich – so sage ich mir – zählt die bewusst erlebte Zeit, zählen die Jahre, an die ich mich lebhaft erinnern kann. Und da ich nicht viele Erinnerungen an meine frühe Kindheit habe, ziehe ich die ersten vier Lebensjahre kurzerhand ab. Eigentlich bin ich also erst neununddreißig Jahre und genau so viele Jahre könnten nun noch vor mir liegen. Damit komme ich der durchschnittlichen Lebenserwartung für meinen Jahrgang auch ziemlich nah: 78,5 Jahre. Aber alle Rechnerei kann nicht mein gutes Gefühl verbergen, schon ein langes Leben gelebt zu haben. Und deshalb ist die Hälfte des Lebens ein geeigneter Ausgangspunkt, um über das Älterwerden zu sinnieren. In der Regel werden ja immer nur die anderen älter. Am schnellsten altern die Kinder, zumindest aus der Sicht der Erwachsenen. An ihnen lesen wir die Rasanz des Alterns am deutlichsten ab. Wo im eigenen Leben nur Kontinuität und Wiederholung herrschen, folgt bei den Kindern ein großer Umbruch auf den nächsten. Krabbeln und Gehen lernen, Sprechen, Kindergarten, Einschulung, Schulferien – täglich, später monatlich wird eine neue Welt erobert. Wir Alten bleiben oft jahre- und jahrzehntelang in immer der gleichen Welt.

Älter werden auch die Eltern, viel weniger auffällig zuerst als die Kinder, aber dann plötzlich doch ganz deutlich. Trotz aller Geschäftigkeit ist ihr Radius des Lebens kleiner geworden, Krankheiten tauchen auf, alltägliche Themen haben eine zweite Botschaft. Doch altern und sterben tun auch für sie immer die anderen. Älter werden aber auch die Freunde, die einem gerade mal drei oder fünf Jahre voraus sind, fast schon fünfzig Jahre alt. Wie gut, dass ich noch nicht mal Mitte vierzig bin.

Wenn ich aber den Blick auf das eigene Älterwerden richte, dann ist es vor allem eine Haltung, die mir von

Jahr zu Jahr wichtiger geworden ist: die Treue. Treu bleiben, das heißt für mich, etwas liebend umgreifen und festhalten, im Herzen, in Gedanken und in den Armen. Vielleicht wächst die Treue von Geburt an, schätzen gelernt habe ich sie aber erst mit den Jahren. Je älter ich werde, um so deutlicher spüre ich dieses Gefühl der Treue als die Haltung, die mein Leben trägt. Von dem, was beständig ist, leite ich die Zuversicht ab, mein Leben in die Zukunft zu entwerfen.

Wem bin ich treu und wer ist mir treu? Zunächst – vermutlich am unwichtigsten – sind die kleinen alltäglichen Dinge und Gewohnheiten zu nennen, denen es bei mir gefällt. Da ist die kleine, stumpfe Haushaltsschere mit den wackligen Plastikgriffen. Sie ist eines der letzten Weihnachtsgeschenke von meiner Großmutter, die schon seit acht Jahre tot ist. Ich werde diese Schere sicher oft reparieren müssen, handlich ist sie nicht und praktisch auch nicht, aber es bleibt eine kleine Geste der Treue, sie nicht aus der Besteckschublade zu entsorgen. Mein tägliches Leben ist durchzogen von solchen Dingen der Erinnerung, denen ich treu bleiben will: der völlig veraltete Brockhaus meines Großvaters, der erste Blechwerkzeugkasten als Geschenk von meinen Eltern, mein Schlüsselanhänger aus Israel. An keinem dieser Dinge hängt mein Herz über alle Maßen, aber sie erzählen mir immer wieder vertraute Geschichten meines Lebens. Sie berichten mir von kindlichem Spiel, jugendlichem Eifer, dem Aufbruch in die Ferne und der Rückkehr nach Hause.

Aber nicht nur solchen kleinen alltäglichen Dingen bleibe ich treu. Auch manche Werte, Meinungen und Vorlieben haben sich ausgeprägt und werden nicht mehr ständig geändert. Viel genauer als in jungen Jahren weiß ich heute, was mir missfällt und was mich abstößt, woran ich mich halten kann und was ich nicht tolerieren will.

Das alles sind keine unumstößlichen Urteile. Aber es ist in all den Jahren eine Richtschnur gesponnen worden, die mir eine Orientierung gibt. Es ist das Gewissen, das in vielen Gesprächen und kontroversen Diskussionen und noch mehr menschlichen Begegnungen geschärft wurde und das mir hilft, diese Welt zu deuten und Menschen zu verstehen. Die eigene Meinung, die Treue zu Werten und die Erfüllung von Geboten ist keine tägliche Mühsal mehr oder muss ständig neu erfunden werden. Das macht das Leben leichter.

Viel wichtiger aber ist mir die Treue zu Menschen. Es sind weniger Freunde geworden mit den Jahren, fast nur die alten Freundschaften sind geblieben. Aber dass die Treue kein leerer Wahn ist, erlebe ich dankbar in den Menschen, die seit vielen Jahren mein Leben begleiten. Den Bruchstücken des eigenen Lebens zu vertrauen und auf Erfüllung des Ganzen zu hoffen, das wäre allein nicht zu schaffen, mit Eltern, Freunden und Geschwistern aber gelingt es. Ein treuer Freund ist ein starker Schutz, weiß schon die Bibel (Sir. 6,14).

Die größte Veränderung des eigenen Lebens jedoch ist die Elternschaft. Mit der Geburt der eigenen Kinder heißt Altern etwas völlig Neues. Erst mit eigenen Kindern ist Verantwortung für die Zukunft – über meine eigene Lebenszeit hinaus – nicht nur ein philosophischer Satz oder eine politische Forderung, sondern eine persönlich tief empfundene Verpflichtung. Älter werden im Angesicht der Kinder ist die stärkste Herausforderung und gleichzeitig die schönste Verheißung. In den Kindern relativiert und verschärft sich das eigene Altern. Es relativiert sich, weil meine Lebenszeit nun eingebettet ist in den größeren Zusammenhang dieser Welt. Ich bin sichtbar ein Glied in der langen Kette der Generationen. Es geht weiter nach mir. Gleichzeitig verschärft sich das Älterwerden, weil eine Bindung entsteht, die als einzige darauf angelegt ist, durch den Tod schmerzhaft auf Jahrzehnte getrennt zu werden.

Am tiefsten aber wird diese Treue durch den Menschen erfüllt, mit dem ich bis an den Rand des Lebens gehe, bis der Tod uns scheidet. Ohne das Glück solcher Liebe wäre die Treue zum Leben ein hartes Brot. Und darin wird kenntlich, dass Treue kein Willensakt einer Person ist, sondern ein Geschenk. Dauerhaft, verlässlich wird sie geschenkt. Das führt mich zur letzten Treue, zu Gott. Von den ersten Geschichten aus der Kinderbibel über die Andachten und Bibelarbeiten der Jugendzeit bis zu den gehörten und auch den selbst gehaltenen Predigten ist für mich die Treue Gottes zu dieser Welt immer eine Grundmelodie gewesen. Und mein Glaube an die göttliche Treue nimmt durch all die Jahre nicht ab, sondern weiter zu. In den letzten Jahren ist mir selbst in kritischen Zeiten die Treue Gottes nie zweifelhaft gewesen: *Denn ich bin gewiss, dass weder Tod noch Leben, weder Engel noch Mächte noch Gewalten, weder Gegenwärtiges noch Zukünftiges, weder Hohes noch Tiefes noch eine andere Kreatur uns scheiden kann von der Liebe Gottes, die in Christus Jesus ist unserm Herrn.* (Röm 8,38-39) Selbst wenn wir untreu sind, so bleibt er uns doch treu (2. Tit. 2,13). Ich glaube, dass ich in der Mitte des Lebens, langsam, ganz langsam beginne zu verstehen, was es heißt, Gott entgegenzureifen.

Doch so wie mir Gott, Menschen und Dinge eine Haltung der Verlässlichkeit und Treue schenkten, so wird es jetzt in der Mitte des Lebens wohl darauf ankommen, sich nicht zum Sklaven der Treue zu machen. Treue ist eine Form der Abhängigkeit. Aber es ist eine Abhängigkeit, die frei macht. Ganz anders als all die anderen Abhängigkeiten des Lebens. Die Treue, die ich mit zunehmendem Alter schätze, hilft mir, mein Leben befreit zu führen. Sie engt mich nicht ein, sondern lässt mich zwischen Wichtigem und Unwichtigem unterscheiden. Wenn die Treue zu den Dingen aber dazu führt, dass ich mich von nichts mehr trennen kann, dann läuft etwas schief. Wenn mich Verpflichtungen Menschen gegenüber daran hindern, ein eigenes Leben zu führen, dann bin ich nicht treu, sondern abhängig.

Vermutlich werde ich nun lernen müssen, Treue auch wieder aufzulösen. So werde ich mich von Dingen, vielleicht später auch von Geboten und persönlichen Haltungen und ganz zuletzt von Menschen verabschieden. Mit dreiundvierzig Jahren fühle ich mich selbst für das Erste noch zu jung. Aber der Blick in den Keller und auf den Dachboden belehrt mich da schnell eines Besseren. Meine Mutter hat uns Kindern eine gute Lektion in dieser Sache erteilt.

Es war Ostern und wie all die Jahre zuvor war wieder die ganze Familie zusammengekommen. Geschwister, Neffen und Nichten, mehr als zwanzig Personen tummelten sich im Haus meiner Eltern. Nach dem Ostereiersuchen kam die Kaffeetafel. Als es ans Aufräumen ging und wir das Geschirr abdeckten, wies uns meine Mutter lapidar an: »Sammeltassen in die Spülmaschine.« »Wie bitte?« »Ja«, war die klare Antwort, »oder will die einer von euch haben?«

Meine Geschwister und ich schauten einander irritiert an. Von Kindheit an war das Service der Sammeltassen ein Festtagsgeschirr der besonderen Art gewesen. Die dicken Goldränder, bizarre Ornamente und unhandliche Formen machten dieses Sammelsurium, aufbewahrt im Wohnzimmerschrank, zu einem Symbol für die Familiengeschichte. Manchmal erzählte mein Vater stolz, welche dieser Tassen er meiner Mutter einmal geschenkt hatte. Aber bei genauer Prüfung konnte sich keines von uns vier Kindern vorstellen, dieses Geschirr im eigenen Schrank zu verwahren.

So wandern also seit zwei Jahren die Sammeltassen in die Spülmaschine. Sie lehren uns Abschied zu nehmen von den Dingen.

Was passiert sonst noch, wenn die Hälfte des Lebens vorüber ist? Je weniger Zeit noch bleibt, umso wichtiger werden die Erinnerungen an die gelebten Jahre. Die Erinnerungen türmen sich zu Bergen von Bildern, Gefühlen und Berührungen, von Gerüchen, Gedanken und Musik. Und manche Melodie lässt lang vergangene Lebenszeiten wieder erklingen: die Sehnsucht der Jugend, dass die Welt offen ist und alles möglich, und die niemals so gespürt wurde wie im Rausch der ersten großen Liebe. Mancher Geruch lässt Landschaften erstehen, stellt mich in alte Häuserflure oder weckt Nächte, trunken von Küssen.

Je weniger Zeit noch bleibt, umso wichtiger wird die Suche nach der Vergangenheit. Es ist keine Marotte, dass man sich im Alter in die Familiengeschichte stürzt, Vorfahren ausgräbt und Stammbäume schreibt und dass man bedauert, nicht früher die noch Lebenden nach ihren Erinnerungen befragt zu haben. Wo die Zukunft unsicher ist und die Reise in Gottes Ewigkeit eine Fahrt ins Blaue wird, da sucht man sich seiner Herkunft zu vergewissern. Viel intensiver und sorgsamer als jemals zuvor im Leben sucht man Spuren, die begannen, bevor man auf der Welt war.

Es gab mich schon, lange bevor ich das Licht der Welt erblickte. In meinen Ahnen wird Mentalität, werden Sprache und Kultur sichtbar, die mich auch prägen. Das Freilegen der eigenen Wurzeln ist tröstlich. Heinrich Böll schrieb kurz vor seinem Tod an seine fünfjährige Enkeltochter:

Wir kommen weit her, liebes Kind,
und müssen weit gehen,
keine Angst, alle sind bei dir, die vor dir waren,
deine Mutter, dein Vater
und alle, die vor ihnen waren
weit, weit zurück, alle sind bei dir,
keine Angst, wir kommen weit her
und müssen weit gehen, liebes Kind.

Lange, bevor ich leiblich gegenwärtig bin auf dieser Erde, gab es schon einen Zusammenhang, in den ich hineingenommen wurde; Menschen, die sich liebten und mich möglich werden ließen.
Deine Augen sahen mich, als ich noch nicht bereitet war, und alle Tage waren in dein Buch geschrieben, die noch werden sollten und von denen keiner da war. (Ps. 139, 16)
Je weniger Zeit noch bleibt, je schneller sie verrinnt, umso wichtiger werden wieder die Räume des Lebens. Ein halbes Leben habe ich alles getan, um die Räume zu vernichten. Schnell wollte ich von einem Ort zum anderen kommen, Zeit zu sparen hieß immer auch, Entfernungen zu reduzieren, Fahrtzeiten abzukürzen,

Umwege zu vermeiden. Die Beschleunigung des Lebens in den ersten Jahrzehnten ist eine Vernichtung von Räumen und Orten gewesen, von inneren und äußeren Landschaften. Manchmal beginne ich das schon zu bedauern, obwohl es sicher noch eine Weile so weitergehen wird. Dennoch suche ich im Älterwerden verlassene und vernachlässigte Orte und Landschaften wieder auf. Fluchtbewegungen werden rückgängig gemacht, Vertreibungen noch einmal betrauert mit einem richtigen Abschied. Was ist verloren? Die Heimat der Kindheit, die Räume und Zimmer der ersten Jahre, die zu schnell durchreisten Länder, die überflogenen Meere, die nur von fern gesehenen Berge.

Ich stelle mir vor, je älter ich werde, umso intensiver werde ich diese Orte suchen, umso wichtiger werden mir die Räume meiner Herkunft sein. Manchmal ertappe ich mich schon dabei – viel zu früh, wie ich finde –, wie ich einen kleinen Umweg nehme, um an meiner alten Schule vorbeizufahren. Neulich war ich im Wald und habe die Grube gesucht, die viele Jahre ein Zeugnis für unsere kindlichen Grabungsversuche gewesen ist. Eine prächtige Höhle war das.

Und vielleicht hängt auch das mit der geringer werdenden Lebenszeit zusammen, dass ich nach dem Rhythmus der verbleibenden Jahre suche. Wie oft noch Erdbeermarmelade kochen und Bratäpfel füllen? Noch wie viele Weihnachtsfeste? Wie oft noch Jerusalem sehen und entfernt lebende Freunde in die Arme schließen? Es macht wehmütig, wenn die verbleibende Zeit gezählt wird an den Möglichkeiten, die noch offen sind. Es entsteht der Wunsch, dass der Rhythmus des Alterns, der immer schneller wird mit zunehmenden Jahren, unterbrochen wird. Die große Sehnsucht ist es, noch einmal einen Tag zu erleben, der nicht enden will, und sei es aus Langeweile. Eine Dehnung der Zeit ins Unendliche zu empfinden, um zu spüren, was Ewigkeit bedeutet.

Ich gehe jeden Morgen durch einen kleinen Park zur Arbeit. Dabei führt mein Weg an einer Bank vorbei. Jeden Morgen frage ich mich: »Wann werde ich mich dort hinsetzen und nichts tun, als darauf zu warten, dass die Zeit stehen bleibt?« Wenn ich mich irgendwann einmal dort hinsetzen werde, bin ich dann alt geworden?

Ralf Meister wurde 1962 in Hamburg geboren. Er studierte Evangelische Theologie und Judaistik in Hamburg und Jerusalem. Nach seinem Vikariat in Lauenburg/Elbe arbeitete er für drei Jahre als Geschäftführer der Arbeitsstelle Kirche und Stadt an der Universität Hamburg. Von 1996–2001 war er im Evangelischen Rundfunkreferat in Kiel für die Magazinsendung »Gesegneten Sonntag« auf der Welle Nord zuständig. Außerdem arbeitete er als Redakteur für die evangelischen Morgenandachten auf NDR 3 und NDR 4 Info sowie auf der Welle Nord. Seit 1999 gehört er der Redaktion des internationalen ökumenischen Magazins »Kunst und Kirche« an. Ralf Meister ist seit 2001 Propst des Kirchenkreises Lübeck und seit 2005 Wort-zum-Sonntag-Sprecher in der ARD. Er ist verheiratet und hat drei Kinder.

Nie wieder jung – Vom Glück, zu altern

von Johanna Haberer

Ich war etwa Mitte dreißig, als die Last der Jugend von mir abfiel. Ich stieg auf eine Kanzel, um meiner Arbeit, dem Predigen, nachzugehen, und als ich wieder hinunterging, da registrierte ich, dass ich heute zum ersten Mal keine Angst gehabt hatte. Obwohl ich erhöht über den Leuten sprechen musste, obwohl ich im schwarzen Talar die gute Botschaft des guten Gottes möglichst gut ausrichten sollte, obwohl zig Augen mich angesehen hatten mit der Bitte um ein wahres oder zumindest ein glaubwürdiges Wort, obwohl ich vor Gott und den Menschen zu reden hatte, war mir diesmal nicht die Stimme in die Kehle hochgerutscht, auch der dumpfe Schleier vor den Ohren, der mich meine Stimme immer wie in einem Hohlraum vernehmen ließ, hatte sich nicht über meinen Kopf gesenkt, die Hände waren ruhig geblieben und ich hatte diesmal nicht das Gefühl, jeden Augenblick könnte der Boden unter mir einbrechen. Alle diese Boten der Angst waren ausgeblieben. All diese Symptome einer Krankheit, die hieß: Ich werden an den Ansprüchen scheitern – an den Ansprüchen der Zuhörer, an denen Gottes und an meinen eigenen –, all diese Symptome waren ausgeblieben. Mit sicherer Stimme hatte ich meine Sache und hoffentlich die Sache Gottes vorgetragen und die Kanzel wieder verlassen.

Das war mein endgültiger Abschied von der Jugend – und ich war froh darum. Dieser Abschied war ein langer Weg gewesen, in zähen kleinen Etappen. Es galt, die Spielregeln des Lebens zu begreifen, die der Familie, die der Schule, die der Freundschaft, der Liebe und des Berufes. Es galt, sich aus der Erfahrung der Ohnmacht und des Angewiesen-seins herauszuarbeiten. Es galt, nicht mehr unter den Dingen zu stehen, sondern in den Dingen und bestenfalls darüber.

Bei mir ging das nicht spielerisch, so wie bei anderen, bei mir war das Erwachsenwerden eine große Anstrengung. Am Ende hatte ich dann endlich die Jugend hinter mir. Es war die Zeit, in der ich begann, mich selbst zu mögen, und es war die Zeit, als ich dann bereit war, Mutter zu werden. Nein, die Kindheit im Rückblick zu vergolden oder die Jugend zu versilbern, käme mir nicht in den Sinn. Älter werden hieß für mich: Abschied von der Ohnmacht.

Ich weiß allerdings gewiss, dass diese verhasste Ohnmacht, die meine Vergangenheit beherrschte, auch meine Zukunft sein wird, wenn ich nicht in den Stiefeln sterbe. Deshalb bedeutet für mich die Kunst, älter zu werden, die Kunst, die Ohnmacht einzuüben. Es gibt wohl keine bessere Schule dafür als die, Kinder aufzuziehen. Denn Kinder aufziehen heißt Loslassen lernen. Stück für Stück geben Eltern die Verantwortung für ihre Kinder ab. Sie übergeben ihre Kinder in die Selbstverantwortung und bisweilen müssen sie aushalten, dass das Leben ihrer Kinder so ganz anders verläuft, als sie es sich gewünscht hatten. Eltern machen zugleich die Erfahrung aller Generationen, dass man abgelöst wird, dass man in der Ordnung der Generationenfolge immer höher rutscht, bis man dann die Spitze anführt. Es gilt, diesen Prozess mit einer gewissen inneren Grazie zu bestehen.

Abschied von den eigenen Vorstellungen, Relativierung der eigenen Wünsche, Aufgabe des Irrtums, man selbst sei bedeutend – es ist dieser Satz am Ende des Johannesevangeliums, der gültig beschreibt, was Altwerden heißt. Jesus sagt zu Petrus: »Wahrlich, wahrlich, ich sage dir: Als du jünger warst, gürtetest du dich selbst und wandeltest wohin du wolltest; wenn du aber alt wirst, wirst du deine Hände ausstrecken, und ein anderer wird dich gürten und führen, wohin du nicht willst.« Das ist beinahe unweigerlich die Zukunft einer jeden Biographie: die Einsicht in die Bedeutungslosigkeit des eigenen Willens. Die Kunst, alt zu werden, ist aber nicht nur Einübung der Ohnmacht, sie ist auch Einübung der Einsamkeit.

Meine Mutter hat nicht das Glück, so schnell und heftig zu sterben, wie das meinem Vater vergönnt war. Meine Mutter wird demnächst achtundachtzig und sie wünscht sich nichts sehnlicher, als dass ihr Leben endlich ein Ende nehmen möge. Dabei hätte sie keinen Grund zu klagen: Sie ist glänzend versorgt, sie muss sich keine Gedanken um ihr Auskommen machen, sie wird leidenschaftlich gern besucht von Freunden, Verwandten und ihren Kindern, Enkeln und Urenkeln, sie ist körperlich fit. Das einzige, womit sie nun leben muss, ist das Nachlassen des Gedächtnisses. Mit unnachahmlicher Präzision kann meine Mutter beschreiben, was verloren geht, wenn das Gedächtnis nachlässt: Der ununterbrochene Strom von Vergangenheit, Gegenwart und Zukunft zerreißt. Vergesslichkeit bedeutet Orientierungslosigkeit in der Zeit. Ich gehe der Phantasie für die Zukunft verlustig und ich verliere den Raum der Vergangenheit. Die unweigerliche Folge ist eine merkwürdige Form der Vereinzelung. Denn wenn ich die Phantasie für das Kommende verloren habe, verliere ich die Vorfreude und die Spannung, und wenn ich die Erinnerung verloren habe, verliere ich den Nachgeschmack von Menschen und ihren Geschichten. Beides, die Erinnerung und die Vorfreude, bedeutet Beziehung. Der Verlust von beidem bedeutet Beziehungslosigkeit. Beziehungslosigkeit aber erzeugt das Gefühl von dumpfer Einsamkeit. Ich weiß jetzt, warum alte Menschen sich so oft so einsam fühlen: nicht weil sie einsam wären, sondern weil ihnen das Netz der Beziehungen im eigenen Kopf gerissen ist. Die Folge ist der langsame und sichere Rückzug. Die Anderen beginnen anstrengend zu werden.

Ich werde das mein restliches Leben lang üben müssen: die Kunst ohnmächtig zu werden und einsam. Sowohl die Ohnmacht als auch die Beziehungslosigkeit sind elementare Themen meines Glaubens. Ich bin überzeugt, diese Erfahrungen haben meine christliche

Religion begründet. Das Christentum ächtet weder die Ohnmacht noch die Beziehungslosigkeit. Das Christentum thematisiert sie. Der Gekreuzigte ist beides: beziehungslos und ohnmächtig. »Mein Gott, mein Gott, warum hast du mich verlassen?« – wie ich mit diesem Satz leben lerne, das ist das Thema des Altwerdens.

Und die Zeit dazwischen? Zwischen dem »Endlich erwachsen« und dem »Führen, wohin du nicht willst«? Eine Zeit lang hatte ich Freude an der gnädigen Routine, die mir plötzlich zugewachsen war. Ich traute mir viel zu, immer mehr und immer mehr. Ich machte viele Dinge gleichzeitig. Ich hatte Erfolg – auch. Ich hatte die Spielregeln begriffen. So manche Idee konnte ich umsetzen, so manche Phantasie Realität werden lassen. Dennoch höre ich immer öfter von Wohlmeinenden: »Machen Sie langsamer, machen Sie nicht so viel, spannen Sie aus!« Oder von Vertrauten: »Nimm dir doch Zeit für die wichtigen Dinge im Leben.«

Dabei freue ich mich, im Leben trittsicher geworden zu sein, soweit man das von sich überhaupt je behaupten kann. Den Durchbruch jedoch zur ungetrübten Lebensfreude verschaffte mir eine Todeserfahrung. Ein winziger chirurgischer Eingriff hatte zu Komplikationen geführt und dabei beinahe mein gesamtes Organsystem kollabieren lassen. Ich habe sie gespürt, die vitale Auflehnung meines Körpers gegen seinen Tod. Ich habe in den Strudel aus Angst gesehen, in den sich der Organismus begibt, wenn er zu sterben beginnt. Ich weiß jetzt, wie sich das anfühlt. Und ich habe überlebt.

Seither genieße ich die Kraft, die aus der Ohnmacht gewachsen ist, die Phantasie, die der Erfahrung entspringt, die Lebensfreude, die dem Bewusstsein der Vergänglichkeit entwächst. Seither ist die beste Zeit in meinem Leben. Denn ich feiere die Freiheit, die mir die Erfahrung der Freiheit von den Ansprüchen dieser Welt ermöglicht hat. Wenn jeder Tag ein geschenkter ist, dann ist die Sorge, etwas zu versäumen oder gar falsch zu machen, auf ein Minimum beschränkt.

Bald bin ich fünfzig. Die Anzeichen des Alterns sind nicht mehr zu übersehen, oft muss ich mir die Augenringe überschminken, ich ermüde ein bisschen schneller, und mit Erschrecken bemerke ich: Mein Interesse an der Welt nimmt ab. Es sind nicht mehr alle, es sind nur noch bestimmte Menschen, die ich kennen lernen will, es sind nicht mehr alle, sondern nur wenige Veranstaltungen, an denen ich teilnehmen will. Die Ziele, die ich erreichen will, haben sich auf ein paar wenige reduziert. Vielleicht ist es das Gefühl, schon so vieles gesehen und erlebt zu haben, vielleicht ist es der Wiederholungscharakter des Lebens, der die Zeit immer schneller laufen lässt. Die Zeit der Premieren ist vorbei: die ersten Lieben, die ersten beruflichen Erfolge, die überraschenden Menschen, die das Umfeld der Medien und der Kirche mir eröffnet hat. Der erste Artikel, die erste Sendung, die erste Predigt – all das ist längst vorbei und in einen gemächlichen Kreislauf der Wiederholungen getreten, den ich nicht bedauere. Erst wenn ich mich selbst zu wiederholen beginne, muss ich Abschied nehmen, und ich hoffe, es gibt Menschen, die mich rechtzeitig darauf aufmerksam machen.

Wenn ich Glück habe, bleibt mir noch eine längere Zeit, in der ich mich in den Fertigkeiten des Alterns üben kann. Vielleicht gelingt es mir dann ja, reif zu werden und so etwas wie Altersweisheit vorzutäuschen. Ich freue mich darauf und niemals habe ich auch nur im Ansatz den Wunsch verspürt, noch einmal jünger zu sein. Ich hoffe, dass ich die Kunst erlerne, älter zu werden. Denn diese Kunst erfordert Inspiration, Intelligenz und mancherlei Tricks. Dazu eine Geschichte: Der Berliner Gehirnforscher Paul Baltes, machte sich, als er vierundsechzig wurde, selbst zum Forschungsgegenstand. Er wollte wissen, ob es die oft beschworene Altersweisheit gibt oder nicht. Er untersuchte viele alte Menschen, sprach mit ihnen und beobachtete sie über einige Jahre.

Und gibt es sie nun, die Altersweisheit? Ja und nein, ist Baltes' nachdenkliche Antwort. Wenn wir alt werden, dann werden wir langsamer, unser Gedächtnis lässt nach, unsere Bewegungen versteifen, wir sind nicht mehr so neugierig und nicht mehr so offen wie früher. Aber dennoch gibt es viele alte Menschen, die andere mit ihrem Ausdruck, ihrer Weisheit und ihrer Vollendung beeindrucken. Wie gelingt ihnen das? Obwohl im Alter vieles, beinahe alles, weniger wird, wächst das »weisheitsbezogene Wissen«, die »pragmatische Intelligenz«.

Am besten kann man das beim Pianisten Artur Rubinstein studieren. Rubinstein wurde als alter Mann so gefeiert wie nie zuvor in seiner Karriere. Die Kritiker überschlugen sich und priesen das Alter, das eine solch reife Musikinterpretation aus dem Flügel perlen ließ. Was war sein Geheimnis? Die Antwort ist überraschend. Sie lautet in der Sprache der Wissenschaft »SOK-Konzept«. Das Geheimnis der Altersweisheit ist Selektion, Optimierung und Kompensation. Das bedeutete, dass Rubinstein zum einen nicht mehr so viele Stücke wie früher spielte. Er beschränkte sich, musste also nicht mehr so viele Partituren im Kopf behalten. Diese wenigen Stücke übte er zum anderen mehr und öfter, das bedeutet Optimierung. Und wenn dann in einem Allegro die Läufe rasen mussten und seine alten Finger überforderten, dann spielte er die Takte, bevor die schnellen Noten kommen, ganz, ganz langsam, sodass dem Publikum die hohe Geschwindigkeit umso schneller vorkam. Das nennt man dann Kompensation. Arthur Rubinstein hat begriffen, was es bedeutet, eindrucksvoll alt zu werden. Es bedeutet, demütig, humorvoll und klug einzusehen, dass man nicht mehr alles kann, und daraus eine Kunst zu machen.

Selektion, Optimierung und Kompensation sind die Fertigkeiten, die einer lernen kann, um damit Altersweisheit vorzutäuschen. Oder ist das vielleicht gar keine Täuschung? Ist das vielleicht die ganze Lebenskunst, um die es beim Altwerden geht? Die Kunst, die eigenen Defizite anmutig zu verpacken und sie aussehen zu lassen, als wären es Stärken? Oder noch eleganter: aus Schwächen Stärken zu machen, oder geistlich gesprochen, wie das der Apostel Paulus tut, wenn er von Gott ausrichtet: »Lass dir an meiner Gnade genügen, denn meine Kraft ist in den Schwachen mächtig«? Es geht dem Apostel nicht darum, die Schwäche und die Ohnmacht, die meine Zukunft im Alter sein wird, zu verherrlichen oder etwas Attraktives darin zu erkennen, es geht ihm wohl mehr darum, dass ich lerne, Ohnmacht und Schwäche zuzulassen und dann zuzuschauen, was geschieht. Dann kann ich plötzlich erleben, wie meine Schwäche andere stark macht, wie andere Verantwortung übernehmen, ihre Gaben entdecken, wie ich aktiv und in Würde zulasse, dass andere meinen Part übernehmen und ich mich gelassen Stück für Stück auf die Zuschauertribüne zurückziehen kann. Dann lehrt mich Gottes Gnade, dass zu allem, was ich mir vornehme, er helfen muss.

Johanna Haberer wurde 1956 in München geboren. Sie studierte Theologie und war anschließend als Pfarrerin in Schongau tätig. Danach arbeitete sie als kommissarische Rundfunk- und Fernsehbeauftragte ihrer Landeskirche beim Bayrischen Rundfunk, als Referentin für den Hörfunk im Evangelischen Presseverband für Bayern und als Redakteurin beim »Sonntagsblatt«. Es folgten freie Mitarbeiten u. a. beim Bayrischen Rundfunk und bei der evangelischen Filmgesellschaft EIKON sowie bei ARD und ZDF. Außerdem arbeitete sie als Redaktionsleiterin des Evangelischen Fernsehens (efs) mit. Von 1997 bis 2001 war sie Rundfunkbeauftragte des Rates der Evangelischen Kirche in Deutschland. Seit 2001 lehrt Johanna Haberer als Professorin für Christliche Publizistik an der Universität Erlangen.

»Sara ging es nicht mehr nach der Frauen Weise«

von Margot Käßmann

Wenn ich zurückdenke, merke ich, wie sich die Wahrnehmung verschiebt. Bei meiner Großmutter dachte ich immer, sie sei eine alte Frau gewesen, als sie den Zweiten Weltkrieg, dann Besatzung und Vertreibung erlebte. Sie war neunundvierzig Jahre alt, nur wenig älter als ich heute. Aber sie galt damals unhinterfragt als alt. Sie wurde sechsundneunzig Jahre, hatte damals also gerade erst die Hälfte ihres Lebens gelebt. Seitdem hat sich vieles zum Positivem verändert. Frauen in den Fünfzigern, Sechzigern, ja Siebzigern und Achtzigern sind heute oft viel selbstbewusster, selbstbestimmter.

Aber natürlich erleben die Alten heute auch das: Die Jungen werden ungeduldig an der Supermarktkasse, der Arzt überlegt, ob sich die Hüftoperation überhaupt noch lohnt, die eigenen Jahrgänge erscheinen immer öfter in den Todesanzeigen ...

Über die Kunst des Alterns wird gern mit großer Geste gesprochen. Weise werde der Mensch dann, durch Erfahrung gereift sozusagen. Aber ist das nicht auch eine Selbsttäuschung? Die inzwischen verstorbene Schweizer Theologin Marga Bührig hat mir einmal gesagt: »Ich hasse es, alt zu werden!« Und das war sehr ehrlich gemeint. Sie hasste es, dass alles langsamer ging, dass hier ein Zipperlein auftrat und da eine Fähigkeit abnahm. Es wird oft belächelt, wenn alternde Frauen über ihre gesundheitlichen Probleme sprechen. Frauen werden heute in Westeuropa älter als je zuvor. Früher war es vor allem das Gebären, das ihnen einen frühen Tod brachte. Diese Gefahr hat durch die Verhütungsmittel, die gute Ernährung und medizinische Versorgung sowie die veränderten Lebensbedingungen in den Industrienationen rapide abgenommen. Aber auch heute ist Altern mit dem Schmerz verbunden, Abschied nehmen zu müssen von jugendlicher Gestaltungskraft, von hochfliegenden Zukunftsplänen. Wer altert, muss zurückblicken, und vielleicht sieht er dann nicht viel Gelungenes, muss die Trauer über Versäumtes bewältigen. Mit dem Älterwerden kommen auch gesundheitliche Probleme, ein notwendiges Verlangsamen in einer Zeit, die Geschwindigkeit und Mobilität so sehr liebt. Grenzen werden sichtbar, auch wenn unsere Gesellschaft gerne die unbegrenzten Möglichkeiten preist.

Frauen altern anders als Männer und stehen dabei auch vor ganz eigenen Herausforderungen: Klimakterium, Beziehungen, Schönheitsideale, Pflege und Sterben. Davon ist das Klimakterium wohl eines der letzten großen Tabus. Wer redet schon darüber, wenn man unter Hitzewallungen und Kopfschmerzen leidet und die Periode ausbleibt? Was das bedeutet, weiß schon die Bibel. So heißt es etwa im ersten Buch Mose: »Sara ging es nicht mehr nach der Frauen Weise.« Für viele Frauen ist das ein entscheidender Einschnitt. Seit der Pubertät hat sie die Periode begleitet, manches Mal belastet, und jetzt wird erkennbar: Ein neuer Lebensabschnitt kommt. Mit dem Abschied von der Gebärfähigkeit ist eine Weichenstellung verbunden. Darunter leiden viele Frauen, die keine Kinder haben, sehr. Die Kinder-Option ist schlicht weg. Das ist wie eine Schallmauer, eine unüberwindliche Grenze: Wer zu lange überlegt hat, wird jetzt von der biologischen Uhr vor Tatsachen gestellt. Wer gar nicht überlegt hat, wird jetzt manches Mal sehr nachdenklich. Aber auch für Frauen, die Kinder haben, ist das ein besonderer Zeitpunkt, der spürbar einen neuen Lebensabschnitt einläutet.

Zudem gibt es bei vielen Frauen in den Vierzigern häufig Myome in der Gebärmutter, weshalb der Uterus häufig entfernt werden muss. »Die Totale« wurde das geheimnisvoll von meiner Mutter und ihren Bekannten genannt. Wenn du mit Freundinnen, die alle Mitte vierzig sind, zusammensitzt, dann kann so ein Gespräch über Klimakterium und Gebärmutter schnell sehr existentiell werden. All die Lebensentwürfe, die gelungenen wie die gescheiterten, kommen auf den Tisch. Wie wichtig ist es, dass darüber gesprochen wird! Das ist ein echter Gewinn der vergangenen Jahre: Die Frauen haben gelernt, miteinander zu reden, können lachen auch über die Komik, die in manchen Realitäten liegt, aber auch Raum finden zum Klagen. Und das tut gut. Auch sind die unterschiedlichen Lebensentwürfe keine Hemmschwellen mehr für Freundschaften zwischen Frauen mit Kind und ohne Kind, Berufstätigen und Nichtberufstägigen, geschiedenen Frauen, Singles und Ehefrauen. Altern in Gemeinschaft tut gut: sich austauschen können, Tabus überwinden, Worte finden, lachen, weinen und reden.

Viele Frauen über vierzig glauben zudem – wie es in einem Hollywoodfilm einmal unnachahmlich formuliert wurde –, dass die Wahrscheinlichkeit größer ist, von einem Meteoriten erschlagen zu werden, als noch einen Mann zu finden. Auch das kennt schon die Bibel, wenn bei der Suche nach einer Perspektive Naomi sehr realistisch erklärt: »Ich bin nun zu alt, um wieder einen Mann zu nehmen.« (Ruth 1,12) Also muss die jüngere Ruth ins Rennen, und es findet sich in großer Solidarität der jüngeren und der älteren Frau durch Boas eine Perspektive für beide. Diese Solidarität gibt es heute zwischen älteren und jüngeren Frauen – das ist eine bemerkenswert positive Veränderung der letzten Jahre.

Ein ganz anderes Thema ist allerdings die Bitterkeit der um einer Jüngeren willen verlassenen Ehefrau. Sie sitzt tief und findet doch kaum einen Raum, in dem sie sich artikulieren kann. Für die »verlassene Ehefrau« hat die Gesellschaft vor allem Mitleid übrig. Sie muss sich halt arrangieren, und wenn sie einen so genannten Rosenkrieg führt, sich langwierig auslässt über den Ex-Mann, dann wird das Mitleid schnell zur Verachtung. Man lädt sie nicht mehr ein, sie wird isoliert und gesellschaftlich ins Abseits gestellt.

Bei Scheidungen ist die Zahl der Frauen, die erneut heiraten, statistisch gesehen gering, während Männer immer öfter in einer zweiten oder auch dritten Ehe mit einer jüngeren Frau auch ein zweites oder drittes Mal Vater werden. Da erzählt mir jemand begeistert: »Herr X ist mit sechzig noch einmal Vater eines kleinen Jungen geworden, ist das nicht wunderbar?« Ein bisschen ironisch frage ich: »Ist seine Frau auch sechzig?« Nein, sie ist natürlich erst Mitte dreißig. Auch wenn wir ab und zu lesen, dass sogar über sechzigjährige Frauen dank In-vitro-Fertilisation Kinder austragen, ist das eine seltene Ausnahme. Schon ab fünfunddreißig gilt eine Frau als »Spätgebärende«. »Das hört sich doch furchtbar an!«, empörte sich eine Freundin. Gibt es eigentlich einen ähnlichen Begriff für die alten Väter? Und: Ist eine so späte Vaterschaft wirklich so großartig? Wenn der Sohn in die Pubertät kommt, ist der Vater weit über siebzig – dann hat er wohl kaum die Kraft zur notwendigen Auseinandersetzung.

Wie wird die dann relativ gesehen immer noch junge Frau mit dem alten Mann in ihrem Leben umgehen. Hat sie dann nicht ganz andere Wünsche? Hat sie damals den älteren, beruflich gesettelten, lebenserfahrenen Mann gefunden und auch ihren Kinderwunsch mit ihm erfüllt, ist sie jetzt Mutter und muss oft auch ihren Mann versorgen. Sie trägt damit weit vor der Zeit schon eine übergroße Last des Alters – und zwar des Alters anderer.

In der Welt des 21. Jahrhunderts wollen alle alt werden, aber niemand will alt sein. Frauen, die alt sind, kommen z. B. im Film kaum mehr vor. Da werden dann Sechzigjährige von Vierzigjährigen gespielt. Alt wird höchstens die Dame aus der Werbung, die Knoblauchpillen nimmt und fit wie ein Turnschuh aussieht. In den Soap-Operas gibt es scheinbar keine Frauen über vierzig, bei »Sex and the City« wird schon gelacht über die »Alters«-Probleme von Mittdreißigern. Und so kämpfen gerade Frauen heftig gegen das Altern an. Bei ihnen sinkt der Marktwert mit jedem grauen Haar, jeder Falte, jedem Kilo mehr auf den Hüften. »Ein teures Kostüm würde ich mir nicht mehr kaufen«, sagte eine Frau Mitte fünfzig, »deine Figur geht doch eh auseinander, ob du willst oder nicht.« Während der Mann mit den grauen Schläfen als »distinguiert« gilt, wird die alternde Frau schnell als »Mutti« oder gar »Oma« abgewertet.

Schönheitsoperationen haben Hochkonjunktur, ganze Fernsehshows leben davon. Wer das Ergebnis etwa die Serie »The Swan« (»Der Schwan«) gesehen hat, musste mit Entsetzen erkennen, was für eine Verwischung von Individualität damit einherging. Alle Frauen waren vollbusig, schlank und mit denselben Nasen und Wangenknochen ausgestattet. Da ist gar kein Klonen mehr notwendig. Eine alternde Frau wird nicht als schön empfunden. Attraktivität ist zum allerhöchsten Gut gleich nach Gesundheit geworden. Also wird nicht nur Sport getrieben und das Fitness-Studio besucht – was ja an sich nicht schlecht ist –, sondern auch Botox gespritzt, Silikon eingearbeitet, Fett abgesaugt und eine Diät nach der anderen ausprobiert. Was für ein Verlust – Falten zeigen schließlich gelebtes Leben. Und bei manchem faltigen Gesicht denke ich: Wie schön ist das! Frauen sollten prüfen, wer hier eigentlich die Schönheitsideale definiert.

Frauen, die älter werden, nähern sich oft auch dem Thema Sterben bewusst an. Wenn sie es nicht verdrängen, fragen sich viele, wie sie wohl die *ars moriendi*, die Kunst des Sterbens, neu entdecken könnten. Denn das gehört ja zum Altern: sich der Endlichkeit des Lebens bewusster werden. Da gibt es Dinge, die endgültig vorbei sind – ich werde mit siebzig Jahren zum Beispiel nicht mehr Abfahrtski lernen. Und es gibt körperliche Veränderungen, die unausweichlich sind. Wenn wir bedenken, dass wir sterben müssen, wie es der biblische Psalm so treffend beschreibt, führt das hoffentlich auch zur Weisheit. Viele Frauen überlegen sehr genau, wie man es organisieren kann, dass nicht eine den anderen zur Last fällt und sie sich gegenseitig helfen, begleiten können. Denn auch über die Pflegebedürftigkeit im Alter will ja nachgedacht werden. Allzu viele verdrängen es und können dann nicht mehr mündig entscheiden. Gepflegt wurde und wird bis heute in der Regel von Frauen. Vielleicht haben sie deshalb die größere Freiheit, auch darüber offen zu sprechen. Meine Mutter hat das mit uns Töchtern getan, das fand ich großartig. Allzu oft bedeutet das eigene Alter für Frauen eine weitere soziale Herausforderung: die Pflege der Eltern und Schwiegereltern oder der Einsatz als Großmutter für die überlasteten Töchter und Schwiegertöchter oder auch für den alternden Ehemann. Männer, die in Pension gehen, haben oft Großes vor, schwärmen von neuer Freiheit. Frauen haben oft in den Augen der Welt Kleines vor sich, nämlich aktive Pflege, die große Anforderungen mit sich bringt und neue Verpflichtungen.

Muss das jetzt alles zutiefst deprimieren? Ich denke nicht. Immer mehr Frauen begegnen dem Altern durchaus mit Humor und einer gewissen Wertschätzung. Sie stehen zu ihrem Alter und bleiben aktiv. Und auch wenn es noch immer eine gravierende weibliche Altersarmut gibt, ist doch so manche von ihnen finanziell wesentlich unabhängiger als eine Frau Mitte zwanzig. Das entdeckt übrigens langsam aber sicher auch die Werbe- und Zeitschriftenwelt, so bringt etwa die »Brigitte« Extraausgaben wie »40 plus«. Viele Frauen, die älter werden, greifen inzwischen beim Einkaufen wacker zu einer Kleidergröße mehr und sind schlicht froh und dankbar, dass sie neue Freiheiten entdecken können. Die Einheitsdauerwelle ab fünfundvierzig ist out. Ich sehe fesche Kurzhaarfrisuren in grau, Frauen mit Witz und Lebenslust, mit Engagement und Zielen. Frauen, die nicht klagen, sondern ihr Alter bewusst wahrnehmen. Oft sind das Frauen, die auf Gott vertrauen, sich von Gott gehalten wissen. Wer das Leben als Geschenk versteht, ist im besten Sinne ein wenig demütig und kann die eigene Begrenztheit eingestehen, nicht erst im Alter. Wer glaubt, der weiß, dass vor Gott jedes Leben gleich viel wert ist, und protestiert mit dieser Haltung letzten Endes gegen die Werturteile der Konsumgesellschaft. Für Glaubende hat auch die Stille ihren Wert, die Langsamkeit, die kleinen Dinge. Und der Glaube kennt die Hoffnung, dass dieses Leben, das, was wir sehen und erkennen, nur ein Ausschnitt der viel größeren Wirklichkeit Gottes ist.

Das Altern ist eine Kunst. Mir ist bewusst, dass sie nicht immer gelingt, dass es auch schwer sein wird, mit manchem umzugehen, was kommen wird. Für mich ist Altern aber auch mit Heiterkeit verbunden. Ich habe zu manchen Dingen mehr Abstand. Ich habe den Luxus, mir Zeit für mich zu nehmen. Meine Töchter sind selbständig, ich muss mich nicht ständig kümmern und sorgen, so sehr ich sie liebe und begleite.

Freiheit wächst und durchaus auch Weisheit. Ja, ich schaue nach vorn, weiß, dass nicht mehr alles so locker und schnell gehen wird. Mir ist das Engagement für ein Sterben in Würde wichtig, die Hospizarbeit. Ich gehe gerade erst auf die fünfzig zu und kann nicht genau nachempfinden, wie das mit sechzig oder achtzig ist. Aber ich habe Freundinnen, mit denen ich darüber reden kann, über unsere Verschiedenheiten, über Schwächen – und darüber können wir auch lachen. Und ich kann junge Frauen sehen, begeistert sein, wie wunderschön ein Minirock an ihnen aussieht – und mich doch auch wohl fühlen mit mir selbst. Für uns Frauen in Westeuropa ist es ein Luxus, heute so alt werden zu dürfen. Wie viele Frauen in den Generationen vor uns und in Ländern des Südens heute beneiden uns darum. Ich bin froh, heute und hier als Frau leben zu dürfen, und bin gespannt aufs Altwerden ... so Gott will und ich es erlebe.

Margot Käßmann wurde 1958 in Marburg/Lahn geboren. Nach ihrem Theologiestudium in Tübingen, Edinburgh, Göttingen und Marburg ging sie 1983 ins Vikariat, wurde 1985 zur Pfarrerin ordiniert und promovierte 1989 bei Konrad Raiser. In der Folgezeit arbeitete Margot Käßmann als Beauftragte für den Kirchlichen Entwicklungsdienst der Evangelischen Kirche in Kurhessen-Waldeck. Sie übernahm Lehraufträge an der Kirchlichen Hochschule in Leipzig und an der Philipps-Universität in Marburg und arbeitete als Studienleiterin an der Evangelischen Akademie Hofgeismar. Von 1994–1999 war sie Generalsekretärin des Deutschen Evangelischen Kirchentages. 1999 wurde sie zur Landesbischöfin der Ev.-Luth. Landeskirche Hannover gewählt. Margot Käßmann ist verheiratet und hat vier Töchter.

Vom Mut, endlich erwachsen zu werden

Axel Noack, Bischof der Ev. Kirche der Kirchenprovinz Sachsen

Als Mose alt und dem Sterben nahe ist, versammelt er die zwölf Stämme Israels und segnet sie alle einzeln, so wie man Kinder segnet. Für jeden von ihnen hat er ein gutes, hilfreiches Wort. Auch der nicht sonderlich bekannte Stamm Asser, der im fruchtbaren Gebiet auf der Westseite des Galiläischen Gebirges siedelt, wird mit einem kräftigen Wunsch entlassen: »Asser ist gesegnet unter den Söhnen. Er sei der Liebling seiner Brüder und tauche seinen Fuß in Öl. Von Eisen und Erz sei der Riegel deiner Tore; dein Alter sei wie deine Jugend!« (5. Mose 33,24 f.)

Mindestens im letzen Teil hat dieser Wunsch nichts von seiner Aussagekraft eingebüßt, auch wenn nun schon Jahrtausende darüber vergangen sind. »Dein Alter sei wie Deine Jugend!« – das könnte man sich immer noch genauso wünschen: Dein Alter mögest du in jugendlicher Frische erleben und also möglichst nicht hinfällig werden. Gerade heute, wo fast jeder gute Wunsch mit den Worten: »Hauptsache Gesundheit!« endet, hat Moses Segenswort etwas unmittelbar Einleuchtendes.

Auch Johann Sebastian Bach hat Moses Segenswort aufgegriffen und in die wunderbare Kantate »Gott ist mein König« (BWV 71) zum Ratswechsel im Jahre 1708, die das Alter und die Ehre der grauen Haare besingt, den Chorsatz eingefügt: »Dein Alter sei wie deine Jugend und Gott ist mit dir in allem, das du tust.«

Der Problematik des Altwerdens ist man sich also über die Jahrhunderte, ja Jahrtausende bewusst gewesen. Auffällig an Moses Segenswort ist, dass es nicht darum geht, sich ewige Jugend zu wünschen und den Vorgang des Alterns zu verlangsamen, wie uns das heute aus manchen Genforschungslaboren versprochen wird. Das Alter ist Bestandteil des Lebens. Daran ist festzuhalten, auch wenn sich manches im Laufe der Zeit verschoben hat.

Denn das ist ganz sicher: Keine Generation vor uns hat erfahren dürfen, dass Menschen so alt werden können wie wir heute. Nie zuvor war damit zu rechnen, dass die Lebenserwartung sich so sehr verlängern würde, wie das in den letzen Jahrzehnten beinahe sprunghaft geschehen ist. Die gestiegene Lebenserwartung ist ganz zweifelsfrei ein großer Fortschritt, den wir vor allem der Medizin verdanken. Krankheiten lassen sich frühzeitiger erkennen und Heilung ist auch in Fällen möglich, wo das früher ganz ausgeschlossen schien. Aber wie jeder Fortschritt bringt auch dieser »Risiken und Nebenwirkungen« mit sich. Er führt dazu, dass wir uns besonders im Blick auf unser Sozialsystem und die Folgen für Renten- und Krankenversicherung mit der gestiegenen Lebenserwartung kritisch auseinander setzen müssen. Da ist dann schon mal von »Generationengerechtigkeit« die Rede und von der Befürchtung, die heute Jungen könnten zu stark belastet werden und später einmal zu kurz kommen. Die Diskussion um die Bezahlung von künstlichen Hüftgelenken für alte Menschen war sicherlich ein Ausrutscher, aber vor den Problemen, die da im Untergrund mitschwingen, dürfen wir nicht die Augen verschließen.

Dabei gilt es, einem blinden Fortschrittsglauben genauso zu wehren wie einer Verteufelung des technischen und medizinischen Fortschritts. Es gilt, die neue Situation zu gestalten, und dazu ist es nötig, zu sehen und zu sagen, was wirklich ist. Das bedeutet auch, nicht zu übersehen, dass die »Verschiebung« der Lebensphasen nicht allein durch das zunehmende Alter bedingt wird. Die Menschen werden zwar älter als früher, aber die Verlängerung des Lebensabschnittes »Alter« passiert vor allem auch dadurch, dass er schon wesentlich früher beginnt. Viele sind davon überzeugt, schon mit fünfzig Jahren nicht mehr in die Arbeitswelt hinein vermittelbar zu sein, und nicht wenige haben dies bei unzähligen Bewerbungen am eigenen Leibe erfahren müssen. Mit fünfzig gelten sie als alt, obwohl sie möglicherweise noch gut dreißig Jahre in relativ guter Gesundheit zu leben haben.

Und damit nicht genug: Die Lebensphase zwischen »Jugend« und »Alter«, nennen wir sie einfach das »Erwachsenenalter«, wird auch von der anderen Seite her stetig verkürzt. Sie beginnt für viele Menschen immer später. Junge Leute starten durch verlängerte Ausbildung und manche Orientierungs-, Warte- und Leerlaufzeit ziemlich spät mit dem eigentlichen Berufsleben und sie beenden es ebenso schnell. Das gilt sogar in unserer Kirche: Unsere jungen Pastoren, die in ihre erste Pfarrstelle kommen, sind in der Regel gar nicht mehr so jung. Und leider waren auch in unseren Kirchen Frühpensionierung oder Altersteilzeit als Instrumente der Stellenplanung weit verbreitet. Manche Spötter haben schon gemeint, wir arbeiteten daran, den Übergang vom Bafög zum Vorruhestand möglichst nahtlos zu gestalten.

Hier liegt das eigentliche Problem, dem wir uns nüchtern zuwenden müssen: Die Erhöhung der Lebenserwartung geht einher mit einer »Verkürzung« des Erwachsenenalters. Wie soll man das deuten? Wir werden immer älter, aber die eigentliche produktive Phase des Erwachsenenlebens (Berufsleben und Kindererziehung) wird immer kürzer. Am deutlichsten merken wir es daran, dass etwa die Zeitspanne, innerhalb derer man Kinder bekommt, immer kürzer zu werden scheint. Und viele – auch und gerade unter den wirtschaftlich besser Gestellten – meinen, nun gar keine Zeit mehr für die Kindererziehung zu haben, und verzichten gänzlich auf Nachwuchs. Die Dramatik unserer demographischen Prognosen ist daher kaum noch zu überbieten. Eine Überalterung der Bevölkerung ist die Folge. Doch auch das wird vorübergehen, denn wer nicht geboren wird, wird auch nicht alt und älter. Das

Schreckensbild einer »vergreisten Gesellschaft« ist letztlich zu relativieren.

»Jugend« und »Alter« rücken aber nicht nur zeitlich näher aneinander heran. Sie tun das auch in ihrer gesellschaftlichen Bewertung. Für den zitierten Mosesegen ließe sich auch eine ziemlich makabere Ausdeutung finden: »Dein Alter sei wie deine Jugend« kann auch bedeuten: »Alter und Jugend gleichen sich vor allem als solche Lebensphasen einander an, denen die gesellschaftliche Umwelt mehr oder weniger offen signalisiert: Eigentlich brauchen wir euch nicht. Ihr kostet nur Geld.«

Auch wenn das möglicherweise übertrieben klingen mag: Wo wird Jungen und Alten eigentlich gezeigt, dass sie wirklich als Junge und Alte gebraucht werden? Wir alle tun uns schwer damit. Natürlich gibt es lautstark und in Sonntagsreden geäußert ganz andere, ja geradezu gegenteilige Positionen. Da wird davon geredet, wie wichtig doch unsere Jugend sei, die unser aller Zukunft ist. Und wie angemessen es sei, dass die Alten ihren »wohlverdienten« Ruhestand möglichst unbeschwert genießen können. Man täusche sich nicht: Letztlich haben wir weder für die Jungen noch für die Alten wirklich etwas zu tun. Und auch das ist die Folge des rasanten technischen Fortschritts, der gestiegenen Produktivität, die immer weniger Arbeitskräfte erfordert. Aber auch dieser Fortschritt trägt Risiken in sich und hat böse Nebenwirkungen. Wir haben für die jungen Leute nicht wirklich etwas zu tun und meinen, wir müssten sie irgendwie beschäftigen und wenigstens »von der Straße holen«. Das gilt sogar in unserer Kirche. Es musste erst solch ein Unglück wie 2002 das Elbe-Hochwasser geschehen, damit junge Leute massenhaft zeigen konnten, dass auch sie anpacken können. Viele der Älteren waren darüber ganz erstaunt und konnten negative Vorurteile abbauen.

Es ist derselbe rasante technische Fortschritt, der es mit sich bringt, dass Erfahrungswerte der Väter- und Müttergeneration kaum noch anwendbar und nicht mehr produktionstauglich sind. Die Zeiten sind ein für alle Mal vorüber, dass Söhne und Enkeltöchter in derselben Weise lebten und produzierten, wie das ihre Vorväter auch schon taten. Welcher Großvater kann heute seinem Enkel schon etwas am Computer beibringen?

Sollen wir uns damit trösten, dass unsere reiche Gesellschaft schon Mittel und Wege finden wird, die Jungen und die Alten irgendwie zu beschäftigen? Eine gigantische Freizeitindustrie hat unsere Senioren schon längst als Markt entdeckt. Die Senioren-Reisen boomen, und die Werbung zeigt uns gesunde, körperlich und geistig aktive Senioren, die über große Kaufkraft verfügen. Dennoch: Es macht einen himmelweiten Unterschied, ob man wirklich gebraucht wird oder ob man – wenn auch noch so liebevoll und aufregend – lediglich beschäftigt und »verwahrt« wird.

Die vor uns liegende Aufgabe lässt sich leicht beschreiben: Wir brauchen den Mut, erwachsen zu werden. Die wirklich gefährdete Lebensphase ist die des eigentlichen Erwachsenseins, also die Phase der aktiven Berufsausübung, der Familiengründung und Kindererziehung. Sie wird nicht nur zeitlich immer kürzer, sondern sie gestaltet sich auch zunehmend schwieriger. Das Erwachsenwerden kann verlernt werden. Manchmal hat man den Eindruck, als möchten wir uns darum drücken. Der betont jugendlich-spontihafte Lebensstil der ganzen Gesellschaft ist sehr auffällig geworden.

Die Werbung, die ja ein Gespür für Befindlichkeiten hat, bedient sich zunehmend einer vulgären Sprache. Meinen Fernseher soll ich in einer Marktkette kaufen, die mich dauernd auffordert, mich nicht »verarschen« zulassen. Die Konkurrenz will mir einreden, dass Geiz »geil« sei. Und gegenüber meiner Haustür hing wochenlang ein Plakat, auf dem ein Autohändler mir mit großen Buchstaben erklärte: »Sie lassen nie mehr einen fahren!«

Die Bilder entsprechen dem Text, und des Öfteren möchte man daran erinnern, dass jemand, der sich mit weit herausgestreckter Zunge ablichten lässt, noch lange kein Einstein ist. Es ist keine Ausnahme mehr, wenn Sechzigjährige mit langen Haaren, einen Ring im Ohr und Turnschuhen an den Füßen ein Konzert besuchen, und manchmal habe ich das Gefühlt, mich für erwachsene Menschen, die im verwegenen Outfit in den Talkshows auftreten, schämen zu müssen. Ist es so, wie Richard Schröder einmal formuliert hat: »Der Traum von der ewigen Jugend hat sich verwandelt in das Menschenrecht auf immerwährende Pubertät«?

Auch wenn das übertrieben klingen mag: In der Scheu, erwachsen werden zu wollen, sehe ich eine Ursache dafür, dass es Jugendliche und Alte in unserer Gesellschaft so schwer haben. Junge Menschen brauchen Erwachsene, um wirklich jung sein zu können. Junge Leute müssen sich reiben können. Dazu müssen wir ihnen Reibungsflächen bieten. Sie müssen die Chance haben, sich gegen Widerstände zu erproben. Aber die Türen, die sie einrennen wollen, stehen immer schon offen. Sie fallen da einfach durch, und meistens fallen sie in Watte. Erwachsene sollen Maßstäbe setzen und müssen eine Orientierung vorgeben, aber wir haben uns eine hilflose, schulterzuckende Toleranz angewöhnt, deren oberster Glaubenssatz lautet: »Das muss jeder für sich selbst entscheiden.«

Jeder Mensch muss erwachsen werden wollen und danach streben, Verantwortung zu übernehmen. Das ist eine der Voraussetzungen für gelingendes Altern. Altern als Lebenskunst ist die Kunst, langsam loslassen zu können. Aber was soll ich loslassen, wenn ich nie richtig habe zupacken dürfen? Aus leeren Händen kann ich nichts »weglegen«. Je mehr ich beteiligt und in das Leben einbezogen bin, umso mehr habe ich auch, was ich loslassen kann. Wer nicht zur Schule geht, bekommt auch keine Ferien, so einfach ist das.

Es wäre zu wünschen, dass wir das Leben wieder stärker als ein Ganzes begreifen und damit aufhören, die einzelnen Phasen gegeneinander ab- und aufzuwerten. Alles hat seine Zeit, wie wir schon aus der Heiligen Schrift wissen. Alle Lebensphasen sind gleich nahe zu Gott. Dies ist ein gutes, hilfreiches Wissen. Mein Glaube hilft mir zu solchem Wissen und zu dem, was daraus folgt: Mein Glaube hilft mir, den gesamten Lebenszusammenhang zu sehen, weil er mir hilft, über dieses Leben hinauszudenken. Ich kann viel von diesem Leben erwarten, aber ich möchte nicht alles erwarten. Es geht mir nicht um Jenseitsvertröstung, aber ich stimme George Orwell ausdrücklich zu, wenn er kritisch anmerkt:

Dass mit diesem Leben alles vorbei ist, dass man nur das kriegt, was man auf Erden hat und nicht mehr, das steigert nicht nur den Machttrieb und die Bereicherungslust von Einzelnen und von Nationen. Es verschärft aufs Unerträglichste die Angst, auch noch das Wenige, was man hat, zu verlieren. Und es stärkt die Bereitschaft, sich fast alles zumuten zu lassen und fast allem Unrecht zuzusehen, solange es mich nicht ereilt.

Die ängstliche Konzentration auf dieses Leben nimmt uns den Mut, es in seinen unterschiedlichen, aber eben zusammengehörenden Phasen zu gestalten und den Widrigkeiten wirklich entgegenzutreten. »Wer Gott fürcht', wird ewig leben!«, und kann dann auch gelassen wünschen: »Dein Alter sei wie deine Jugend und Gott ist mit dir in allem, das du tust.«

Axel Noack wurde 1949 in Biesnitz, Kreis Niesky, geboren und wuchs in Halle an der Saale auf. Er studierte Theologie am Katechetischen Oberseminar der Kirchlichen Hochschule in Naumburg, an der er nach seinem Vikariat eine Repetentur für Kirchengeschichte innehatte. Nach seiner Ordination 1978 arbeitete er bis 1984 als Studentenpfarrer in Merseburg, anschließend als Gemeindepfarrer in Wolfen. Seit dem 5. Juli 1997 ist er Bischof der Evangelischen Kirche der Kirchenprovinz Sachsen in Magdeburg. Bischof Noack hat maßgeblichen Anteil an dem Zusammenschluss des Bundes der Evangelischen Kirchen in der DDR mit der Evangelischen Kirche in Deutschland (EKD) im Juni 1991. Er ist Mitglied der EKD-Synode, Mitglied des Aufsichtsrates des Evangelischen Entwicklungsdienstes und Vorsitzender der Arbeitsgemeinschaft Missionarische Dienste im Diakonischen Werk der EKD.
Axel Noack ist mit der Theologin Gisela Noack verheiratet und hat drei Kinder.

Die Frucht der Jahre
von Andrea Schneider

Verehrte Festgäste, liebes Geburtstagskind!

Ich hab's noch gut im Ohr, was du immer wieder betont hast: »Ich feiere meinen fünfzigsten Geburtstag nicht. Für ein spießiges Jubiläum fühle ich mich zu jung und für eine wilde Party bin ich zu alt. Und überhaupt – fünfzig werden, gar nicht so einfach. Für mich jedenfalls kein Anlass zum Feiern.«

Aber nun sitzen wir doch hier zusammen in netter Überraschungsrunde. Und es bleibt dir gar nichts anderes übrig, als diese Feier über dich ergehen zu lassen – und auch diese Rede …

Weißt du noch? In der Schule haben wir fast immer nebeneinander gesessen, von der Sexta bis zur Oberprima. Was haben wir nicht alles miteinander durchgemacht und durchgekichert: Unlösbare Matheprobleme und hochfliegende Sprachtheorien, jungfräuliche Oberstudienrätinnen und rotohrige Referendare, superkurze Miniröcke und abgewaschene Kordhosen. Und dann – erinnerst du dich noch? – öffnete sich die Schultür nach der letzten Abiprüfung und wir stürmten in die frische Luft und ins Leben.

Turbulente Zeiten waren das in den siebziger und achtziger Jahren – nicht nur an den Unis. Protestieren, studieren und Examen machen, einen Partner finden und eine Familie gründen. Typisch für unsere Generation hast du zielbewusst dein Leben aufgebaut. Uns standen viele Wege offen.

Wie rasend schnell die Jahre verflogen sind! Manchmal, wenn wir als Frauenclique so ganz unter uns sind, wird uns das besonders bewusst. Eigentlich ist das doch noch gar nicht solange her, da haben wir uns über Stillprobleme und gesunde Babynahrung ausgetauscht. Jetzt plant deine Tochter schon ihre Hochzeit.

Eigentlich fühlen wir uns ja fit. Aber zunehmend schleichen sich Themen von kleinen Zipperlein, aber auch ernst zu nehmenden Krankheiten in unsere Gespräche. Eigentlich finden wir uns ja schick und modisch, aber die Anzeichen des Älterwerdens werden doch unübersehbar. Da hilft die beste Creme nicht. Schlafstörungen, Hitzewallungen – Vorboten, die merkwürdige Gefühle auslösen: Wechseljahre – im wahrsten Sinn des Wortes. Unser Frausein verändert sich. Was bleibt? »Wird alles weniger?« So hast du's kürzlich mal gefragt. Das Leben käme dir manchmal vor wie eine

Sanduhr, wo die Zeit-Körner nur so durchrauschen. Und wir Freundinnen haben einen Moment nachdenklich geschwiegen.

Liebes Geburtstagskind, vielleicht magst du ja heute Abend, wenn dein Haus wieder leer ist, nicht auf eine Sanduhr schauen, sondern in eins deiner vielen Fotoalben. Schau genau hin. Ja, du warst damals jünger, wie wir alle. Ja, du hattest weniger Falten. Wie wir alle. Aber vielleicht entdeckst du hinter der großen Achtziger-Jahre-Brille schüchterne Augen und unter der dicken Haarmähne eine junge Frau, die noch nicht viel wusste vom Leben und sich auch noch nicht allzu viel zutraute. Und dann schau in den Spiegel: Ja, da sind mehr Falten um die Augen. Eingezeichnete Erfahrungen, Lebenslinien, die erzählen von Erfolg und Scheitern, auch von Wut und Trauer.

Gut, dass du vor Jahren noch nicht wusstest, welch nervenaufreibenden, schwierigen Weg dein Sohn beim Erwachsenwerden gehen würde und du mit ihm. Gut, dass du auch noch nicht ahnen konntest, wie plötzlich dein geliebter Bruder aus dem Leben gerissen würde. Du hast es geschafft, mit diesen Erfahrungen zu leben, sie zu integrieren in deine Geschichte. Du bist heute nicht mehr die hübsche, liebe Mutti im weiten Öko-Look. Du bist die gestandene Frau, die sich auch beruflich durchsetzen kann und sich zeigt mit Ecken und Kanten – älter geworden, stärker und schöner.

Schau dir also heute, an deinem fünfzigsten Geburtstag, mal diesen Zeitungssauschnitt an, den ich kürzlich gefunden und an die Pinnwand geheftet habe. Die fett gedruckte Überschrift lautet: »Powerfrauen entdecken ihr neues Leben.« Darunter etwas kleiner:

»Fünfzigjährige sind heute Siegertypen, biologisch mindestens zehn Jahre jünger als vor einer Generation, fit, dynamisch, modisch.« Interessant sei, so die Autorin, dass bei Model-Agenturen Frauen ab fünfunddreißig gefragt seien wie nie zuvor: reife Frauen mit Persönlichkeit und Ausstrahlung. Während das Leben für fünfzigjährige Frauen früherer Generationen – ältlich, grauhaarig, unsichtbar – fast vorbei schien, erleben ihre Altersgenossinnen heute einen Lebenshöhepunkt. Sie wissen, was sie können und wollen. Dass das stimmt, sehen wir ja auch an dir.

Vielleicht trifft er ja zu, dieser ach so schöne neudeutsche Begriff vom *best ager*. Wir sind nicht nur eine interessante, heftig umworbene Neuentdeckung für die Werbewirtschaft, wir sind wirklich in »den besten Jahren«. Alt genug, um nach anstrengenden Einstiegsjahren jetzt selbstbewusst auf berufliche Erfahrung zurückgreifen zu können. Und noch jung genug, um uns auf dieser Basis weiterzuentwickeln. Dass das ein Privileg ist, weißt du sicher. Wie vielen Gleichaltrigen in der freien Wirtschaft geht es ganz anders! Unserem gemeinsamen Freund z. B., Finanz- und Versicherungsfachmann, Mitte fünfzig, aus einem Job raus, trotz zig Bewerbungen ohne Aussicht auf einen neuen. Wie zwiespältig klingt es da, von *best ager* zu reden, wie zynisch wirkt das Hochglanzwerbebild vom lebenslustigen *golden consumer*, der Geld hat wie nie zuvor, oder vom fröhlichen *silver surfer*, der auch mit silbernem Haar im Internet surft – vielleicht ja nur, weil er viel Zeit und keine Arbeit hat.

Was neue entwicklungspsychologische Untersuchungen gezeigt haben, müsste sich in der Gesellschaft und vor allem unter Personalmanagern herumsprechen. Viele negative Veränderungen, die man der so genannten *midlife crisis* zuschrieb, treten gar nicht ein. Im Gegenteil: Die verbalen Fähigkeiten z. B. oder das logische Denken sind sogar besser entwickelt als bei Jüngeren. Und mit zunehmendem Alter werden sowohl Männer als auch Frauen verantwortungsvoller, organisierter, konzentrierter – eine Erkenntnis, die zum Umdenken älteren Mitarbeitern gegenüber anregen und die »besten Jahre« wirklich zu solchen machen könnte.

Liebe Fünfziger-Geburtstagsgesellschaft, ob Mann, ob Frau, es sind »Wechsel-Jahre«, in denen wir stehen. Obwohl das rein rechnerisch wohl kaum hinkommt, fühlen wir uns in der Mitte des Lebens, auf der Schwelle zwischen den Generationen.

Vier Kinder hast du, liebes Geburtstagskind, großgezogen. Ein ansehnlicher Beitrag zur Sicherung der Rentenkasse, könnte man frech sagen. Aber natürlich ist es viel mehr: eine echte Lebensleistung, die dir auch einiges abverlangt hat. Ich weiß noch, wie ihr euch in euer eigentlich viel zu kleines Haus gequetscht habt, jeder immer auf der Suche nach einem Stück eigenem Raum. Jetzt wird das Haus immer leerer, immer größer. Jetzt hast du sogar ein eigenes Zimmer. Das genießt du. Ich weiß aber auch, dass es dir manchmal immer noch schwer fällt, in kleinen Töpfen zu kochen, und dass dich zuweilen die Angst der engagierten Mutter im leeren Nest packt: Habe ich meinen Kindern genug Rüstzeug mitgegeben fürs Leben? Werden sie ihren Weg finden? Mit dem Erziehen und Behüten ist es jetzt vorbei. Jetzt ernten sie die Früchte deiner Erziehung, süße und bittere. Diesen Gedanken zuzulassen – das ist nicht so ohne. Die Kinder wirklich loszulassen fällt nicht leicht. Aber ich wünsche dir, dass du sie genießen kannst: die Begegnung mit deinen Kindern, jung und doch schon erwachsen, vertraut und fremd, hilfreich und kritisch.

Auf der Schwelle zwischen den Generationen richtet sich dein Blick sicher auch zurück. Was war das für eine anstrengende Zeit, der Weg deiner Mutter durch schwere Krankheit, Pflegebedürftigkeit hin zum erlösenden Sterben. Ich erinnere mich an viele Gespräche in diesen Monaten, in denen wir gemeinsam über diese neue Lebensphase für uns als erwachsene Kinder nachgedacht haben. Eine Lebensphase, in der wir immer wieder gespürt haben, wie wir älter werden durch das Altwerden unserer Eltern.

Deutlich wir haben die Rollen von früher getauscht. Nicht mehr von den Eltern umsorgt werden, sondern für sie denken, planen, sorgen. Merkwürdige Eigenheiten entdecken und nichts dran verändern können. Ausgesprochenen und häufiger noch unausgesprochenen Erwartungen begegnen, die ein schlechtes Gewissen bewirken, manchmal aber auch Widerspruch und Wut auslösen.

Wie sehr hast du versucht, für deine Mutter da zu sein – aber es war doch nie genug. Merkwürdige Eigenheiten, festgespurte Lebensmuster entdecken, die kaum zu hinterfragen sind, die aber an uns die schwierige Frage stellen, wo wir, ohne es zu wollen, so werden oder schon so geworden sind wie unsere Eltern.

Wie werden wir älter und schließlich alt werden? Werden wir dem ach so schönen Bild vom fitten, lebenslustigen und mobilen Senior entsprechen oder werden wir das Altwerden viel stärker als Einschränkung erleben? Vielleicht, weil Krankheit und Behinderung uns einen Strich machen durch die fröhliche Rentner-Rechnung? Wir beide wissen, wovon ich rede.

Welche Lebens-Früchte werden wir ernten? »Generativität«, so nannte schon in den fünfziger Jahren der Psychoanalytiker Erik H. Erikson das tief sitzende menschliche Verlangen nach »Frucht«, danach, etwas zu hinterlassen für die nächste Generation: Kinder oder Fertigkeiten oder Ideen oder Ideale. Etwas Bleibendes weiterzugeben durch Tun und Denken, durch Liebe und Fürsorge. Heute ist dieser Gedanke, dieser Wunsch nach ein klein wenig Unsterblichkeit wieder modern und typisch auch für unsere Fünfziger-Lebensphase: Welche Frucht bleibt?

Um einen runden Geburtstag und das Thema Älterwerden ging es zwar nicht in einem Brief aus dem Neuen Testament, den der Apostel Paulus vor fast 2000 Jahren an die christlichen Gemeinden in Galatien schrieb. Seine Adressaten hatten ganz andere Probleme. Und doch finde ich einen Gedanken aus seinem Brief anregend auch für meine kleine Geburtstagsrede:

Da diskutiert der Apostel leidenschaftlich mit Leuten, die das Prinzip des Gesetzes, der Leistungsorientierung, der Selbstbehauptung wieder aufrichten wollen in der jungen christlichen Gemeinde. Die wohltuende Freiheit des Christenmenschen allein aus Gnade schien ihm in Gefahr. Die im Menschen angelegte Selbstsucht bedrohte sie: Unzucht, Feindschaft, Streit, Eifersucht, Wutausbrüche, Intrigen usw. So die Negativliste des Paulus. Dagen beschreibt er das neue Leben der Kinder Gottes: »Die Frucht des Geistes ist Liebe, Freude, Friede, Langmut, Güte, Rechtschaffenheit, Treue, Freundlichkeit, Selbstzucht.« (Gal. 5,22) Solche

Früchte sollen wachsen im Innern der Person und nach außen sichtbar werden.

Liebe, Freude, Friede, Langmut, Güte – ja, diese Liste würde gut passen in ein Ratgeberbuch zum gelassenen Älterwerden. Sie klingt fast beschaulich. Sie ist es aber keineswegs. Für Paulus sind diese Früchte des Geistes hart erkämpft im Kampf mit sich selbst, seiner Berufung und seiner Eitelkeit, seinem Erfolg und seinem Leiden. Diese Art von Frucht fällt nicht einfach in den Schoß. Sie muss wachsen. Und manchmal wächst sie merkwürdigerweise nicht auf der Sonnenseite des Lebens, sondern im Schatten. Dort, wo es zunächst gar nicht nach Erfolg und goldenem *best-ager*-Leben aussieht.

Sie wächst in Krisen-Zeiten und in Wechsel-Jahren. Dort, wo wir nicht mehr alles selbst durchsetzen wollen und müssen – mit Streit, Intrigen und Eifersucht. Sie wächst dort, wo wir uns zurücknehmen können, wo wir andere fördern und begleiten und loslassen – mit Liebe und Langmut und Treue. Sie wächst dort, wo wir das neu entdecken, wovon schon Paulus geredet hat: Leben als Geschenk. Unverdient.

Liebes Geburtstagskind, dein fünfzigster – kein Anlass zum Feiern? Aber doch! Ja, du bist eine toughe Powerfrau. Gerade auch mit fünfzig. Aber geliebt wirst du auch, wenn du schwach, unelegant und faltig bist. Ja, du hast viel geleistet in Beruf und Familie. Aber deine Misserfolge gehören dazu, und dein Wert hängt nicht an deinen Erfolgen. Ja, du hast viel gesät und bewegt. Aber jetzt darfst du auch mal loslassen und wachsen lassen. Und die Früchte genießen.

Du hast Recht: Die Zeitkörner rieseln unaufhaltsam durch die Sanduhr hindurch. Je älter wir werden, umso schneller, könnte man meinen. Das macht Angst. Aber schau genau hin: Die Sanduhr füllt sich. Nicht einfach mit Zeit. Sie füllt sich mit schönen Erfahrungen und mit schwierigen. Mit Freundschaft und Liebe. Mit Abschied und Neubeginn. Mit Lachen und Weinen. Sie füllt sich mit reichem Leben.

Die Frucht der Jahre wächst. Lasst uns das genießen und unsere Gläser erheben – auf die Fünfzig!

Andrea Schneider wurde 1955 in Heidelberg geboren. Nach dem Abitur studierte sie von 1974–1979 an der Universität Hamburg Evangelische Theologie und Germanistik für das Lehramt an Gymnasien. Nach ihrem Referendariat unterrichtete sie als Studienrätin an einer Hamburger Schule. Während ihres Erziehungsurlaubs engagierte sie sich ehrenamtlich in der evangelischen Rundfunkarbeit, zunächst als Hörfunkautorin, dann auch als Fernsehmoderatorin. Bis Ende 2002 war sie als »Wort zum Sonntag« -Sprecherin der ARD tätig. Heute ist sie Pastorin im Bund Evangelisch-Freikirchlicher Gemeinden im Sonderpfarramt für Rundfunkarbeit und Gemeindeberatung.
Andrea Schneider lebt in Oldenburg, ist verheiratet und hat drei Kinder.

Eine Wohnung für mich allein
von Angelika Obert

Alles prüfe der Mensch, sagen die Himmlischen,
Dass er, kräftig genährt, danken für Alles lern,
Und verstehe die Freiheit,
aufzubrechen, wohin er will.
(F. Hölderlin)

Sie waren die Champions, da oben auf dem Podium. Jeder wurde mit seinem Lieblingssong begrüßt, wenn er zur Zeugnisübergabe aufgerufen war. Viele hoben die Hand zum Victory-Zeichen und dann gab es ein großes Gejohle, Umarmungen von allen Seiten – die jungen Leute verstanden sich darauf, ihre Entlassung in die Freiheit zu bejubeln. Ich saß inmitten der großen Schar graumelierter Väter und frisch getönter Mütter und schmolz wie sie dahin im Strom der Freude. Dahin schmolzen auch neunzehn Jahre eherne Disziplin und tägliche Anspannung – es ist ja nicht ganz ohne, ein Kind alleine großzuzähmen. Nun war es geschafft. Nie wieder Schulbrot schmieren. Nie wieder Punkte zählen. Nie wieder warten, weil er doch längst zu Hause sein müsste, wenn morgen die Matheklausur ... Überhaupt: Nie wieder warten, denn die Umzugskartons waren ja schon gepackt. Gleich nach den Feierlichkeiten würde mein Sohn seine Siebensachen nehmen und ausziehen in eine WG nach Kreuzberg. Schon jetzt entschwand er meinen Blicken, aufgehoben im Pulk der juchzenden Freundinnen und Freunde. Natürlich trafen wir uns noch zu einer herzlichen Umarmung. Doch dann zog ich meines Wegs, ging unterm sommerlichen Berliner Abendhimmel durch die vertrauten Straßen und war glücklich: Die Zeit, die Kraft, die Aufmerksamkeit – alles gehörte wieder mir. Ich konnte damit machen, was ich wollte.

Zum ersten Mal in meinem Leben fühlte ich mich wirklich frei. Viel freier als die lieben, siegesfrohen Abiturienten, die ja alles noch vor sich hatten: So viele Prüfungen noch vor sich, so viel Liebeskummer noch vor sich, so viele Selbstzweifel, Ängste, Niederlagen, Peinlichkeiten, Kämpfe. Ich hatte es hinter mir. Der Berliner Himmel, der sich jetzt gerade so geheimnisvoll der Nacht entgegenfärbte, der wusste, was ich alles hinter mir hatte seit dem Sommer 1967, als ich, selbst frisch gebackene Abiturientin, hierher gekommen war: Was für ein verknittertes Pflänzchen war ich damals, mir selbst noch völlig verstellt und verborgen!

Jetzt lief ich in meiner eigenen Spur. Und konnte laufen, wohin ich wollte. Lieber Gott, ich hätte es dir gar nicht zugetraut, dass du mir noch mal so ein herrliches Gefühl schenken würdest!

»Du hast gar keinen Grund, glücklich zu sein«, flüsterte mir da ein Teufelchen zu, »vor dir liegt das Alter. Das ist kein Spaß. Du solltest doch wissen, dass das Alter von allen Lebensaufgaben die schwierigste ist!« Ich hörte die Stimme wohl, doch sie tat meiner Freude keinen Abbruch. Ich fühlte mich – Teufelchen hin, Teufelchen her – wie der Mensch am Ende von Hölderlins Gedicht »Lebenslauf«: Lachend gedachte ich der Zeit, da auch ich Größeres gewollt, gedachte der Liebe, die mich niedergezwungen, gedachte all der Aufs und Abs, die die Himmlischen für mich vorgesehen hatten. Überstanden war nun auch die Achterbahnfahrt als Abiturientenmutter. Wie der Dichter sagt, »kräftig genährt«, erschien mir die neue Lebensphase wie ein großes Geschenk: Verstand ich sie nicht endlich, die Freiheit, aufzubrechen, wohin ich will?

Größeres wollte ich ja wirklich nicht mehr. Ich träumte von einer kleinen, aufgeräumten Wohnung in freundlicher Lage, wo ich ein wohl geordnetes Leben führen wollte mit Sport und Kultur, Geselligkeit und Spiritualität. Alles sollte zu seinem Recht kommen und dafür sorgen, dass es auch in meiner Seele schön aufgeräumt aussehen würde: Schluss mit dem täglichen Chaos, der Hetze, dem Zu-kurz-Kommen meiner Interessen! Endlich ordentlich – so stellte ich mir mein Dasein als allein stehende ältere Frau vor.

Aber als ich dann erwachte am ersten Wochenende allein in der Wohnung, kam mir beim Frühstückmachen die Idee, dass ich ja spaßeshalber die alten

Arbeiterlieder von Ernst Busch auflegen könnte. Es sollte mal wieder so richtig laut und innig »Lenin!« durch die Bude schallen, wie damals ... Und schon geriet ich in eine unbotmäßige Euphorie, die dazu führte, dass ich noch im Morgenrock und den Marmeladentoast in der Hand wild durch die Wohnung hopste zu den Klängen von »Roter Wedding« und »Madrid, du wunderbare«. Dabei achtete ich der Stühle nicht, die umfielen, und noch weniger der Krümel, die ich höchst selbst auf dem Teppich hinterließ. Ich legte vielmehr gleich nach mit Janis Joplin und Leonard Cohen und sah mich dann, ordentlich verschwitzt, genötigt, den späten Vormittag träumend in der Badewanne zu verbringen. Danach trieb es mich wie von ungefähr an den Computer, wo ich mich mit ein paar schlichten Spielen vergnügte. Als es Zeit wurde, etwas zu essen, schaltete ich den Fernseher ein und verlor mich in der Betrachtung einiger bescheuerter Serien. Kurz, ich tat alles, was ich bei meinem Sohn jahrelang missbilligt hatte. Ich folgte jetzt, da er aus dem Haus war, erstmals seinem Rat: »Mama, lass doch auch mal locker!«

Trotz jenes denkwürdig verplemperten Tags: Noch habe ich es in der Kunst, locker zu lassen, nicht weit gebracht. Aber immer wieder entdecke ich mit Staunen, dass es so vieles gibt, was ich mir doch längst erlauben dürfte in meiner Eigenschaft als beginnende Seniorin.

Selbst merkt man es ja nicht, dass man schon lange nicht mehr jung ist. Man tanzt immer noch heimlich zu »Me and Bobby McGee« und ist immer noch brav zu Onkel und Tante und dem Rest der Welt. Man hat das Bravsein im Lauf der Jahrzehnte sogar vervollkommnet. Aber wenn da jetzt das Telefon klingelt und ein aufdringlicher Mensch irgendeine Umfrage machen will, dann ist es gar nicht mehr nötig, ihn abzuwimmeln. Als Erstes fragen die ja immer nach dem Alter. Ich muss nur sagen: »sechsundfünfzig« – schon ist das Gespräch zu Ende. Ich komme nicht mehr in Frage, also bin ich wohl alt. Und wenn sich das Personalkarussell in der Kirche dreht, kann ich auch ganz gelassen bleiben. Ich komme ganz bestimmt nicht mehr in Frage. Wenn ich aber hier wie da zu alt bin, dann heißt das doch: Ich bin eine Respektsperson, nicht wahr? Ich muss überhaupt nicht mehr brav sein. Ich habe ein Recht auf Macken und Meinungen, auf Müdigkeit und Übermut, und was ich mir erlaube, das kann mir keiner verbieten!

Es gibt so viele Dinge, die Spaß machen. Blumen zum Beispiel. Früher hatte ich keine Zeit dafür. Jetzt gilt mein erster Gang am Morgen den Blumen. Was allerdings keinen Spaß macht und unbedingt erst nach dem Frühstück stattfinden kann, ist der Blick in den Spiegel. Ich erlaube mir, den kurz zu halten. Aber stimmt es denn, was so viele Frauen beklagen, dass ich jetzt von jedermann übersehen werde? Komischerweise habe ich eher das Gefühl, dass die Leute netter zu mir sind als früher. Vielleicht liegt's daran, dass ich fröhlicher bin?

Alles kann ich mir nun auch wieder nicht erlauben. Es gilt vielmehr, ein altes Laster zu bekämpfen. Da gab es zum Beispiel kurz vor Weihnachten den Morgen, an dem mein Sohn verreisen musste zu einem Seminar irgendwo im Solling. Mir war sehr eigenartig zumute. Würde er sich denn wirklich an so einem dunklen Wintertag zu so ungewohnt früher Stunde mit Sack und Pack zum Bahnhof begeben und im richtigen Zug richtig in irgendeinem hessischen Dorf ankommen? Oh, wie es mir in den Fingern kribbelte – sollte ich nicht doch lieber noch mal schnell anrufen? Eine dunkle Ahnung hielt mich ab: Das Nervigste, was meinem Sohn an diesem Morgen passieren konnte, war wohl ein Anruf seiner Mutter. Das Kribbeln in den Fingern begleitete mich den ganzen Tag über und wurde am Abend geradezu übermächtig. Doch ich widerstand und am nächsten Morgen war es vorbei. Stolz klopfte ich mir auf die Schulter: Da hast du einen schönen Sieg errungen! Ungefähr sieben Jahre zu spät, aber immerhin. Wahr ist allerdings: Von selbst hätte ich das nicht geschafft. Es gelang mir bloß, weil ich gerade »Abschaffel« von Wilhelm Genazino las und darin auf den Satz gestoßen war: »Eltern hören nie auf, ihren Kindern Niederlagen beizubringen.« Dieser Satz trieb mich zur Besserung. Denn es leuchtete mir wohl ein, dass die meisten Maßnahmen mütterlicher Fürsorge für den Sohn bloß demütigend sind. Und trotzdem, so merke ich mit zunehmender Freude, muss die lange Übung im Mitdenken und Weg-Bahnen ja nicht gänzlich aufs Eis gelegt werden. Der übergroße Vorrat an mütterlicher Energie darf sich dann und wann froh und munter verströmen. Schließlich wimmelt es von jungen Leuten, die es gut gebrauchen können, dass ich sie fördere und ihnen helfe zu zeigen, was sie können.

Nicht, dass ich es gleich auf Anhieb begriffen hätte, was für ein Vergnügen es sein kann, die Jüngeren ranzulassen. Natürlich habe auch ich eine Zeit lang Widerstand geleistet, davon überzeugt, dass alle, die nach mir kommen, ja gar nicht richtig erwachsen sein können und darum auch keinen Zutritt in die guter Stube wirklicher Verantwortung verdienen. Aber allmählich begreife ich, wie lästig dieser Wahn vor allem für mich selber ist, wo doch alles viel besser läuft, wenn ich beiseite trete. Mein Sohn dankt es mir, wenn ich die Finger vom Telefon lasse, und die jungen Kollegen freuen sich, wenn ich ihre Arbeit lobe.

Ab und zu werde auch ich von dem Drang heimgesucht, noch etwas Bleibendes zu schaffen, ein Buch oder so. Soll sich mein Leben denn bloß im Weniger-Werden verläppern? Sollte ich nicht vielmehr die Kräfte noch einmal bündeln und eben doch: Größeres wollen?

Zur Zeit ist dieser Drang gebremst. Denn bevor ich in die ersehnte kleine, aufgeräumte Wohnung einziehen konnte, galt es, eine große, unaufgeräumte zu entsorgen. Ich habe mich durch fünf Zimmer, zwei Hängeböden und einen Keller gewühlt, durch Tonnen von Büchern, Papieren, Bildern und Spielzeug, und fand, bei aller Liebe zur eigenen Geschichte, das meiste doch ziemlich überflüssig. Die Lust am Wegschmeißen packte mich. Jeder volle Müllsack – eine Erleichterung fürs Gemüt! Trotzdem waren es immer noch fünfundsiebzig Umzugskisten voller Bücher, Bilder und Papiere, die drei junge Türken dann die vier Treppen hoch in die neue Wohnung schleppen mussten. »Ich habe noch nie ein Buch zu Ende gelesen«, erklärte mir einer von ihnen treuherzig während einer Atempause. Dafür konnte ich ihn nur loben. Wie viele meiner Bücher und Papiere waren es wirklich wert, vier Treppen hoch geschleppt zu werden? Zumal eines Tages ja auch dieses alles, mein Zeug, mehr oder minder in Müllcontainern landen wird. Mein Sohn, den eine ungewisse mobile Zukunft in einer globalisierten Welt erwartet, wird Mamas Nachlass bestimmt nicht mit sich herumschleppen wollen.

Und so hat sich mein Respekt für die geistige, die angeblich bleibende Arbeit doch sehr gemindert. Sind nicht alle Tätigkeiten, die kein Papier hinterlassen, überhaupt viel menschenfreundlicher? Sollte ich mich nicht lieber leicht machen am Ende meines Lebens und immer leichter und am besten gar nichts hinterlassen als einen kleinen Lichtschimmer? Doch davon bin ich noch weit entfernt. Nur ahne ich: Es gibt keinen Grund, mich innerlich zu verkrampfen für irgendetwas, das ich noch zu vollbringen hätte. Das Herz möchte sich weiten. Es darf sich lösen.

In der kleinen, aufgeräumten Wohnung, wo mir die Zeit, die Kraft und die Aufmerksamkeit allein gehören, entdecke ich fast täglich neue Möglichkeiten. Noch erscheint alles in goldenem Licht. Aber ich weiß wohl: Was ich jetzt genieße, das ist es noch nicht, das Alter in seiner ganzen Wirklichkeit. Es ist das, was Kurt Tucholsky die »fünfte Jahreszeit« genannt hat, die kurze Phase, wo du im Vollbesitz deiner Kräfte das Leben noch einmal in seiner ganzen Schönheit spürst und tatsächlich frei bist, »aufzubrechen, wohin du willst«.

Danach werden sie kommen, die Tage der Krankheit, von denen der Prediger Salomonis spricht, die Jahre, von denen du sagen wirst: Sie gefallen mir nicht. Auch ich werde mich mühen, weil die Beine nicht mehr wollen und das Herz schlappmacht. Auch ich werde eines Tages – ohne es zu merken – den Anschluss verloren haben an den Lauf der Zeit. Auch ich werde mich verhaken in allerhand Obsessionen, werde, mir selber unbewusst, meinen Mitmenschen damit auf die Nerven gehen. Da kann ich mir heute vornehmen, was ich will: Der letzte Aufbruch steht nicht in meiner Hand. Ob aus mir eine gütige Oma oder eine zickige

Alte wird, das kann ich nicht steuern. Eitel ist der Wunsch, am Ende niemandem zur Last fallen zu wollen. Aber dieser Eitelkeit bin ich – wie alle – bis ins Mark verfallen. Ich sehe mich in ferner Zukunft immer noch ganz aufgeräumt und sehr agil als heitere, geduldige, pflegeleichte alte Dame. Nur ungläubig nähere ich mich der Gewissheit, dass Gott mir die andere Seite nicht ersparen wird. Nur zaudernd lasse ich den Gedanken an mich heran: Am Anfang des Lebens müssen wir getragen, am Ende ertragen werden. Darin einzuwilligen, das ist wohl die wahre Kunst.

Aber scheint mir nicht auch vom Dunkel des Kommenden etwas Helles entgegen? Das Licht der Barmherzigkeit ... Schon denke ich: Ja, es ist gut so. Wir dürfen alle, ob jung, ob alt, ob gerade dazwischen, wir dürfen ein bisschen verrückt, ein bisschen verbohrt, ein bisschen lästig sein. Auch das ist Teil unserer herrlichen Freiheit. Hoffentlich werde ich sie immer besser verstehen.

Angelika Obert wurde 1948 geboren. Neben dem Studium der Evangelischen Theologie und der Germanistik absolvierte sie auch eine Schauspielausbildung, bevor sie Pfarrerin der Evangelischen Kirche in Berlin-Brandenburg und Leiterin des Evangelischen Rundfunkdienstes wurde. Als evangelische Beauftragte beim Rundfunk Berlin-Brandenburg (RBB) ist sie für Hörfunk- und Fernsehsendungen verantwortlich. Als Autorin gestaltet sie auch Sendungen für den Deutschlandfunk und Deutschlandradio Kultur.

Saras Lachen oder Das späte Kind der Freiheit
von Gabriele Herbst

Er war heiß, angespannt und blutrot, der Sommer 1989. Angst lag in der Luft. Angst davor, dass die Panzer, die auf dem Platz des »Himmlischen Friedens« in Peking Menschen überrollten, den Himmel und den Frieden auf unserer Erde für immer vertreiben würden. Auch in der DDR, die sich mit dem Neuerwerb roter Fahnen auf ihren vierzigsten Geburtstag im Oktober vorbereitete, war diese Angst spürbar. Ich wollte keine rote Fahne. Und ich wollte keinen Geburtstag feiern. Ich fuhr mit meiner Familie ans Meer. Dorthin, wo Freiheit immer ein Thema ist. Dorthin, wo man weinen darf, weil das große Wasser kleine Tränen birgt.

Es war Abend. Scheinwerfer der »Grenzbrigade Küste« huschten über den Darß. Sie verhörten das Meer und die wenigen Urlauber, die dem hellen Licht ängstlich standhielten. Wohin fliehst du?, fragten sie das Meer. Kennst du deine Grenzen? Gebietest du den Republikflüchtigen Einhalt? Warum seid ihr noch am Strand?, fragten die Scheinwerfer die Menschen. Keiner hält sich hier mehr auf. Es sei denn, er hätte etwas zu verbergen.

Ich saß mit meinen Kindern auf einer weißen Bank zwischen Sanddorn und Heckenrosen. Die Bank war wegen ihrer günstigen Lage tagsüber immer besetzt. Man konnte von ihr aus weit übers Meer blicken, dorthin, wo die Schiffe nach Schweden, Dänemark und Ich-weiß-nicht-Wohin fuhren. Hier ahnte man, dass die Erde rund ist und bunt, dass sie Geheimnisse hat, die wir nie würden entschlüsseln dürfen.

In siebzehn Jahren werde auch ich mit so einem Schiff fahren, sagte ich zu meinen Kindern. Dann bin ich Rentnerin. Dann kann mir keiner mehr etwas verbieten. Dann habe ich einen Reisepass mit druckfrischen Stempeln. Mein neunjähriger Sohn lachte erwartungsvoll: Nimmst du uns dann mit? Ich will nach Legoland, nach Legoland, nach Legoland. Und ich nach Schweden, flüsterte die Tochter. In siebzehn Jahren, seufzte sie. Das ist noch unendlich lange hin! Unendlich lange.

Wir hatten die Frau hinter der Bank nicht bemerkt, die unser Gespräch gehört haben musste. Jetzt, da der Scheinwerfer ihr Gesicht streifte, sah ich sie deutlich und sie blickte freundlich zu mir herab. »Sie werden keine siebzehn Jahre mehr warten, bis sie reisen können, wohin sie wollen«, sagte die Frau. Da war keine Unsicherheit in ihrer Stimme. »Noch in diesem Herbst wird mit den Blättern die Mauer fallen. Dann ist es vorbei mit der DDR. Der vierzigste Geburtstag wird ihre letzte, müde Party sein.«

Ich legte instinktiv die Arme um meine Kinder. Mich überfiel nackte Angst. Jemand war Zeuge unserer Sehnsucht geworden. Jemand konnte weitertragen, dass wir hier, nahe der Grenze, über Legoland und Schweden sprachen und Sehnsuchtspläne schmiedeten. Das war gefährlich. Schlimmer noch: Diese Fremde sprach, wie man in der DDR nicht zu sprechen hatte. Wie nur die Mitarbeiter der Staatssicherheit sprachen. Sie durften Sprachfallen stellen. Sie durften Dinge vorgaukeln, die sich in Luft auflösen würden. Sie durften lügen und wie Judas küssen. »Noch in diesem Herbst wird die Mauer fallen ...« – darüber durfte man nicht scherzen. Ich wollte und würde mich nicht von Judas küssen lassen. Ich würde der Frau nicht antworten. Nicht ein Räuspern würde meine Angst verraten.

So sah ich aufs Meer. Wie der Mond sich mit ihm unterhielt, wie die Schiffe, von Scheinwerfern flüchtig wahrgenommen, majestätische Ruhe ausstrahlten. Meine Kinder und ich starrten reglos vor uns hin. Stille. Angst. Scheinwerfer. Meer.

Und da geschah es. Ich wurde von einem LACHEN geschüttelt, dass ich nie vergessen habe. Es überraschte mich wie ein Anfall, schmerzhaft, nicht zu beeinflussen. Es wanderte durch mein Herz, meinen Kopf, zuckte in meinen Händen, bewegte meine Füße wie in Trance. Es presste mir Blut in die Stirn und Schweiß aus meinen Poren. »Noch in diesem Herbst wird die Mauer fallen ...« Es war so absurd, so verlogen, so komisch, so niederträchtig. Ich stand auf und lachte laut in die Dunkelheit, weil ich nicht weinen und mir keine Blöße geben wollte im grellen Scheinwerferlicht. Ich war dreiundvierzig Jahre alt und ich hatte noch niemals in meinem Leben in dieser seltsamen Weise gelacht: ängstlich, bitter und ungläubig.

Ich hatte den Engel nicht erkannt, der hinter der Bank gestanden und die Wahrheit vorausgesagt hatte. Ich hatte Gott nicht erkannt, der mich für einen Moment, an einem Abend auf dem Darß, freundlich angesehen und mir und meinen Kindern eine wunderbare Verheißung geschenkt hatte. Ich hatte wie Sara gelacht, die alte Frau Abrahams, die es nicht einmal dem Allerhöchsten zutraute, dass Berge und Mauern hinfallen und Hügel weichen können, dass Frauen Kinder bekommen, obwohl sie das nicht mehr für möglich halten.

Sara nannte ihr Kind Isaak. Ich nenne meines Freiheit. Es wurde in jenen Tagen des Jahres 1989 geboren. Es hat in meinem Leben das *Alter* in ein Geschenk und die *Jugend* in Lebenskunst verwandelt. Ohne Freiheit musste ich alle Kunst aufbringen, um wirklich jung zu sein. Mit ihr wurden mir in der Mitte meines Lebens Dinge geschenkt und Chancen eröffnet, die den meisten Menschen die Jugend, bei mir das Älterwerden aufregend, ungewohnt und neu machen. Der Kauf des ersten eigenen Westkleides. Ins Fernsehen gehen, wenn die Falten kommen. Nach Afrika reisen!

Der Kauf meines ersten eigenen Westkleides in Ostdeutschland war aufregend wie eine Fahrprüfung. Das Kleid war lang und blau, tiefblau und aus weichem Samt gefertigt. Ich erwarb es mit gerötetem Gesicht in einem Magdeburger Warenhaus. Mit dem ersten, selbstverdienten Westgeld, 1990, als mein Sohn noch ganz klein war. Ich fühlte mich stolz und frei beim Kauf dieser zweiten Haut. Denn sie war neu, roch nach Welt und passte haargenau. Und ich hatte für jeden Zentimeter

Stoff selbst gearbeitet. Vierundvierzig Mädchen- und Frauenjahre lang hatte ich fast ausschließlich Sachen aus zweiter Hand getragen. Erst die Kleidungsstücke meiner drei älteren Schwestern, dann die aus liebevoll gepackten Westpaketen, mit ihrem Geruch nach Weichspüler oder dem Duft einer zerstochenen Kaffeepackung.

In all diesen Kleidungsstücken habe ich mich schön und geliebt gefühlt. Aber dieses blaue Kleid aus Samt war etwas anderes. Es gab mir mehr als Schönheit. Es gab mir Selbstbewusstsein und Unabhängigkeit.

Ob Sara, als sie Isaak geboren hatte, sich auch so selbstbewusst und unabhängig fühlte? Ob auch sie gespürt hat, wie leicht man wird, wenn Lachen nicht mehr ängstlich, bitter und ungläubig klingt, sondern wie der Rhythmus eines fröhlichen Tanzes? Der Rhythmus der Freude darüber, endlich die sein zu dürfen, die man schon immer sein wollte?

Als junge Frau wäre ich im Grunde meines Herzens gern Journalistin geworden oder Kinderpsychologin. Ich hätte es faszinierend gefunden, einmal im Fernsehen aufzutreten oder einen Kommentar im Rundfunk zu sprechen. Aber wenn ich mich an diese junge Frau, die ich war, zurückerinnere, kommen solche Wünsche in meinen Erinnerungen nicht vor. Ich verbot sie mir, bevor ich sie zu wünschen begann. Wünsche brauchen Freiheit. Sie verkümmern unter der Zensur von Wunschverwaltern. Du bist kein Mitglied der sozialistischen Jugendorganisation, sagten die Wunschverwalter. Wie willst du unsere Kinder erziehen oder Kommentare formulieren? Du kannst dich ja nicht einmal entschließen, mit deiner Unterschrift dem Hören der Hetzsender zu entsagen.

Wünsche brauchen Freiheit. Dann trauen sie sich ans Tageslicht. Dann werden sie manchmal erfüllt.

Und so zog ich als Mittvierzigerin, als ich längst schon Falten hatte, in ein Fernsehstudio des Mitteldeutschen Rundfunks ein, um dort mein erstes »Wort zum Sonntag« aufzuzeichnen.

Der MDR saß damals in Gera, in den Räumen der ehemaligen Staatssicherheit, meinen Wunschverwaltern also. Als ich mit meinem ersten Manuskript die schweren Türen des Fernsehstudios durchschritt, spürte ich die alten Geister noch in den Wänden. Sie konnten mir nichts mehr anhaben, meine Worte nicht mehr zensieren. Furchtlos wandte ich ihnen mein Gesicht zu. Das Gesicht einer Frau, die mit dem Kind der Freiheit auch das freie Sprechen neu geboren hatte.

Etwas habe ich an Sara, dem Zwilling meines Lachens, nie verstanden. Warum machte sie nach Isaaks Geburt so wenig Gebrauch von ihren Wünschen und vom freien Sprechen? Warum widersprach sie nicht, als ihr Kind geopfert werden sollte, das sie doch eben erst geschenkt bekommen hatte?

Doch den Aufbruch kannte Sara. Den Aufbruch in ferne Länder, die schrecken, aber auch anziehen können. Die das Leben, dort, wo man lebt, anders aussehen lassen, es schwerer oder leichter machen, es auf jeden Fall verändern.

Ich wollte immer schon nach Afrika. Schon damals, als ich noch mädchendürr, im Heimatdorf an der tschechischen Grenze wieder und wieder den Film »Mein Leben in Lambarene« über Albert Schweitzer sah. Mein Vater besaß zerkratzte Schallplatten, auf denen dieser Mann ungewöhnlich langsam, aber hinreißend Bach spielte. Meine Großmutter strickte Baumwollbinden für das Lambarenehospital. Ich schrieb einen Brief an den alten, ehrfurchteinflößenden Mann und bekam

Antwort. Eine Antwort, die sich über die Grenze wagte, mit einer fremden, geheimnisvollen Briefmarke und mit meinem Namen auf dem Umschlag, aus einem Kontinent, nach dem ich mich sehnte.

Warum liebt man einen Kontinent, ein Land, wenn es fünf weitere Kontinente und unzählige Länder gibt, die man auch lieben könnte? Ich wusste es damals nicht. Und ich weiß es auch heute nicht. Ich weiß nur, dass mein Herz laut zu klopfen beginnt, wenn ich irgendwo die Sprache Tansanias höre. Dann sehe ich mich, im Jahr vor meinem fünfzigsten Geburtstag in Dar es Salaam am Indischen Ozean sitzen. Wir waren mit einer Gruppe auf dem Weg ins Hochland Tansanias, um dort ein Schulprojekt ins Leben zu rufen, das bis heute wächst. In Dar sollten wir uns zwei Tage lang an das tropische Klima gewöhnen. Ich hockte mit Freunden auf einem Stein in der Nähe des Hafens. Wir sprachen wenig. Wir sahen den Menschen zu, wie sie laut und bunt am Kai entlang liefen. Wir beobachteten Fischer und Händler, die uns Muscheln anboten. Wir entdeckten lachende, ärmlich gekleidete Frauen, die aus dem Inneren dort liegender Schiffwracks heraustraten, in denen sie mit ihren Familien wohnten.

Das Meer, dachte ich. Das Meer und die Freiheit. Was bedeutet sie für diese Menschen hier? Was bedeutet sie für mich? Bedeutet mauerlos, grenzenlos zu sein, wirklich auch frei zu sein? Wie geht es meinem Kind, der Freiheit, bei uns zu Hause und hier in diesem Land, das ähnlich wie die ehemalige DDR auch in einem gesellschaftlichen Umbruch vom Sozialismus zum Kapitalismus lebt? Das viele neue Probleme zu bewältigen hat: Aids, Korruption, den Niedergang afrikanischer Werte. Und wir in Deutschland, mit unseren Diskussionen um den Sozialabbau, mit der Unlust, Kinder zu gebären, mit der Sucht, in Billiglohnländern produzieren zu lassen – sind wir frei? Kann mein Heimatland, das einmal der Kolonialherr Tansanias war, ein Lehrer im Umgang mit der Freiheit sein?

Ich sah mich noch einmal mit meinen Kindern am Darß-Strand sitzen. Damals 1989, als ich die Freiheit so sehr herbeigesehnt hatte, auf der weißen Bank an der Steilküste, über die die Scheinwerfer geisterten. Ich hörte noch einmal den Sohn von Legoland, die Tochter von Schweden und mich von Afrika träumen. Ich erinnerte mich an die Menschen am Strand, wie sie im Lichtkegel der Scheinwerfer auftauchten und auf keinen Fall als Republikflüchtige verdächtigt werden wollten. Nur nicht erwischt werden, nur nicht angeschossen, nur nicht inhaftiert werden. In diesem Herbst wird die Mauer fallen ... Welcher Schmerz. Mein Lachen, ängstlich, bitter und ungläubig: In diesem Herbst wird die Mauer fallen. Die Frau, die das sagte, habe ich nie wieder getroffen. Engel machen sich davon, wenn sie ihre Botschaft übermittelt haben.

Seit jenem Herbst lebe ich mit dem Kind der Freiheit. Es ist schön, wie alle Kinder, es ist anstrengend und anspruchsvoll. Es fragt mich dauernd, fordert mich heraus. Es macht mich glücklich, aber auch unsicher und ratlos. Manchmal kenne ich die Antworten auf seine Fragen nicht. Manchmal fühle ich mich zu alt für dieses späte Kind. Es provoziert Ideen und Schnelligkeit. Es braucht Gesellschaft, Gleichgesinnte, Mitspieler. Es verlangt Konsequenz und Gerechtigkeit.

Hin und wieder ertappe ich mich dabei zu denken, dass das Leben in der Unfreiheit mit all seinen Grenzen bescheidener, bequemer und übersichtlicher war.

Dann leuchtet mir das Kind mit seiner Taschenlampe wie mit einem Suchscheinwerfer ins Gesicht. Dann holt es den faustgroßen Betonbrocken der Berliner Mauer, der immer auf meinem Regal liegt, und legt ihn in meine Hände. Der Brocken ist kalt, steinhart. Er riecht nach Tränen und Blut. Er riecht nach verratenen Träumen und Lüge. Ich lasse ihn fallen. Ich nehme das Kind in die Arme. Ich fühle mich von ihm gebraucht. Es hat mir eine späte Jugend geschenkt. Es lehrte mich, meine Füße wirklich auf weiten Raum zu stellen.

Gabriele Herbst wurde 1946 in Leutersdorf/Oberlausitz geboren. Nach ihrem Abitur ging sie 1965 nach Berlin, um am dortigen Sprachenkonvikt Evangelische Theologie zu studieren. Nach ihrem Vikariat in Dresden und Zörbig bei Halle wurde sie 1978 in Magdeburg ordiniert. Seither ist Gabriele Herbst Pfarrerin in Magdeburg, vor allem in Magdeburg-Nord, einer großen Plattenbausiedlung. Neben ihrer Gemeindetätigkeit arbeitet sie als Ausländerbeauftragte des Kirchenkreises und künstlerische Leiterin des kreativen Zentrums »Cafe Krähe«. Von 1992 bis Anfang 1999 war Gabriele Herbst Sprecherin des »Wortes zum Sonntag«. Seit 2001 arbeitet sie bei kirchlichen Sendungen im Deutschlandfunk und im DeutschlandRadio mit.
Seit der Wende ist sie Texterin und Regisseurin des Jugendkabaretts W.I.R. der evangelischen Hoffnungsgemeinde. Gabriele Herbst ist verheiratet und hat zwei erwachsene Kinder.

Vom Blick zurück und dem Gott der Gegenwart

von Helwig Wegner-Nord

Groß werden, einen Beruf ergreifen, eine Frau finden und sie heiraten – der Lebensplan stand fest. Sie würden ein paar Kinder haben, gemeinsam alt werden und schließlich dann mit achtzig oder besser mit neunzig sterben, möglichst kurz hintereinander. Die meisten Jungs aus der Klasse haben sich so ihr Leben vorgestellt, damals, als sie acht oder neun waren. Sie haben nicht oft über so etwas gesprochen, aber ab und zu war das Thema an der Reihe. Bei den Einkommensverhältnissen bestimmter Berufe gingen die Ansichten auseinander und bei der gewünschten Haarfarbe der Frau. Aber insgesamt war man sich über den Ablauf der nächsten sieben oder acht Jahrzehnte einig. Auch später, als sie schon erwachsen waren, war klar, dass ein Lebensplan, ein Entwurf wichtig war, um sich in der Welt einzurichten. »Wenn du nicht weißt, wohin du willst, dann darfst du dich auch nicht wundern, wenn du woanders ankommst.« Also galt es, das Leben zu entwerfen. Aus dem, was man sich wünschte, entwickelte man Strategien, um zu verwirklichen, was man sich wünschte. Oft genug klappt das auch.

Und dann mit einem Mal ist es vorbei. Die idyllische Idee kleiner Jungs ist nur noch Makulatur und was die Erwachsenen in handfeste Pläne umgesetzt hatten, reißt ab. Die Katastrophe kann sehr unterschiedlich aussehen. Eltern verlieren ihre beiden Kinder am Strand von Sri Lanka, mitten im lange ersehnten Badeurlaub. Eine Flutwelle holt sie sich, als wären sie ihr Eigentum. Von einer glücklichen Familie bleiben verwaiste Eltern zurück. Was bleibt von ihrem Lebensplan?

Ein anderer verliert von heute auf morgen seine materielle Existenz. Der betrügerische Kompagnon hat das Geld, das in Jahrzehnten verdient wurde, verspekuliert und ist selbst verschwunden. Was soll nun werden? Mit einem Mal ist alles vorbei. Als würde ein Schachbrett umgestoßen und alle Figuren ihre Plätze verlieren. Strategien, die einen bis ans Spielende tragen sollten, gelten nicht mehr.

Oder auch das Ehepaar mit ihrem gemeinsamen Lebensplan. Beide waren berufstätig, die Frau arbeitete Teilzeit. Drei Kinder wurden ihnen geboren, wuchsen heran. Das Leben war schön und nahezu perfekt. Die Liebe war nicht mehr wie am ersten Tag, aber lebendig genug, dass sie auch über Krisen getragen hat. Und dann kommt nach dreißig gemeinsamen Jahren wie aus heiterem Himmel die Katastrophe. Die Frau leidet unter Müdigkeit und ist schnell erschöpft. Sie geht zum Hausarzt, es folgen Überweisung und Fahrt in die Klinik, schon als Liegendtransport, nach zwei Tagen voller Untersuchungen dann die Diagnose: Leukämie. Akute myeloische Leukämie. So etwas kann man überleben, die Voraussetzungen sind nicht schlecht, sagen die Ärzte. Diese Diagnose ereilt jedes Jahr 4000 Menschen allein in Deutschland, und die Medizin findet immer bessere Möglichkeiten. Also wird gekämpft. Und wie hat sie gekämpft gegen diese unsichtbare Macht in sich! Mit Chemotherapie, Stammzellentransplantation, Wochen über Wochen in der Klinik. Die ganze Familie hatte sich in die Fachterminologie eingearbeitet: Erytrozythen- und Hb-Werte, Thrombopenie und Immunsuppression, GVH und GVL. Mann, Kinder, Geschwister, alle standen hinter ihr. Wie hat sie gekämpft – und den Kampf verloren. Vier Wochen vor der Abiturfeier ihres Jüngsten ist sie begraben worden. In der Beerdigungsansprache zitiert die Pfarrerin noch einmal ihren Taufspruch aus dem Jesajabuch: Mache dich auf und werde licht! Mach dich auf! Sie hat sich auf und davon gemacht. Und er, der Mann, Anfang fünfzig, sitzt da im still gewordenen Haus und ordnet ihre Hinterlassenschaften und seine eigenen gleich mit.

Abgerissene Lebenspläne. Beschädigte Lebensläufe, umgeworfene Strategien, verlorene Kämpfe. Und nun? Kann ein Mensch einfach weiterleben, wenn so etwas geschieht? Oder besser: Wie kann er weiterleben? Jeder Rat für einen neuen Anfang scheint jetzt nicht mehr und nicht weniger als eine blanke Zumutung zu sein. Einfach zurückzulassen, was gewesen ist, das geht nicht. Ein wichtiger Impuls nach einem Verlust ist, das was war, zu bewahren. Wenigstens das: Möglichst viel von dem zu bewahren, was im bisherigen Leben Bedeutung hatte, und sorgsam mit dem umzugehen, was noch da ist, seinen Pflichten nachzukommen. So wie es dieser Mann will, dessen Vater gestorben ist. Seine Aufgabe ist es, für das Begräbnis zu sorgen – eine traditionelle Pflicht des Sohnes. Zu diesem Mann sagt Jesus:

Folge mir nach! Der antwortete: Herr, erlaube mir, erst noch meinen Vater zu beerdigen. Aber Jesus sprach zu ihm: Lass die Toten ihre Toten begraben; du aber geh hin und verkündige das Reich Gottes! Und ein andrer sagte: Herr, ich will dir nachfolgen; aber erlaube mir, dass ich mich vorher von denen verabschiede, die in meinem Haus sind. Jesus antwortete ihm: Wer seine Hand an den Pflug legt und sieht zurück, der ist nicht geschickt für das Reich Gottes. (aus Lukas 9)

Lass die Toten ihre Toten begraben! Es gibt kaum einen härteren und unverständlicheren Satz von Jesus. Hält man das für möglich, dass Jesus einem mit diesen Worten das Begräbnis des eigenen Vaters verwehrt? Was gehört denn zu den wichtigsten Feldern religiöser Kultur, wenn nicht der Abschied von den Toten? Und ist *das* vielleicht Seelsorge? Spricht man so mit einem Mann, dessen Vater gerade gestorben ist?

Das war offensichtlich kein einmaliger Ausrutscher, denn das nächste Beispiel folgt gleich darauf. Nein, sagt Jesus, so soll das nicht sein: erst Abschied nehmen, dann nachfolgen; erst begraben, dann mitkommen. Jesus verwehrt diesen Menschen offensichtlich das, was wir schon den kleinen Kindern als unverzichtbare

Tugend beizubringen versuchen: dass man erst eine Sache zu Ende bringen muss, bevor man mit der nächsten beginnt, erst den Baukasten aufräumen, bevor man mit dem Fußball raus darf.

Nicht wenige Menschen haben diese Lektion so gut gelernt, dass sie – um bei dem Bild zu bleiben – ihr Leben lang das Kinderzimmer aufräumen. Sie verlieren sich so sehr im Ordnen dessen, was war, dass sie den jetzigen Augenblick und erst recht ihre eigene Zukunft verpassen. Wenn ich einen Menschen begraben muss, wenn ich von zu Hause weggehe, wenn von Familie und Freundeskreis Abschied genommen werden muss, bei diesen Brüchen und Übergängen des Lebens wird Gegenwart und Zukunft gewonnen oder eben verfehlt. Der Grund dafür ist so etwas wie eine Angst vor dem Unbekannten, vor dem noch nicht erlebten Leben. Der neuen Situation glaubt man nur mit den Halteseilen der Vergangenheit gewachsen zu sein. Aber was mir Halt geben sollte, das kann mich offensichtlich statt dessen ans Gestern fesseln.

Und immer wieder sind es die Toten, mit denen sich die Lebenden so lange und intensiv beschäftigen und von denen sie sich noch über eine lange Zeit bestimmen lassen. Es geht, wohl gemerkt, nicht um das Bewahren wertvoller Erinnerungen. Das ist ja ganz unverzichtbar, weil es unsere Gegenwart mit dem, was vorher gewesen ist, in Verbindung hält. Was wie mit Ketten ans Gestern fesseln kann, sind Regeln und strenge Gewohnheiten des vergangenen Lebens. Noch Jahre nach dem Tod wird der Stammplatz des verstorbenen Vaters freigehalten, niemand darf sich dort am Fenster in den Sessel setzen, in dem er immer gesessen hat. Oder: An jedem Samstag geht der Witwer ans Grab seiner Frau, sagt sogar Einladungen deswegen ab, denn ihr waren feste Zeiten ihr ganzes Leben lang so wichtig. Solche Bindungen verstellen als Zeichen einer machtvollen Gegenwart längst gestorbener Angehöriger den Weg in die Zukunft. Sie können sich auch in Nacht- und Tagträumen melden, sind immer wieder da, so präsent, als gäbe es die Grenze zwischen unserer und ihrer Welt nicht.

Die Toten sollen die Toten begraben – dieses schroffe Jesuswort heißt genau das: Verwischt nicht die Grenze zwischen Leben und Tod oder zwischen Gestern und Heute. Es besagt: Verliert euch nicht im Abschied nehmen. Verliebt euch nicht so sehr in euer zurückliegendes Leben, als wäre es eure Gegenwart. Der Blick zurück, in Sehnsucht oder im Zorn, kann euch so gefangen nehmen, euch so sehr binden, dass der Weg zum Reich Gottes verstellt ist. Zum Reich Gottes findet, wer vergangen sein lassen kann, was vergangen ist.

Auf alten Friedhöfen ist auf Grabmälern eine immer wiederkehrende Figur zu sehen, die auf diese Grenze zwischen Leben und Tod verweist, zwischen den Lebenden und den Toten. Es ist eine freundliche, aber energische Gestalt, vielleicht ein Engel, an einer Tür, einem Tor. Eine Hand liegt schon auf der Klinke, als wollte sie die Tür öffnen, die andere ist abwehrend und zugleich auch beruhigend dem Betrachter entgegengehalten: Zu diesem Raum ist dir der Zutritt verwehrt, noch verwehrt, solange du lebst. Auf der anderen Seite dieser Tür hast du nichts zu suchen und hier brauchst du auch nichts zu suchen. Die Menschen, die gegangen sind, sind bei Gott aufgehoben und geborgen. Für manche Menschen bedeutet es eine richtige Befreiung, wenn sie das zu spüren beginnen. Es entlastet sie. Denn sich um die Toten sorgen zu müssen, kann schwer werden, kann anstrengender sein als die Sorge für die Lebenden.

Aber da ist noch etwas anderes. Zu dem, was vergangen ist, gehören nicht nur Menschen, die gestorben sind. Auch mein eigenes zurückliegendes Leben gehört dazu. Was an Schuld und Glück war, an Plänen und Erfahrungen und auch Niederlagen – ich kann auch das alles bei Gott aufgehoben sein lassen. Ich kann es vergangen sein lassen, damit es mich nicht hindert, ganz im Jetzt da zu sein und zu leben. Meister Eckehart formuliert es so: »Gott ist ein Gott der Gegenwart: wie er dich findet, so nimmt er dich, und so darfst du hinzutreten. Er fragt nicht, was du gewesen, sondern was du jetzt bist.«

Was der große Mystiker Anfang des 14. Jahrhunderts gesagt hat, ist keine Missachtung von Lebensgeschichten. Die Erfahrungen eines Lebens, meines Lebens, können wertvoll für mich selbst und auch für andere sein. Aber wenn diese Geschichte mich so sehr beschäftigt und zu binden droht, dass kein neuer Anfang möglich ist und keine Zukunft, dann ist es gut zu wissen, dass Gott nicht fragt, was ich gewesen bin. Gott fragt, was ich jetzt bin. Gott ist ein Gott der Gegenwart.

Die Freiheit, neu anzufangen, ist ein Geschenk des Himmels, jedes Mal wieder. Die Kunst des Alterns besteht am Ende in nichts anderem, als sich dieses Geschenk machen zu lassen. Was auch immer gewesen ist, was auch immer dir zerstört wurde an Plänen, was auch immer dir auf der Seele lastet an Schmerz und Enttäuschung, davon bist du frei. Du darfst dich den Menschen der Gegenwart zuwenden und den ganzen Reichtum des jetzigen Augenblicks auskosten. Ja mehr noch: Du kannst den Blick aus der

Vergangenheit sogar in die Zeit vor dir, in die Zukunft richten.

Irgendwann am Ende, wenn das Leben sich neigt, machen Menschen die Erfahrung, dass die Kräfte nicht mehr ausreichen, um sich in die Zukunft zu denken. So wie im Alter oft die Augen schwächer werden und die Sehkraft nachlässt, so umfasst dann wohl auch der Blick in die Zukunft nur einen kleiner werdenden Raum. Aber das Geschenk, den gegenwärtigen Augenblick zu leben, kannst du dir immer machen lassen, wie viele Jahre auch schon hinter dir liegen.

Helwig Wegner-Nord wurde 1949 in Rossdorf, Kreis Hanau, geboren. Nach der Schulzeit in Frankfurt am Main studierte er wie seine vier Geschwister Theologie. Der ordinierte Pfarrer der Evangelischen Kirche in Hessen und Nassau ließ sich nach mehreren Jahren im Gemeindepfarramt zusätzlich journalistisch ausbilden. Darauf folgte 1984 der Wechsel in die kirchliche Publizistik. Seit 1999 leitet Helwig Wegner-Nord das evangelische Medienhaus in Frankfurt. Er ist regelmäßig in den Radioprogrammen des Hessischen Rundfunks zu hören, seit 2003 gehört er zum »Wort zum Sonntag«-Team (ARD).
Nach dem Tod seiner ersten Frau ist Helwig Wegner-Nord zum zweiten Mal verheiratet.

Ich liebe deine Falten
von Susanne Breit-Keßler, München

Ich beneide Menschen, die sich schon im Sandkasten gegenüber gesessen haben und daraus eine Liebe fürs ganze Leben gemacht haben. Köstlich, wie sie vom Förmchentausch und von gewissenlosen kleinen Gegnern berichten, die ihre zarten Gebilde aus Sand zerstören wollten und die sie natürlich gemeinsam besiegt haben! Schön auch, wenn jemand sagen kann: »Ich kenne meine Frau schon aus der Schulzeit, wir haben immer voneinander abgeschrieben«, oder: »Wir haben uns als Studenten kennen gelernt und gleich geheiratet.« Es muss toll sein, ein ganzes, langes Leben miteinander zu teilen und – »weißt du noch« – gemeinsame

Erinnerungen zu haben, die irgendwann über viele Jahrzehnte zurückreichen.

Die Möglichkeit, gemeinsam alt zu werden, ist neu. In früheren Jahrhunderten sind Partner oder Partnerinnen einfach weggestorben. Johann Sebastian Bach etwa hat mit zweiundzwanzig Jahren geheiratet und seine Frau nur dreizehn Jahre später schon wieder verloren. Durfte man miteinander hochbetagt werden, war das eine Gnade. Das ist heute natürlich genau so – aber zusätzlich muss und kann man sich entscheiden, ob man es überhaupt will. Die Beatles haben das in einem Song sehr pfiffig besungen: »Will you still need me, will you still feed me, when I'm sixty-four?« – wirst du mich noch brauchen, wirst du mich noch ernähren, wenn ich vierundsechzig bin?

Selbstverständlich ist das nicht, wenn man sich die Scheidungsraten in unserem Land anschaut. In höherem Alter sind sie auch nicht gerade gering. Manchmal ist es sogar das Jahr der Silberhochzeit, das das Fass zum Überlaufen und zwei einstmals verliebte Menschen für immer auseinander bringt. John Lennon und Paul McCartney von den Beatles fragen singend: »When I get older, losing my hair, many years from now, will you still be sending me a valentine, birthday greetings, bottle of wine?« – wenn ich in vielen Jahren älter sein werde und meine Haare verliere, schickst du mir dann noch eine Karte zum Valentinstag, bekomme ich dann noch Geburtstagsgrüße und eine Flasche Wein?

Man stellt sich vor, mit jemandem, der einem am Herzen liegt, dem man sein Vertrauen schenkt, das Leben zu teilen. Aber dann zerbricht eine Liebe und die nächste auch. Die Gründe dafür müssen aufgearbeitet werden. Man lernt verstehen, was eigene und fremde Anteile an den Brüchen sind, die fortan zu einem gehören. Alt werden, so denkt man manchmal nach solchen Erfahrungen, alt werden kann und will ich nur noch alleine. Man bereitet sich darauf vor, malt sich den Fortgang der Biographie in dunklen und in hellen Farben aus. Schließlich gibt es ja Menschen, die ihr Leben ohne Partner oder Partnerin zu Ende führen – und das in bewundernswerter Grandezza, auch wenn es gewiss nicht immer leicht ist.

Der vierzigste Geburtstag, an dem man nicht mehr jung und längst nicht alt ist, war für mich ein tiefer Einschnitt. Ich wollte mich vorbereiten auf eine Zeit, in der ich mich hauptsächlich meinen beruflichen Aufgaben und meinen Freunden widmen wollte. Ich sah mich als freundliche Patentante, mit immer mehr Falten und hoffentlich ebenso intensiv anwachsender Weisheit. Ich hatte mir vorgenommen, noch manches zu lernen, weil ich ja genügend Zeit für mich alleine hatte. Solche Zeit will angefüllt werden mit sinnvollem Tun – und das nicht allein, um Alzheimer vorzubeugen. Es ist fabelhaft, älter zu werden, Neues begreifen zu dürfen, sei es eine fremde Sprache, ein Sport, Reisen, Musik … und eben Freundschaften zu pflegen.

Ich bin dankbar und schätze mich glücklich, dass es ganz anders gekommen ist. Es ist keine traute Sandkastenliebe, die mir nach meinem vierzigsten Geburtstag überraschend begegnet ist, sondern ein mir damals noch unbekannter, fremder Mensch. Ich durfte ihn allmählich lieben lernen und schließlich haben wir nach ein paar Jahren geheiratet. Über vier Jahrzehnte sind also vergangen, bis die große Liebe sich allmählich angeschlichen und unwiderstehlich breit gemacht hat in unserem Leben. Vier Jahrzehnte, in denen andere

Menschen im Leben eine Rolle gespielt haben, in denen Krankheit, der Tod der Eltern und das viel zu frühe Sterben lieber Freunde ihre unauslöschlichen Spuren hinterließen.

Es waren über vier Jahrzehnte, in denen ich meinen Mann nicht kannte, nichts wusste von seiner Geschichte, seinen Hoffnungen und Enttäuschungen. Wie kann man, selbst älter geworden, mit jemandem alt werden, mit dem man viele Zeiten des Lebens nicht geteilt hat? Die Journalistin und Filmemacherin Charlotte Kerr, zweite Frau des Dichters Friedrich Dürrenmatt, schreibt über ihre späte Beziehung:

... wir sprachen nie über die Vergangenheit, so stark war die Gegenwart. Die zwei Vergangenheiten, die uns geformt hatten zu dem, was wir aneinander liebten, was unsere Schwierigkeiten miteinander ausmachte, wenn es sie denn gab, hielten wir in uns verschlossen, denn wenn du die Vergangenheit in die Gegenwart zerrst, hast du keine Chance für die Gegenwart. Latent ist sie [die Vergangenheit] ohnehin da, Erlebenserdschichten, Wunden, Narben, Versteinertes, ein Gebirge von Vergangenheit, du kannst es nur hinter dir lassen, vor dir liegt eine weite Ebene ...

So kann man es machen, wenn man sich nicht in jungen, sondern in reiferen Jahren trifft – das Gewesene sein lassen und nur nach vorne schauen. Man kann aber auch die gemeinsame Zeit dadurch vertiefen, dass man sich Anteil gibt an dem Erlebten, ohne den Partner oder die Partnerin mit überflüssigen Details zu belasten. Bereichernd ist es auch, an Orte zu reisen, die der oder die andere bereits kennt, man selbst aber noch nicht. Sie erfahren auf diese Weise eine neue Deutung, so wie Filme, Bücher und Restaurants, die zuvor nur einem der beiden bekannt waren.

Manche Menschen scheuen sich davor, gemeinsam dort zu sein, wo sie früher mit anderen waren. Warum eigentlich? Eigene Geschichte bleibt eigene Geschichte, sie kann aber wenigstens teilweise zu einer gemeinsamen werden, wenn man sich voneinander erzählt und miteinander neu erkennt, was man selbst in längst vergangenen Jahren ganz anders gesehen hat. In einer späten Ehe oder Partnerschaft gibt es ebenso viel leidenschaftliche Liebe wie bei jüngeren Paaren. Dieses Glück ist von Anfang an eine bewusste Kostbarkeit, weil es nach menschlichem Ermessen begrenzter ist als Sandkasten- oder Studentenlieben.

Natürlich: Wer im zweiten oder letzten Lebensdrittel heiratet, wird keine Goldene und Diamantene Hochzeit mehr feiern. Man kann sich glücklich preisen und seinem Herrgott auf Knien danken, wenn man vielleicht nach fünfundzwanzig Jahren die Silberne Hochzeit begehen darf. Jeder Tag ist wertvoll. Und wenn man klug ist, liebt man am anderen auch das, was ihn oder sie gelegentlich alt aussehen lässt: kleine Eigenheiten wie übereifriges Aufräumen oder mangelnde Lust an Geselligkeiten, herumliegende Handtücher, Freude am Rechthaben und – Falten. »Ich liebe deine Falten«, sagt mancher Mann trotz des Jugend- und Schönheitswahnes unserer Tage zu seiner Frau. »Wehe, wenn du sie wegmachen lässt!« Und einige setzen noch eins drauf: »Wenn du das tust, verlasse ich dich!«

Ich vermute, das würde keiner von denen tun, die so charmant drohen. Umgekehrt lieben auch viele Frauen an ihren Männern genau das, was sie einmalig und unverwechselbar macht, was Spuren ihres Lebens sind,

Wer sich in Falten verliebt und sie behalten möchte, wer graue Haare oder eine Glatze flott findet, der macht ernst mit der Wirklichkeit, der kann sie nicht bloß akzeptieren, sondern auch ganz und gar annehmen, ja eben lieben. Wer sich erst spät oder später kennen gelernt hat, wird schneller mit Alterserscheinungen konfrontiert: Die Ausgangsposition ist eine andere als bei jungen Paaren. Die Phase der zauberhaften, sorglosen Leichtlebigkeit, die einem in der Jugend oft vergönnt ist, existiert so nicht.

Mit dem Ältersein und -werden beginnen nicht bloß äußerliche Veränderungen. Auch die diversen Zipperlein nehmen zu, wenn man nicht schon vorher von Krankheiten weiß und seine Erfahrungen mit Leiden gemacht hat. Auch solche Brüche müssen hineingepackt werden in das gemeinsame Älterwerden. Ein paar ruhige, fröhliche Jahre des Glücks – und auf einmal stellt sich die Frage: Wird er wieder gesund? Muss sie noch einmal operiert werden? Ich liebe deine Falten. Das heißt, ganz ernst genommen, ich liebe dich mit dem, was du an Lasten mitbringst, was dir aufgebürdet ist und was du neu tragen musst – Krankheiten, Narben körperlicher und seelischer Natur, Verhaltensmuster, die ihren Ursprung in Zeiten haben, die man, wenn übrhaupt, dann nur aus Erzählungen des anderen kennt.

Solche Liebe, solches gemeinsame Älterwerden ist wahrhaftig nicht immer leicht. Man kann ruhig zugeben, dass damit Wehmut, manchmal Schmerz verbunden sein können. Wie schön wäre es gewesen, mit diesem Menschen Kindheit oder Jugend zu erleben, den Anfang im Beruf miteinander zu gestalten und nebeneinander allmählich sicherer zu werden und Fuß zu fassen im Leben. Ein wenig Melancholie empfindet man auch darüber, dass es keine gemeinsame Familie mit Kindern gibt. Schmerz, weil die Zeit von vornherein meist begrenzter ist als bei anderen und zusätzlich bedroht durch Einschränkungen und Gefährdungen des hinfälligeren Körpers und vielleicht irgendwann sogar des schwächer werdenden Geistes.

Und trotzdem – Friedrich Dürrenmatt, von seiner Frau Charlotte Kerr interviewt, sagt:

Es gibt zwei Arten von Ehe: Erstens die der Jungen, voll Illusionen, zweitens die Erfahrungsehe. Aber das ist ja gerade das Abenteuer: Je beladener ein Ich ist, je mehr es angesammelt hat an Erfahrungen, Leid, Enttäuschungen, desto gewichtiger. Liebe ist so etwas wie Energie. Hast Du noch einmal die Kraft?

Man könnte auch in Ergänzung zu Dürrenmatt sagen: Miteinander alt zu werden macht stark und haut einen manchmal direkt um vor Glück, gerade weil man um die Zerbrechlichkeit der gemeinsamen Zeit weiß. Wovon man den Wert nicht kennt, das bedeutet einem oft nichts. Aber jeden Tag wieder freudig überrascht sein zu dürfen von der Gegenwart des Partners, der Partnerin – das ist schon ein Gottesgeschenk.

»Du wirst auch älter«, singen die Beatles in ihrem »When I'm Sixty-Four«, »und wenn du das eine Wort sagst, dann könnte ich bei dir bleiben« – »You'll be older too, and if you say the word, I could stay with you«. Das eine Wort ist »Ja«. Ja zum anderen, zur anderen mit all seinen oder ihren Schwächen, Fehlern oder kleinen Macken, mit all den wunderbaren, beeindruckenden und schrulligen Eigenschaften, die dieses erwachsene

Menschenkind zu etwas ganz Besonderem machen. Wer wirklich miteinander alt werden möchte und diese Gnade auch erfährt, der kann im Lauf der Jahre ein ganz anderes, ein zärtlich wissendes Ja zum Partner sagen, das aus großer Kenntnis des anderen und aus inniger Vertrautheit entspringt.

Zweimal wird in der Bibel, einmal im Alten und einmal im Neuen Testament, der große Segen ausgedrückt, der auf einer stabilen, lange währenden Beziehung gleich welchen Alters liegt. Es spielt keine Rolle, wie alt zwei sind, wenn sie einander finden. Es ist unwichtig, ob und dass man Zeichen des Älterwerdens aneinander entdeckt. Gott verheißt dem Erzvater Abraham Nachwuchs, und dessen Frau Sara zeigt sich erheitert: »Darum lachte sie bei sich selbst und sprach: Nun ich alt bin, soll ich noch der Liebe pflegen, und mein Herr ist auch alt!« (Gen. 18,12) Und Zacharias, dem gerade ebenfalls ein Sohn angekündigt wird, sagt zu dem himmlischen Boten zweifelnd: »Woran soll ich das erkennen? Denn ich bin alt, und meine Frau ist betagt.« (Luk. 1,18)

So schön es ist, eine Familie zu werden – es sind nicht ausschließlich Kinder, die den Sinn einer Partnerschaft ausmachen. Jede Beziehung ist fruchtbar, voll quirligem oder auch beschaulichem Leben, voll umwerfender Überraschungen und faszinierender Neuigkeiten, reich an Nähe, Wärme und Geborgenheit, wenn man sich leidenschaftlich, liebevoll und sanft ganz und gar hinein begibt in die Zweisamkeit. So alt kann man bei Gott gar nicht werden, dass er einen nicht immer wieder verblüffen würde mit den wunderbaren, beglückenden Erfahrungen, die in der Liebe von zwei Menschen möglich werden.

Susanne Breit-Keßler wurde 1954 in Heidenheim a. d. Brenz geboren. Sie studierte Germanistik, Alte Geschichte und Evangelische Theologie in München. 1984 wurde sie zur Pfarrerin ordiniert und war zunächst als Religionslehrerin tätig. Nach einer journalistischen Ausbildung 1986/1987 arbeite Susanne Breit-Keßler u.a. für die Süddeutsche Zeitung, als Rundfunkpredigerin und Autorin für den Bayrischen Rundfunk, zwischenzeitlich auch für das »Wort zum Sonntag« der ARD und für die Deutsche Welle und Deutschlandradio Kultur. Ab 1994 war sie als Kirchenrätin für Presse- und Öffentlichkeitsarbeit sowie Publizistik im Auftrag der Kirchenleitung tätig. 2000 wurde sie zur Oberkirchenrätin und Regionalbischöfin für München und Oberbayern ernannt. Seit 1. Dezember 2003 ist Susanne Breit-Keßler außerdem Ständige Vertreterin des Landesbischofs der Evangelischen Kirche in Bayern.

Den anderen nicht mehr ändern wollen

von Martin Koschorke

Alles ging gut zwischen Karl und Karin, bis Karl in Rente ging. Seine Arbeit hatte ihn schon immer ausgefüllt. Gegen Ende seines beruflichen Weges hatte er noch einmal sehr viel zu tun, und er hatte viel zu erzählen. Karin hörte gerne zu oder berichtete von dem, was sie den Tag über beschäftigt hatte. Sie hatte ein paar Jahre früher mit ihrem Job aufgehört als er. Die Kinder waren schon lange aus dem Haus, auch die Enkel waren einigermaßen vernünftig. So hatte sie unter der Woche Zeit für sich. In den letzten Jahren hatte sie sich ihr eigenes Leben eingerichtet mit vielfältigen Kontakten: Kurse an der Volkshochschule,

Gymnastik, Treffen mit Freundinnen, ausführliche Telefonate und anderen Aktivitäten, die ihr Spaß machten. Sie hatte die Erfahrung schon hinter sich, dass der Ruhestand viele zusätzliche Wünsche bringt, aber nicht mehr Zeit.

Karl hatte ganz genaue Vorstellungen gehabt, was er alles tun wollte in der neuen Freiheit, nach dem Ende des Berufs: endlich die Dinge machen, für die bisher keine Zeit gewesen war – Reisen, kulturelle Veranstaltungen, mal wieder selber kochen, lange vernachlässigte Hobbys pflegen, alte Freunde treffen, vor allem aber Zusammensein mit Karin nachholen: ganz viel Zeit mit ihr verbringen, vielleicht auch gemeinsam wieder Spaß an Sex entwickeln. Der neue Lebensabschnitt hatte vor ihm gelegen wie ein Paradies: Beide waren – dafür waren sie dankbar – noch einigermaßen gesund, sie hatten ein beschränktes aber sicheres Einkommen, sie brauchten sich um niemanden zu kümmern, die Kinder waren aus dem Haus, sie konnten über ihre Zeit frei verfügen.

Karin hatte wohl von Karls Träumen gewusst, sie jedoch beiseite geschoben. Jetzt fühlte sie sich von seinen Erwartungen bedrängt. Sie hatte ihr eigenes Leben. In den letzten Jahren hatte sie tagsüber frei über ihre Zeit verfügen können, tun und lassen, was sie wollte, sich verabreden ohne rückfragen oder Rücksicht nehmen zu müssen. Jetzt war er auf einmal immer da, den ganz Tag, nicht nur von abends bis morgens, sondern auch von morgens bis abends. Natürlich hatte er auch seine eigenen Aktivitäten. Aber es war auf einmal nicht mehr vorhersehbar, wann er mit ihr zusammen sein wollte und wann sie frei war. Sie war es leid, sich ständig nach ihm richten zu müssen.

Früher, zu Beginn ihrer Ehe, da hatte sie sich eher unsicher gefühlt. Es hatte ihr nicht so viel ausgemacht, sich nach ihm zu richten, eigene Interessen hintan zu stellen, ein Stück auf sich selbst zu verzichten. Dazu war sie jetzt nicht mehr bereit. »Ich bin kein junges Pflänzchen mehr, das sich an anderen empor rankt. Ich habe mich zu einem Baum entwickelt, der seinen eigenen Charakter hat,« sagte sie nicht ohne Stolz zu sich selbst und auch zu ihm. »Ich bin nicht mehr fünfundzwanzig. Ich habe auch etwas geleistet in meinem Leben. Ich habe das gleiche Recht, meinen Interessen nachzugehen, mein Leben zu leben, wie du.«

Karl hatte kein Problem damit, ihr dieses Recht zuzugestehen. Aber er hatte Mühe die Konsequenzen zu akzeptieren. »Endlich habe ich Zeit,« sagte er. »Endlich könnten wir ganz viel gemeinsam machen. Und jetzt willst du nicht. Liebst du mich denn nicht mehr?«

Ältere Paare streiten sich häufig, weil sie nichts mehr miteinander anzufangen wissen, weil Leere zwischen ihnen eingetreten ist. Bei Karin und Karl war es umgekehrt. Beide hatten zu viele Ideen, zu viele Wünsche und Vorstellungen, wie sie die kostbare restliche Zeit ihres Lebens füllen könnten.

Wie haben sie dann doch noch die Kurve bekommen? »Das lässt sich nicht mehr so genau sagen«, meint Karl nachdenklich. »Es war nicht einfach. Ich glaube, was uns geholfen hat, ist, dass wir nie aufgehört haben miteinander zu reden. Wir haben gewusst: Kommunikation ist nicht nur Reden. Kommunikation ist zuerst einmal hören, dem anderen zuhören. Und wenn man redet, dann sollte man so reden, dass der andere zuhören kann. So wussten wir eigentlich immer, was den anderen beschäftigt.«

»Karl hat gelernt, auch über Alltägliches zu reden – oder zumindest zuzuhören, wenn ich über Alltägliches rede«, sagt Karin anerkennend. »Früher hat ihn das oft genervt. Er kam dann gleich mit einem Lösungsvorschlag: Mach doch das! Damit war die Sache für ihn erledigt. Das wiederum hat mich tierisch geärgert. Ich wollte keinen Rat von ihm. Ich wollte einfach nur mitteilen, was mich innerlich beschäftigt. Jetzt geht es besser, er hört einfach zu. Und wenn es ihm zu viel wird, habe ich immer noch meine Freundinnen«, fügt sie lachend hinzu.

Karins beste Freundin ist letztes Jahr an Krebs gestorben. »Ich glaube, was uns sehr zum Nachdenken gebracht hat, ist das Schicksal von Freunden und Verwandten. ›Mitten im Leben sind wir vom Tod umfangen‹«, zitiert Karl ein altes Kirchenlied. »Da ruft eine Kusine an und sagt: ›Leider können wir im Sommer nicht mit zum Wandern auf dem Jakobsweg kommen. Mein Mann hatte einen Herzinfarkt. Er hat ihn – Gott sei Dank – überstanden. Aber jetzt muss er sich erst einmal schonen.‹ Oder wir hören von einem Klassenkameraden, der nach einem Schlaganfall im Rollstuhl sitzt. Das Haus, das das Paar sich gebaut hatte, ist gerade fertig geworden. Nun müssen sie alles umbauen, weil die Türen zu eng sind und er mit dem Rollstuhl nicht durchkommt. Für die Frau ist es auch nicht lustig. Sie ist wieder angebunden, an ihren Mann, an ihr Haus. Sie muss schauen, dass sie sich einen eigenen Bereich bewahrt. Sie muss ihm zumuten, dass sie auch einmal Dinge macht, die er nicht mehr machen kann. Denn sie will sich ja nicht lebendig begraben.«

Karin und Karl merken, wie wichtig Gesundheit ist und geistige Frische. »Irgendwie wussten wir das schon immer«, sagt Karl. »Aber jetzt spüren wir es jeden Tag. Dadurch werden andere Dinge wichtig im Leben, das verändert die Perspektive. Mit zwanzig hat man das Leben vor sich, alles scheint möglich zu sein. Das ist heute anders. Inzwischen gibt es viele Ereignisse, auf die wir zurückschauen. Vermutlich mehr als vor uns liegen. Auf manches sind wir stolz, zum Beispiel auf unsere Kinder oder die Enkel. Mit vielem sind wir zufrieden, anderes haben wir nicht geschafft.

Sie wissen natürlich nicht, wie viele Jahre sie noch haben, beide zusammen und jeder allein. »Wenn wir zu den Gräbern unserer Eltern gehen, reden wir bisweilen darüber«, erzählt Karl. »Vermutlich wird einer von uns beiden zuerst sterben, der andere wird zurückbleiben. Wir können uns das gar nicht vorstellen, aber es wird wohl so sein. Wenn man sich das einmal klar macht, dann verändert das das Bewusstsein. Vieles, was uns bisher beschäftigte und wichtig zu sein schien, tritt in den Hintergrund. Anderes gewinnt an Bedeutung, z. B. dass wir noch zusammen sind und einigermaßen gesund. Jeder Tag wird kostbar, jeder Moment. Wir versuchen, jeden Tag, jede Mahlzeit als ein kleines Fest zu begehen.«

»Es ist schon lustig,« meint Karin. »Heute ist es ja modern, keine Zeit zu haben. Dabei ist Zeit eine der ganz wenigen Bereiche, in denen Gott die Welt demokratisch geschaffen hat. Alle Menschen haben gleich viel Zeit, nämlich vierundzwanzig Stunden pro Tag. Entscheidend ist, was sie mit dieser Zeit anfangen.«

»Das habe ich mühsam lernen müssen,« bekennt Karl. »Leben heißt weglassen. Ich bin eher so ein Machertyp. Ich fühle mich wohl, wenn ich etwas zu tun habe. Aber ich habe gemerkt: Entweder ich versuche alles zu tun, was ich im Kopf habe. Dann lebe ich nicht, weil immer noch etwas zu tun bleibt. Oder ich lebe. Dann werde ich nicht fertig. Dann muss ich weglassen, mit Gelassenheit durchs Leben gehen, auch mal nichts tun.«

Karin fällt das nicht schwer. »Da sind wir total verschieden«, meint sie. »Wir sind überhaupt sehr unterschiedlich. Das führt immer wieder zu Konflikten. Was uns unheimlich geholfen hat, ist uns klar zu machen, wie wir als Paar funktionieren, wie jeder von uns funktioniert. Ich habe mal gehört, dass Tiere, wenn sie sich in ihrer Existenz bedroht fühlen, drei ganz typische Reaktionsweisen haben: Entweder sie greifen an oder sie fliehen und verkriechen sich oder sie stellen sich tot. Tiger, Reh, Schildkröte bzw. Igel. Wenn wir uns streiten, dann greift Karl an. Ich ziehe mich zurück. Das macht ihn rasend. Es ist wie ein Teufelskreis: Je mehr ich mich zurückziehe, desto mehr kommt er hinter mir her. Je mehr er angreift, desto mehr ziehe ich mich zurück.«

»Ja,« entgegnet Karl, »wenn du dich zurückziehst, fühle ich mich richtig ohnmächtig. Du bist dann sehr mächtig. Ich habe den Eindruck, du lässt mich auflaufen. Es bringt doch nichts, den Kopf in den Sand zu stecken. Dadurch wird kein Problem gelöst. Es führt nur dazu nur, dass wir uns beide schlecht fühlen.«

»Ich finde es nicht so schlimm, wenn wir mal streiten«, fügt er hinzu. »Streiten heißt doch, dass wir uns nicht gleichgültig sind. Streiten heißt, dass wir unterschiedlich sind. Du und ich, wir sind verschieden. Wir sind unterschiedlicher Meinung, haben unterschiedliche Interessen, sind unterschiedliche Persönlichkeiten, haben unterschiedliche Weisen, an Probleme heranzugehen. Da ist es doch normal, dass wir uns mal streiten. Steht nicht im Vaterunser: ›Unseren täglichen Streit gib uns heute‹? Was mir nicht gefällt, ist, wenn wir anfangen zu kämpfen. Beim Kämpfen geht es ums Gewinnen. Einer siegt, der andere verliert. Aber in Wirklichkeit fühlen wir uns beide schlecht. Denn – das ist meine Erfahrung – im Grunde haben beide Recht, jeder aus seiner Sicht.«

Es war eine harte Schule, angemessen, erwachsen streiten zu lernen. »Ich musste lernen, mich nicht wegen jeder Kleinigkeit aufzuregen«, führt Karl aus. »Sie musste lernen, nicht vor jeder Auseinandersetzung fortzulaufen. Was wir inzwischen immer besser können, ist, einen Streit beenden. Wir haben eine feste Regel, an die wir uns beide strikt halten. Wenn einer sagt: ›Ich will jetzt nicht streiten!‹, dann hören wir auf. Das klappt aber nur, wenn der andere fragen kann: ›Wann können wir weiter reden?‹, und eine Antwort erhält, zum Beispiel: ›Nach dem Abendessen, für zwanzig Minuten.‹«

Ein Paarberater hat den beiden ein paar Tipps gegeben zum «erwachsenen Streit- und Ärgermanagement«: Nie nach 21 Uhr über Beziehungskonflikte reden. Nie länger als zwanzig Minuten über Differenzen sprechen. Damit die Zeit eingehalten wird, kann man eine Eieruhr auf den Tisch stellen. Nie über Probleme in der Partnerschaft diskutieren, ohne den anderen gefragt zu haben, ob auch er jetzt dazu bereit ist. Kritik und Ärger als Wunsch oder Bitte äußern, und nicht als Erwartung oder Befehl.

»Es ist nicht immer leicht, sich an diese Regeln zu halten«, stöhnt Karin. »Wir sind ja kein junges Paar mehr, das leicht lernt und Schmerzliches schnell vergisst. Jeder von uns hat eine Tiefkühltruhe, in der er Enttäuschungen und Verletzungen, die der andere ihm zugefügt hat, eingefroren hat und säuberlich aufbewahrt. Jeder hat auch eine Mikrowelle und kann Vorwürfe und sogar lange zurückliegenden Ärger blitzschnell auftauen und dem anderen unter die Nase reiben. Wenn man so zu zweit auf engem Raum zusammenlebt, bietet der Alltag jede Menge Gelegenheit, sich über den anderen zu ärgern. Jeder von uns hat auch seine kleinen Eigenheiten und Macken. Ich bin nicht so pünktlich, wie Karl das gerne hätte. Für mich ist Karl ziemlich unordentlich und lässt immer irgendetwas liegen. Und das nun schon seit vierzig Jahren! Das macht mich manchmal rasend!«

Was Karin überhaupt nicht ertragen kann, ist, wenn Karl ihr in einem bestimmten Tonfall erklärt, was sie anders machen soll. »Ich habe dann das Gefühl, er behandelt mich wie ein kleines Mädchen«, klagt sie. »Ich muss mich dann sehr zusammennehmen, einmal tief durchatmen und schnell ›stopp!‹ sagen: Stopp! Ich kann dir jetzt nicht zuhören! Manchmal muss ich auch aus dem Zimmer gehen. Aber ich mache das nicht mehr, ohne es anzukündigen, sonst kommt er hinterher. Ich sage dann: ›Ich gehe mal raus und komme gleich wieder.‹ Ein paar Minuten reichen meistens. Dann habe ich mich beruhigt, und er hat auch gemerkt, dass er so mit mir nicht reden kann.«

Karl fügt hinzu: »Das gelingt aber nur, weil wir am Tage und in der Woche feste Zeiten haben, wo jeder weiß: Da sind wir zusammen. Ich nenne das gerne ›Rituale der Gemeinsamkeit‹: Bestimmte Mahlzeiten, Spaziergänge, abends vor dem Schlafengehen mache ich uns immer noch einen Kräutertee. Ansonsten führt jeder auch sein eigenes Leben, hat seine eigenen Aktivitäten und Vorlieben, seine eigenen Freunde und Kontakte. Wenn das nicht wäre, würden wir ersticken. Natürlich laden wir uns gegenseitig immer wieder ein, am Leben des anderen teilzunehmen. Aber wir respektieren, wenn der andere nicht will oder etwas anderes vorhat. Jeder hat seinen eigenen Bereich, auch in der Wohnung. Inzwischen kennen wir das ›Territorium‹ des anderen ziemlich gut. Wir wissen, wo der andere empfindlich ist, welche Grenzen ihm wichtig sind, und versuchen, das zu respektieren.«

»Es ist schon paradox,« meint Karin, »je weniger jeder von uns vom anderen erwartet, desto mehr Spaß bringt es, wenn wir etwas gemeinsam machen.«

Martin Koschorke wurde 1939 geboren. Er studierte Theologie, Philosophie und Psychologie in Berlin, Heidelberg, Paris, Cambridge und Bonn und Soziologie und Statistik in Heidelberg, Freiburg/Br. und Berlin. Er absolvierte verschiedene beraterisch-therapeutische Ausbildungen und arbeitete als Eheberater, Familientherapeut und Supervisor. Am Evangelischen Zentralinstitut für Familienberatung in Berlin war er bis 2004 als wissenschaftlicher Mitarbeiter und Mitglied des Aus- und Fortbildungsteams tätig, u. a. beschäftigte er sich dort mit der Methodik und Ethik der Schwangerschaftskonflikt-Beratung, Gewaltkommunikation in Partnerschaften und der Situation interkultureller Paare.

Martin Koschorke ist verheiratet, hat zwei erwachsene Kinder und lebt im Ruhestand in Frankreich.

»Es fähret schnell dahin als flögen wir davon«

von Friedrich Schorlemmer

Eine alte Sanduhr habe ich zum Beginn des siebenten Lebensjahrzehnt geschenkt bekommen. Da kann ich zusehen, wie mit jedem Körnchen unaufhaltsam die Zeit verrinnt, vergeht, verstreicht. Am Schluss scheint es immer schneller zu gehen ...

Etwas *wissen* und etwas *erfahren* – das sind zwei sehr verschiedene Dinge, und sie sind doch aufeinander bezogen und aufeinander angewiesen. Schon lange weiß ich, dass nicht nur »das Leben« an sich vergänglich ist, sondern auch das meine. Seit ich sechzig geworden bin, wird mir klar, dass die Strecke, auf die ich zurückblicken kann, weitaus länger ist, als die Strecke, auf die ich noch blicken kann. Meine Kräfte werden abnehmen. Ich werde weniger helfen können als vielmehr Hilfe brauchen. Ich fühle, was alles schon immer mehr abnimmt – mir besonders peinlich: mein Namensgedächtnis.

Meine Erinnerungen übertreffen meine Erwartungen. Jetzt frage ich schon: Was wird in der Zeit *nach mir* sein? Und ich habe keine so große Neugier, das Danach auch noch zu erfahren, wiewohl mich Sorgen plagen über das von meiner Generation Versäumte. Was in den letzten Jahrzehnten getan wurde, ist ganz und gar nicht »enkel-verträglich«. Unsere Erde wird »auf Verschleiß« gefahren.

Ich kann von Glück reden, in *dieser* Zeit gelebt zu haben. Ich hatte so viel Glück – selbst in dem, was schwer war. Mich daran immer wieder zu erinnern, ohne mich in der Vergangenheit zu verlieren oder zu fixieren, gibt mir eine eigentümliche innere Stärke, Gegenwart zu bestehen und Zukunft gelassener zu erwarten. Schließlich bin ich einmal von einem zwanzig Meter hohen Kirchturm gefallen und unten lediglich mit ein paar Prellungen angekommen; zwischen Washington und Baltimore geriet ich in eine Massenkarambolage mit Totalschaden; ein Krebsverdacht bestätigte sich nicht; in das vorbereitete Stasi-Lager wurde ich 1989 nicht gesperrt. Schier unlösbare Aufgaben habe ich dann doch geschafft: meinen in die Saale gefallenen kleinen Sohn in letzter Zehntelsekunde gerettet, an dem nahen Weltuntergang 1962 vorbeigeschippert, eine gescheiterte Beziehung verwunden.

Wie viele liebe Menschen habe ich zu Grabe getragen, und wie viele Male wurde ich von anderen in Freundschaft und Liebe aufgefangen! Ich vergewissere mich jeden Tag des Reichtums meines Lebens und Erlebens, und ein Tag, an dem ich das vergesse, scheint mir verloren. Zurück bleibt neben der Dankbarkeit indes eine unergründliche Angst, die bis zu dem Überfall durch Besatzungstruppen 1946 zurückreicht, über den nie gesprochen wurde. Was da geschehen war, hat meine Mutter mit ins Grab genommen. Trotz allem: so viel Behütung erfahren, solche unvergesslichen Augenblicke des Glücks erlebt! Ich kann sie mir vergegenwärtigen, ohne sie wiederholen zu können oder zu wollen: jenes erste Durchschwimmen der Elbe, jenes Gleiten in den Sonnenaufgang im See Genezareth. Jenes erste Hören der vierten Sinfonie von Schumann, die Zuneigung meiner gezähmten Eule und die Zärtlichkeit derer, die ich geliebt habe, die mich lieben. Ganz zu schweigen von dem Sauerkirschbaum in unserem Garten, von der Augenweide Elbwiese.

»Vergiss nicht, was er dir Gutes getan hat« – ja, das gehört zu meiner Art Kunst des Alterns; nicht zu vergessen und zugleich zu wissen: Ich lebe noch! Es ist nicht »alles vorbei«, wenn auch das meiste zurückliegt. Ich bleibe neugierig, auch wenn ich mir einige Sorgen mache, die bis in meine nächtlichen Träume reichen. Weil es *uns* so gut geht, kann es anderen nicht mehr so gut gehen. Wir sind dabei, die Welt beim Gebrauch zu verbrauchen. Ganz natürlich denke ich viel für meine vier Enkel und versuche das Wenige, was ich tun kann, ganz zu tun, dass auch sie glücklich werden können: dass ihnen die Bäume gesund in den Himmel wachsen, dass sie sauberes Wasser und saubere Luft haben, bergende Räume, lohnende Ziele, sinnvolle Tätigkeiten finden. Das ist das eine.

Meine Sanduhr läuft. Sie wird schneller ablaufen, als ich das denke. Denn das erfahre ich jetzt schon, dass die Zeit viel schneller vergeht, je älter ich werde. Die physikalische Zeit scheint mir etwas Willkürliches zu sein, verglichen mit meiner psychologisch-biografischen.

Wenn man vierzig ist, scheint das Leben noch *so* lange vor einem zu liegen. Die letzten zehn Jahre sind schon ziemlich schnell vergangen. Jetzt wird jeder Tag kostbar, immer kostbarer. Ich will ihn auskosten oder besser: ihn ausfüllen, ihn als eine Gnade an jedem Abend preisen und an jedem Morgen wieder. Jedenfalls werde ich immer ungeduldiger, wenn Zeit vertan wird, wenn ich sie sinnlos vertue, gleichgültig dahinlebe, sie mir nicht gut genug einteile.

Mir fällt ein Bild von meinem achtzehnten Geburtstag in die Hand. Da bin ich mit drei meiner engsten Freunde zu sehen. Sie alle leben nicht mehr. Ich lebe noch. Hab ich ein Glück. Ist das eine Gnade!

Ich hatte sechs Geschwister und erinnere mich, wie meine Mutter öfter unvermittelt ausrief: Kinder, wie die Zeit vergeht! Das fand ich damals ein bisschen lächerlich, ja recht banal. Was sollte das? Hatte sie etwas geahnt, dass sie nicht mehr viel Zeit haben würde, weil sie mit neuneundvierzig Jahren an Krebs starb? Nun könnte *ich* jeden Tag ihren Satz vor mich hinsagen.

Früher empfand ich die Zeile Erich Kästners »Die Zeit fährt Auto« als einen genialen sprachlichen Kunstgriff. Jetzt ist es eine existentielle Erfahrung. Die Zeit fährt Auto – mit mir. Ich will öfter anhalten, innehalten und lebe doch in einer Zeit, in der ich auch im Strudel der Beschleunigung bin. Ich will Entschleunigung, weil ich Zeit gewinnen will durch Zeitintensität: Jeder ganz mit allen Sinnen erlebter Augenblick ist ein ganzes Leben. Geh nicht vorüber, sieh nicht darüber hinweg.

Was nützte ein langes Leben, das nie zur Erfüllung käme: in der beglückenden Begegnung, im glücklichen Augenblick, in einer geglückten Arbeit. »Der Augenblick ist kostbar wie das Leben eines Menschen«, lässt Schiller den Marquis von Posa angesichts der Lebensgefahr sagen.

Ich habe in meinem Leben als Pfarrer viele Menschen zu Grabe getragen, alte, lebenssatte oder lebensmüde Menschen, aber auch solche, die jäh aus dem Leben gerissen wurden. Unzählige Male habe ich Psalm 90 gelesen. Da heißt es:

Du lässest die Menschen dahinfahren wie einen Strom, sie sind wie ein Schlaf, wie ein Gras, das am Morgen noch sprosst, das am Morgen blüht und sprosst und des Abends welkt und verdorrt. (Psalm 90,5–6)

Unser Leben, das ist jenes ruhige Dahingleiten eines Stromes und jenes jähe Abbrechen eines welken Blatts – nebeneinander.

Und im Psalm 39 heißt es eindringlich:

Herr, lehre mich doch, dass es eine Ende mit mir haben muss
und mein Leben ein Ziel hat und ich davon muss.
Siehe, meine Tage sind eine Handbreit bei dir,
und mein Leben ist wie nichts vor dir. (Psalm 39,5–6)

Memento mori – eine Mahnung für jeden Tag. Gedenke angesichts deines dahingleitenden, deines hochfliegenden, deines so selbstverständlich scheinenden Lebens auch immer deines Endes, deines Todes und preise das Leben, jede Stunde. Vertue sie nicht und vertue dich nicht. Zum Leben gehört die *ars moriendi*, die Kunst, dem Tod ins Auge zu sehen, die große Kunst, das geliebte Leben auch lassen zu können. Loslassen lernen. Trost geben und getröstet sterben können. Hinnehmen, dass man geblüht hat und nach der Reifephase schnell verdorrt. Mich freuen des Lebens nach mir – natürlich nicht ohne einen Anflug des Bedauerns. Aber nur das Wissen um Vergänglichkeit macht jede Lebensphase wertvoll. Schönes Blühen, schönes Reifen, schönes Verwelken.

Ich sehe welke Gesichter vor mir und bewundere ihre wunderbare Schönheit, ihr vom Leben gezeichnetes, wunderbar gezeichnetes Gesicht: Hans-Georg Gadamer und Hans Jonas, Lew Kopelew und Willy Brandt, Gräfin Dönhoff und Rosemarie Reichwein, Nelly Sachs und Hilde Domin. Ich kann mich nicht satt sehen an diesen Gesichtern, und es fällt mir schwer zu akzeptieren, dass sie gegangen sind. Ihre Gesichter sind mir geblieben, ihre Stimme, ihre Sätze, ihre Lebenshaltung.

Ich denke an meine gütige Großmutter. Mir geht dabei Bertolt Brechts Geschichte »Die unwürdige Greisin« nicht aus dem Sinn. Ich höre die jugendliche Stimme der fünfundneunzigjährigen Lyrikerin Hilde Domin und ich sehe vor mir Gesichter alter Frauen auf dem Markt in Lublin, im Osten Polens.

die alten frauen stehen morgens auf
kaufen fleisch obst brot
putzen kochen
stehen auf der straße mit verschränkten
händen, schweigen
die alten frauen
sind unsterblich

Das schrieb Tadeusz Rózewicz in seinem großen Gedicht »Erzählung von alten Frauen«.

Mit einem Menschen, der von uns geht, geht eine ganze Welt. Und keiner ist ersetzbar, weil jeder einzigartig ist. Ein Mensch wie Heinrich Alberts – als Beispiel genannt – wird mir nicht wiederkommen. Er konnte so entspannt und so weise sein, zugleich so scharf denkend über das Alter schreiben, über die untergehende Sonne *seines* Lebens. »Am Ende des Weges« nennt er sein Alterstagebuch, das so vielen anderen geholfen hat. Darin schrieb er:

Nichts ist schöner, als mit dir in der Abendsonne auf einer Bank zu sitzen – dicht am Hause vor unserer schönen Wiese, in dem herrlichen Park – ganz in unserer Nähe. Wir erzählen uns die alten Geschichten, von Glück und Unglück in unserem Leben ... Wir sehen in die grünen Bäume hinauf, die Dome über uns gewölbt, ins Wasser zu unseren Füßen, und sehen in seinem Spiegel den Himmel auf Erden. Wir reden mit den Enten, die ihre Jungen ausführen und sie das Schwimmen lehren. Wir hören das Singen unzähliger Vögel. Wenige Menschen gehen an uns vorüber. Sie grüßen uns freundlich.

Das ist es: im Dahinfliegen, im Dahinfahren wie »in einem Strom« getröstet auf das Vorübergehende zu schauen.

Gibt es den »unvermeidlichen Verfall der Sehnsucht«? Hilde Domin antwortete Christa Wolf mit dem Gedicht »Älter werden«:

Die Sehnsucht
nach Gerechtigkeit
nimmt nicht ab
Aber die Hoffnung

Die Sehnsucht
nach Frieden
nicht
Aber die Hoffnung

Unser Leben ist eben auch immer eingebettet in politische Bezüge. Da wir nunmehr vor fünfzehn Jahren völlig unerwartet die deutsche Einheit »in Frieden und Freiheit« erreicht hatten, aber ohne Gerechtigkeit und ohne die Erfüllung der Hoffnungen auf Frieden, blieb und bleibt doch die große Sehnsucht nach Gerechtigkeit und Frieden, die wieder zur mobilisierenden Hoffnung werden kann. Diese fünfzehn Jahre waren ein Wachtraum und ein jähes Erwachen. Fünfzehn Jahre wie ein ganzes Leben; aber davor gab es auch schon eins. Eine Zeit, in der wir uns die Freiheit nahmen – eine Freiheit, die man uns hinter Mauern verweigern wollte. Nun konnte ich Menschen begegnen und einige zu Freunden gewinnen, von denen ich jahrzehntelang gelernt hatte. Ich sehe sie davonfliegen, Menschen, die mich geprägt haben. Ich ertappe mich dabei, dass ich zu gerne das Leben anhalten würde, um sie zu behalten, und spüre dabei, dass auch ich wohl mein Leben anhalten möchte. *Es fähret schnell dahin als flögen wir davon.* Darum: *Carpe diem!* – Nimm, nutze, erfülle deinen Tag und sag' im Fluge der Zeit immer noch einmal, und noch einmal: »Danke«.

Friedrich Schorlemmer wurde 1944 in Wittenberg geboren. Er studierte Theologie an der Universität Halle. Nach seinem Studium war er Studieninspektor an den Franckeschen Stiftungen und zugleich Vikar in Halle-Neustadt. Von 1971 bis 1978 war er Jugend- und Studentenpfarrer in Merseburg, anschließend Dozent am evangelischen Predigerseminar in Wittenberg und Prediger an der dortigen Schlosskirche. Friedrich Schorlemmer zählte zu den Mitbegründern des »Demokratischen Aufbruchs«. 1990 trat er der SPD bei. Seit 1992 ist er Studienleiter an der Evangelischen Akademie in Wittenberg. Für seine Verdienste wurde er 1989 mit der Carl-von-Ossietzky-Medaille und 1993 mit dem Friedenspreis des Deutschen Buchhandels ausgezeichnet.

Man braucht sehr lange, um jung zu werden
von Hans-Eckehard Bahr

Einen solchen Brief hatte ich noch nie gelesen. Geschrieben hat ihn eine fünfundachtzigjährige Frau:

Wenn ich mein Leben noch mal leben könnte, würde ich versuchen, mehr Fehler zu machen. Ich würde bis zum Äußersten gehen. Ich würde verrückter sein. Ich würde weniger hysterisch sein. Ich würde mehr Schokoladeneis und weniger Spinat essen. Ich würde mehr aktuelle Probleme und weniger eingebildete haben. Wenn ich mein Leben noch einmal leben könnte, würde ich im Frühling früher anfangen barfuß zu laufen und im Herbst später damit aufhören. Ich würde öfter die Schule schwänzen. Ich würde gute Noten nur aus Versehen schreiben …

Die Frau, die das schreibt, tanzt aus der Reihe, hat Träume. Sie ist fünfundachtzig Jahre alt, hat aber Ideen im Kopf wie ein junges Mädchen. Ist sie übergeschnappt? Sollte sie nicht vernünftig werden? Und bescheiden, wie es sich gehört im Alter? Sollte sie nicht endlich eine weise Frau werden statt einer närrischen?

Offenbar gibt es zwei Arten des Alterns, zwei Weisen des Lebens überhaupt: Auf der einen Seite erleben wir die von Minute zu Minute kürzer werdende Zeit, die äußere Abfolge der Lebensphasen, von der Jugend bis zum Alter, den körperlichen Prozess, den Natur-Zyklus. Doch es gibt noch einen zweiten Lebensablauf: den inneren Prozess. Es ist die Haltung, die wir einnehmen zu diesem Körper-Geschehen in uns. Da kann es sein, dass wir erst in der mittleren Lebensphase das Leben neu entdecken oder sogar noch später. Das Alter hat viel mehr Gesichter, als ich ahnte. Max Frisch kann aufstöhnen: »Wie widerlich ist das Alter!« Pablo Casals hingegen übte noch mit neunzig Jahren täglich bis zu fünf Stunden genussvoll auf seinem Cello. Sein Kommentar: »Ich habe den Eindruck, ich mache Fortschritte.«

Auch bei dem über hundertjährigen Johannes Heesters findet sich diese Einstellung, genau wie bei George Tabori, über 90 Jahre alt. Der eine ein König der leichten Muse, der andere ein Schriftsteller voll funkelnder Ironie. Sie beide sind ein lebender Beweis dafür, dass man kraftvoll altern kann, ohne auf Lebensgenuss zu verzichten. Auf der anderen Seite erlebe ich, wie Freunde wegsterben und Schulderfahrungen wieder erwachen. Man hat als Älterwerdender auch eine dunkle Spur hinter sich. Ein Doppelgesicht also: Lasten und Entlastungen, Verluste und Vergnügen, Ängste und neue Freiheiten, Einsamwerden und Revoltieren. Immer aber gibt es Chancen im

Leben zu Neuentdeckungen, gerade wenn man schon eine Weile gelebt hat. Für Neues ist man nie zu alt.

Was sagt die religiöse Weisheit zu diesem Doppelgesicht unserer Lebensabläufe? Bei Martin Buber lese ich: *In dieser Stunde werden über die ganze Erde hin neue Menschen geboren … Jeder einzigartig, nie da gewesen, nie wiederkehrend. Das Menschengeschlecht fängt in jeder Stunde neu an. In jedem Kind das Wieder-, das Immer-Wieder-, das Noch-Immer-Anfangen-Dürfen des Menschen.*

Das eine ist also der Natur-Prozess, an dessen Anfang die Geburt steht. Beim anderen, dem inneren Lebenszyklus ist die Geburt nicht ein einmaliges Ereignis hinter uns, sondern ein andauernder Vorgang. Erich Fromm, Psychoanalytiker und Humanwissenschaftler, sagt dazu:

Das Ziel jeden Lebens ist es, ganz geboren zu werden, seine Tragödie, dass die meisten von uns sterben, bevor sie ganz geboren sind. Zu leben bedeutet, jede Minute geboren zu werden. Der Tod tritt erst ein, wenn dies Geborenwerden aufhört.

Geborenwerden, jede Minute? Immer wieder, das ganze Leben hindurch? »Die Geburt aus dem Mutterleib«, notiert der Philosoph Peter Sloterdijk, »und das ›Zur-Welt-Kommen‹, das sind eben zwei verschiedene ›Ereignistypen des Lebens‹.« Warum?

»Weil geboren werden für Wesen unseres Schlages eben nicht ausreicht, um zur Welt zu kommen.« Nur wenn wir das Leben lieben, wenn wir aufhören, uns zu fürchten vor dem Stillstand, vor dem Immergleichen, aber auch vor dem plötzlichen Absturz, dem Schlaganfall, dem Einsamwerden, können wir jeden Tag erneut »zur Welt kommen« – und zwar nur, wenn wir uns tragen lassen von dem Rhythmus des immer Neuanfangen-Dürfens.

Als ich vor zehn Jahren aus dem Berufsleben ausschied, war das zunächst bitter. Nicht mehr gefragt sein – ich hatte nicht geahnt, was das wirklich bedeutet. Ich war am Ende, wollte Schluss machen.

In einem kleinen Gesprächskreis der Kirchengemeinde um die Ecke stieß ich dann auf ein paar Menschen, die aus ihren Niederlagen etwas gemacht hatten: Zwei Nachmittage Hausaufgabenbetreuung in der Woche, Spanisch lernen, eine Kleiderkammer für Kinder, Klavierunterricht. Das hat mir imponiert. Ich fing wieder an zu schreiben, kleine, ganz kleine Texte. Aber genau das brachte mich wieder in Verbindung mit den eigenen Lebensenergien. Ich bekam ein Gedicht in die Hand, das zu mir sprach:

Angst, leg dich schlafen,
Hoffnung, zieh dich an,
du musst mit mir gehen,
schnür die Schuhe fester!
Ich hielt dich lange verborgen,
kleine Schwester.
Schön bist du geworden,
und ich freu mich dran.

Bist du ein Engel? Warte! Flieg nicht so!
In meiner Lage hat man Blei im Blut.
Geh doch voraus! Ich stell mich hier ins Gras.
Sag durch den Spalt mir, dass ich Flügel krieg,
und dass es mir vor keiner Kälte graut.

Eine Bitte, ein Gebet von Christine Lavant. Ein Wunsch, so leben zu dürfen.

Aber ist das Leben nicht doch ganz anders? Es gibt doch die vorgegebenen natürlichen Lebensphasen, die Kindheit, die Jugendzeit, die mittleren Jahre und dann – unweigerlich – das Altwerden, das Sterbenmüssen.

Ja, es gibt sie natürlich, diese Abfolge der verschiedenen natürlichen Lebensphasen. Jeder Mensch muss durch sie hindurchgehen, bis zum Ende. Erik H. Erikson, der große amerikanische Sozialphilosoph, hat in seinem Buch »Identität und Lebenszyklus« diese Abfolge der natürlichen Lebensphasen überzeugend geschildert. Jeder Mensch, so lesen wir bei ihm, durchläuft den naturhaften Lebenszyklus, kann gar nichts dagegen machen. Im Gegenteil, unsere Identität bekommen wir erst dadurch, dass wir uns der jeweiligen Lebensphase konform verhalten und ja nicht aus der Reihe tanzen.

Aber was, wenn ich ein Außenseiter bin oder ein früh entwickeltes Kind? Wenn ich zu lange in einer Lebensphase herumlungere, zu wenig alt bin? Dann heißt es: »Er ist zurückgeblieben«, oder: »Sie ist leicht neurotisch.« Von einem originellen Individualisten wird dann vielleicht gesagt, er habe eine Identitätskrise. Er müsse schleunigst wieder den verlorenen Platz in seinem Lebenszyklus einnehmen.

Aber wenn ich den Brief der Fünfundachtzigjährigen lese, ihre verrückten, überschießenden Wünsche, dann höre ich das Gegenteil. Keinerlei Sich-Einfügen in den naturhaften Lebenszyklus, keine Altersweisheit, im Gegenteil. Das erinnert an die Lebens-Beschreibungen der Bibel. Die Menschen, die dort auftauchen, die Frauen und Männer des Alten und Neuen Testaments –

sie fügen sich in keinen Natur-Lebens-Zyklus und auch nicht in die gesellschaftlich vorgezeichneten Lebensbahnen.

Sie halten sich nicht an das Muster »Jugend gleich Aufblühen und Alter gleich Zerfall«. Im Gegenteil: Von Jesus heißt es, er sei als Zwölfjähriger schon in den Tempel gegangen, habe dort mit älteren Männern diskutiert. Als seine Mutter nach ihm suchte, habe er schroff abgewunken. Dieser Zwölfjährige diskutiert schon mit Älteren über schwierige Fragen – in einer Lebensphase, in der er eigentlich noch mit den Problemen des Stimmbruchs beschäftigt sein sollte. Ein jugendlich weiser Typ, das ist ganz gegen den herrschenden Lebensplan des rabbinischen Judentums.

Und alle, die ihm zuhörten, verwunderten sich seines Verstandes und seiner Antworten … und seine Mutter sprach zu ihm: »Mein Sohn, warum hast Du uns das angetan? … Dein Vater und ich haben Dich mit Schmerzen gesucht.«

Geradezu patzig antwortet der zwölfjährige Jesus: Wieso habt ihr mich gesucht? Wisst ihr nicht, dass ich unbedingt dahin gehen muss, wo ich über das Leben wirklich Klarheit bekomme? Und das passiert eben hier, in der Synagoge, wo die lebenserfahrenen Männer sich treffen, und nicht zu Hause bei euch, in der Familie.

So ein Leben gegen alle Erwartung hat Tradition in der Bibel: Sarah, die achtzigjährige Frau Abrahams, hört eines Tages, dass sie noch ein Kind bekommen soll. Wirklich lächerlich, findet sie. So steht es in diesem alten Text in der Bibel. Natürlich ist mit dieser Ankündigung auch eine Geburt auf einer anderen Ebene gemeint. Soll heißen: Es gibt den dauernden Neuanfang, ob man achtzig ist oder ob man zwölf Jahre alt ist.

Der biblische Gott scheint keinen Respekt zu haben vor dem natürlichen Lebenszyklus von Männern und Frauen. Nein, dieser Gott ist kein Wächter der sozialen Hierarchien, der geordneten Abläufe unseres Lebens. Im Gegenteil, solche Geschichten besagen: Jederzeit sind wir imstande, ein anderer zu werden oder etwas Neues zu gebären, jederzeit kann uns etwas völlig Neues widerfahren. Bis ins Alter, bis zu unserem Ende.

Zwei Ansichten von Menschen stehen sich also – sehr idealtypisiert – gegenüber: Die eine, die jüdisch-frühchristliche, betrachtet den Menschen als ein offenes physisch-geistiges Feld, auf dem man jederzeit neu geboren werden kann. »Es ist noch nicht erschienen, was wir sein werden«, heißt es deshalb bei Paulus.

Auf der anderen Seite dann die Erikson'sche Theorie von den natürlichen Lebensphasen, von konzentrischen, festen Lebenskreisen, von der eigenen Sozialisation, die uns linear und unausweichlich altern lässt.

Und wie ist es heute? Tatsächlich leben heute gerade einige Ältere in solch gegenzyklischen Lebensstilen. Sie sind positiv bezogen auf andere Menschen und auf politische Geschehnisse in der Welt draußen. Sie kreisen eben nicht nur um sich selbst. Und weil sie sich so dem Leben aussetzen, sind sie wie ein unvollendetes Gedicht, ein offenes System – sie verrosten nicht. Das klingt heroisch; so, als müssten wir alle nun ständig aktiv umherschwirren, in Ehrenämtern, in der Familie, ruhelos überall. Sich dem Leben aussetzen, offen bleiben – ich habe das auch ganz anders erlebt: Ich sehe meinen sehr alten Vater vor mir, der nicht mehr gehen kann, sechs Jahre lang schon. Der im Altersheim wohnt, auf zwanzig Quadratmetern. Der sich, trotz seiner Schmerzen, ungemein freuen kann.

An meinem Vater, dem uralten Mann sehe ich, dass das geht: Dem Negativen freundlich augenzwinkernd begegnen wie man guten Bekannten begegnet. Er nimmt das Negative überhaupt nicht als etwas Böses wahr, im Gegenteil. Dem Unheimlichen begegnet er unbefangen, baut nicht so viele Ängste davor auf. Ja, die Konfrontation mit dem Lästigen besteht er geradezu heiter in einem Versuch, ohne allzu große Panik und Sterbensangst den Tag zu genießen. Ich versuche es, wie mein Vater, den ich jetzt erst als Vorbild entdecke, jetzt, wo ich selber alt bin. Von ihm lerne ich für mein eigenes Älterwerden, meine persönlichen Niederlagen jetzt eher zulassen – endlich. Ich kann meine Misserfolge besser akzeptieren. Ich kann mich jetzt selbst so annehmen, wie ich eben geworden bin. Dieses Ja zum eigenen Lebensweg, diese große Sehnsucht nach Versöhnung mit mir selbst, auch mit der dunklen Spur, die ich bisweilen hinterlassen habe – was für ein Aufatmen, wenn das glückt. Und manchmal glückt es eben. Was für eine Energie, die mich dann beschwingt!

Der Resignation lassen sich solche couragierte Versuche der Rebellion gegenüber stellen; Versuche, sich selbst in diesen Übergangsjahren neu zu finden. Es sind kleine, aber lebenswichtige Schritte gegen die elende Einsamkeit. Einiges kann man sich davon abgucken.

»Man braucht sehr lange, um jung zu werden«, soll Picasso gesagt haben. Nicht jeder ist ein Picasso – aber viel mehr ist möglich, als man oft denkt. Heute sehe ich das Älterwerden als eine »wunderbare Reise ins Überraschende«.

Hans-Eckehard Bahr wurde 1928 geboren. Er übernahm 1966 den Lehrstuhl für Christianity and Culture an der University of Chicago und wurde Mitarbeiter von Martin Luther King. Von 1967–1993 war er Professor für Praktische Theologie an der evangelisch-theologischen Fakultät der Ruhr-Universität in Bochum. Er legte den Schwerpunkt seiner Arbeit auf die Friedens- und Konfliktforschung sowie die Erforschung gewaltfreier Politik im 20. Jahrhundert. Seit 1994 widmet er sich dem Forschungsprojekt »Jugendgewalt und Stadtfrieden« an der Ruhr-Universität Bochum. Hans-Eckehard Bahr veröffentlichte zahlreiche Bücher, u. a. zu neuen Lebensformen in der Stadtgesellschaft. Er ist zudem seit vielen Jahren Autor verschiedener Hörfunksendungen, von denen eine 2005 mit dem Robert-Geisendörfer-Preis ausgezeichnet wurde.

Der Steg über den Abgrund

von Ezzelino von Wedel

Ich bin neunundfünfzig Jahre alt. Damit bin ich nicht mehr jung, aber auch noch nicht alt, obwohl sich das Alter deutlich am Horizont abzeichnet. Wirklich alt gefühlt habe ich mich erst ein Mal. Das war vor zehn Jahren: Heidelberg im Frühsommer. Ein warmer Wind säuselt durch die Stadt. Nach dem Mittagessen spaziere ich durch ruhige, alte Gassen. Einige Häuser vor mir spielen zwei kleine Mädchen am Straßenrand. Je näher ich komme, umso lauter werden sie. Jetzt stehe ich vor ihnen. Sie kreischen in hohen, unangenehmen Tönen. Plötzlich zeigt das eine Mädchen auf mich und sagt: »Schau mal den bösen Opa da.« Opa. *Ich* ein Opa! Etwas

Herbstliches schien damals durch die frühsommerliche Heidelberger Luft zu wehen, als ein kleines Mädchen mich wie eine böse Zauberin mit einem Wort in einen alten Mann verwandelte.

Altern widerfährt uns vom Moment unserer Zeugung an, doch das Bewusstsein hat ganz offenkundig die Neigung, sich ewig jung zu fühlen. Mein Bewusstsein jedenfalls. Sigmund Freud meinte: »Das Unbewusste ist unsterblich.« Wahrscheinlich wollte er damit sagen, dass wir uns im Innersten alle für ewig jung halten. Aber diese angenehme Empfindung altersloser Jugend wird immer wieder von außen in Frage gestellt. Krankheit, Gebrechlichkeit, indiskrete Bemerkungen, das erste Hörgerät, ein Foto oder dieses eine Wort aus dem Mund eines Heidelberger Mädchens: Solche Anlässe sind wie das beharrliche Anklopfen eines unerwünschten Gastes, den wir nicht empfangen, dessen Botschaft wir nicht hören wollen. Wir haben es mit dem Aufeinanderprallen zweier Wirklichkeiten zu tun: einer inneren Erfahrungswelt, in der es die Zeit nicht gibt, und einer äußeren Erfahrungswelt, die der Zeit unterworfen ist. Die Kunst, alt zu werden, hat damit zu tun, wie dieser Widerspruch gelebt wird.

Was heißt das: Ich werde alt? »Werden« ist ein zweideutiges Verb. Einerseits ist Werden keine gewollte Tätigkeit, sondern Schicksal, das mir widerfährt. So gesehen ist es unsinnig zu sagen: Ich *werde*, als wäre ich das Subjekt dieses Werdens. Andererseits gestalte ich mein Werden auf die mir gemäße Weise, so dass es wieder richtig ist zu sagen: *Ich* werde. Die Theologen haben für diese Doppelbedeutung eine handliche Formel gefunden: Gabe und Aufgabe. Das Werden ist mir als Gabe und als Aufgabe gegeben. Gilt das auch fürs Altwerden? Altwerden kann schön sein, wenn einige Voraussetzungen gegeben sind. Dann ist es keine Kunst, sondern eine Selbstverständlichkeit. Altwerden ist aber nicht notwendigerweise eine willkommene Gabe. Vielen erscheint es als ein Vorläufer des Todes, der mit allen Mittel bekämpft werden muss. Dann wird die Frage nach der Kunst des Altwerdens erst wirklich aktuell.

Jacques Brel, der ekstatische belgische Chansonnier, hat ein berühmtes Chanson über die Alten geschrieben: »Les Vieux«. Die Alten, so singt Jacques Brel, sprechen nicht mehr, sie haben keine Illusionen mehr, und auch wenn sie in Paris leben, leben sie in der Provinz. Sie träumen nicht mehr, ihre Bücher sind eingeschlafen, das Klavier ist verstummt, die kleine Katze gestorben. Sie bewegen sich nicht mehr, ihre Welt ist zu klein – vom Bett zum Fenster, dann vom Bett zum Stuhl und schließlich vom Bett zum Bett. Wenn sie noch ausgehen, dann zur einer Beerdigung. Und in ihrem Wohnzimmer schnurrt das Silberpendel der Uhr und sagt Ja und sagt Nein und sagt: Ich warte auf euch.

Jacques Brel beschreibt die Alten wunderbar zärtlich und liebevoll. Das waren ja früher Menschen wie du und ich, scheint er uns zu sagen, Menschen mit Hoffnungen, Wünschen, Illusionen und Leidenschaften. Doch dann hat das Alter sie eingeholt. Unter dem unbarmherzigen Pendelschlag der Zeit sind sie ihrem Ende immer näher gerückt. Der einzige Unterschied zwischen ihnen und uns besteht darin, dass sie uns in der Zeit voraus, dass sie dem Ende näher sind. Brels Chanson ist nicht nur ein Lied über die Alten, sondern ein Lied über uns und über unsere Zukunft. Wer nur den Text hört, kann leicht den Eindruck bekommen, es handle sich um ein düster-resignatives Bild, um eine

Anti-Utopie, die uns alle eines Tages erwartet. Aber dieses Chanson hat mehrere Botschaften. Der Text beschreibt in der Tat einen nicht sehr erheiternden Alltag. Im Gegensatz dazu klingt die Musik nach Puppenstube und Kinderzimmeridylle. Doch ihr beharrlicher Tiktak-Rhythmus ist der Widerhall jenes unbarmherzigen Pendelschlags, der die Zeit verkörpert: die grausame Zeit, die alles, was ist, in den Abgrund der Endlichkeit befördert. Und doch: Die Alten, wie Brel sie beschreibt, beherrschen eine ganz eigene, völlig unreflektierte Kunst des Altwerdens: Sie bäumen sich nicht auf, sondern sie geben sich dem Schicksal des Altwerdens widerspruchslos und kindlich einverstanden hin. So alt zu werden wäre sicherlich nicht die schlechteste Lösung. Dieses langsame Verlöschen erscheint wie das Endprodukt einer christlichen Kultur: das Schicksal fromm aus Gottes Hand entgegenzunehmen und den Weg bis zum Ende mitzugehen. Naiv-fromm könnte man die Alten von Jacques Brel nennen.

Wie anders kommen mir dagegen die dynamischen Senioren von heute vor. Sie haben den Protest verinnerlicht und joggen hoch aufgerüstet in den Kampf gegen das Unabwendbare. Sie wehren sich gegen die Zumutungen des Älterwerdens, gegen den Verlust an Gegenwärtigkeit, an Kraft und an Beweglichkeit. Wenn Altwerden bislang immer Beruhigung und Verlangsamung bedeutete, so heißt ihre Alterslosung: Mobilität, Beweglichkeit, Fitness. Dazu passt das Äußere. Turnschuhe, Jogging-Anzug, hennagefärbte Haare, straffe Gesichter trotz unübersehbarer Falten im stets gebräunten Teint. Die dynamischen Senioren stemmen sich dem Fluss der Zeit entgegen, sie weigern sich, die kritische Schwelle zum Alter zu überschreiten, und dehnen ihr Noch-nicht-alt-Sein bis zum Zerreißen in die Länge. Sie sind das vollkommene Gegenbild zu den Alten von Jacques Brel. Brels Alte erleben das Altwerden als gottgegebene Gabe und gestalten es in reiner Hingabe. Die dynamischen Senioren erleben das Altwerden als drohendes Unglück und gestalten es als Abwehrkampf. Auch das kann man als eine Kunst verstehen. Sie ist allerdings sehr anstrengend. Mir wäre sie als Dauerüberforderung zu aufwendig.

Ich bin jetzt neunundfünfzig Jahre alt – ungefähr an der Grenze zwischen Älterwerden und Altwerden. Beides fällt mir nicht besonders schwer. Die Lebensbilanz ist zwiespältig: Gewinn auf der einen, Verlust auf der anderen Seite. Zum größten Aktivposten zähle ich die Lebenserfahrung. Sie reduziert den Angstpegel, weil die meisten Situationen des täglichen Lebens vertraut sind. Aber was noch besser ist: Sie hilft, Menschen und Dingen spielerisch zu begegnen. Das erleichtert das Leben hierzulande, denn todernste Menschen haben wir in Deutschland mehr als genug. Ganz nebenbei haben spielerische Begegnungen auch noch eine verjüngende Wirkung, die das Bewusstsein des Älterwerdens sehr effektiv in den Hintergrund rücken.

Ein weiterer Pluspunkt fortgeschrittenen Alters: Das Verhältnis zu sich selbst entspannt sich. Zwar sehe ich meine Schwächen deutlicher denn je. Aber ich habe nicht mehr den inquisitorischen Eifer, sie um meines Seelenheiles willen ausrotten zu wollen. Ob das mit Weisheit oder mit nachlassender Energie zu tun hat, kann ich nicht zuverlässig beurteilen. Das Resultat ist auf jeden Fall ein besseres Lebensgefühl. Doch sollte man sich keine Illusionen über die Verluste machen, die mit dem Älterwerden einhergehen. Um gleich den härtesten Verlust anzusprechen: Ich spüre auch heute noch den wunderbar gedankenlosen Impuls, mit jungen Menschen zu flirten, als wäre ich einer von ihnen. Was mich bremst und hemmt, ist die Befürchtung, in meinem Alter dabei eher lächerlich zu wirken.

Ein weiterer Verlust des Älterwerdens hat paradoxerweise mit der gewachsenen Lebenserfahrung zu tun. Während sie auf der einen Seite entspannend und beruhigend wirkt, nährt sie auf der anderen Seite Wehmut, Schmerz und Zweifel. Denn da sind ja auch die anderen Erfahrungen: wie geliebte Menschen leiden, wie sie sterben und für immer verschwinden, wie niederträchtig und gemein das Leben sein kann. Irgendwann bohrt sich die Ahnung von der unheimlichen und abgründigen Dimension des Lebens ins Bewusstsein. Dann drängt sich das Bühnenhafte der Existenz, das Irreale und Leere unserer hochtourigen Geschäftigkeit auf. Die aushöhlende Wirkung dieses Gedankens sucht mich oft in den frühen Morgenstunden heim, wenn es nicht mehr dunkel und noch nicht hell ist und ich unentschieden zwischen Dämmern und Wachen liege. Ihre negative Kraft ist geradezu körperlicher Natur, und oft hilft nur Aufstehen, um die dunklen Bilder zu vertreiben.

Die Kunst, alt zu werden, gibt es nicht, so wie es auch nicht *die* Kunst zu leben gibt. Manche Menschen kommen schon alt zur Welt. Da ist jede weitere Kunst überflüssig. Andere Menschen werden auf wunderbare Weise alt, ohne zu wissen, wie ihnen geschieht. Wie wir das Altwerden gestalten, ist nicht nur eine individuelle, sondern auch eine soziale und kulturelle Angelegenheit, die von unterschiedlichen Faktoren abhängt. Aber die Kunst, alt zu werden, ist nicht nur eine Frage der Gestaltung. Hinter der Frage nach der Gestaltung steht eine andere Frage: Was bedeutet es überhaupt, alt zu werden? Ich habe bereits das Aufeinanderprallen zweier Wirklichkeiten beschrieben: einer inneren Erfahrungswelt, in der es die Zeit nicht zu geben scheint, und einer äußeren Erfahrungswelt, die der Zeit unterworfen ist. Die Kunst, alt zu werden, hat offensichtlich mit dem elementaren Konflikt dieser beiden Erfahrungswelten zu tun. Je älter ein Mensch wird, um so mehr spitzt sich dieser Konflikt zu, und zu Ende gedacht, entpuppt er sich als eine religiöse Vertrauensfrage nach der letzten Wirklichkeit. Beide Erfahrungswelten erscheinen uns als real und gleichzeitig irreal – je nach der Perspektive, die wir einnehmen. Die Empfindung, zeitlos zu sein, hat etwas Irreales bei einem achtzigjährigen Menschen, der an Demenz leidet und an den Rollstuhl gefesselt ist. Aber auch uralte Menschen haben junge, alterslose Augen, und in dem beseelten Blick dieser Augen können wir etwas erkennen, was in dem altmodischen Wort »Seele« so geheimnisvoll verschlüsselt ist. Aus dieser Perspektive erscheint uns plötzlich der alte Körper als etwas Irreales.

Unsere Innenwelt, unsere Außenwelt: Sie reiben sich aneinander, sie widersprechen sich, sie stellen sich gegenseitig in Frage. Die eine Botschaft heißt: Du bist sterblich. Die andere Botschaft heißt: Du bist unsterblich. Welcher Botschaft sollen wir vertrauen?

Nun endlich ist der Zeitpunkt gekommen zu sagen, warum mir Älter- und Altwerden nicht schwer fällt. Dazu muss ich etwas erzählen. Vor etwa dreißig Jahren hatte ich einen Autounfall. Ich fuhr ziemlich schnell auf einer Straße, als plötzlich vor mir ein Wagen von rechts einbog. Ich versuchte auszuweichen, aber es krachte ziemlich heftig und ich flog mit dem Kopf gegen die Fensterscheibe. Ich weiß nicht mehr, was dann passierte, aber ich erinnere mich an ein Traumbild, kurz bevor ich aufwachte. Ich sah mich auf einer Sommerwiese stehen und in die Wolken schauen, die an einem blauen Himmel dahinzogen. Ich fühlte mich sehr wohl. Aber dann veränderte sich die Szenerie. Alles um mich herum löste sich in kleine Kugeln auf, und als ich auf mich herabblickte, merkte ich, dass auch mein Körper anfing, sich in unzählige kleine Kugeln aufzulösen. Dann verlor ich das Gefühl, auf festem Boden zu stehen. Ich stürzte in ein bodenloses Nichts. Für eine Sekunde kam ich mir vor wie auf einer Achterbahn, eine Sekunde, bevor der rasende Sturz beginnt: Gehst du mit oder verkrampfst du dich vor Angst? Etwas in mir sagte: Lass dich einfach fallen. Und schon stürzte ich nicht mehr, ich schwebte in einem unendlichen Raum in einer unendlichen Gegenwart. Es war ein überwältigendes Glücksgefühl, das Verlöschen von Raum und Zeit, eine Ahnung von Ewigkeit. Ich kann nicht sagen, dass ich ein göttliches Gegenüber, ein Du spürte. Was mich mit Glück überwältigte, war vielmehr die Empfindung einer göttlichen Energie, die alles zusammenhielt und durchdrang und an der ich auf unergründliche Weise teilhatte.

Ich muss bald nach diesem Traumbild aufgewacht sein. Ich erinnere mich an einen Sanitäter, der mich verständnislos anblickte. Wahrscheinlich hatte er ein Leidensgesicht erwartet. Später sagte er mir, er habe noch nie ein so glückliches Unfallopfer erlebt. Ich deute dieses Erlebnis als eine Art Tod. Medizinisch gesehen war der Unfall nicht gravierend. Aber damals bin ich in einem metaphorischen Sinn gestorben. So hat es sich angefühlt, die Selbstauflösung, der Sturz und dann das Schweben im reinen Glück. Seitdem habe ich ein anderes Bild vom Sterben. Ich stelle es mir genau so oder doch so ähnlich vor, als einen Durchbruch in eine andere Sphäre. Ich räume ein, solche Erfahrungen haben in der Regel wenig Überzeugungskraft für andere. Mich allerdings hat es wie eine Offenbarung geprägt. Ich altere also weiter vor mich hin, mal ängstlich, mal belustigt, mal frustriert, aber im Ganzen gelassen und im Innersten überzeugt davon, dass das bevorstehende Ende ein neuer Anfang ist.

Ezzelino von Wedel wurde 1946 geboren, wuchs in einem fränkischen Dorf auf, verbrachte seine Schuljahre in Holland, Italien und England und arbeitete zunächst als Übersetzer und Sozialarbeiter. Danach studierte er Evangelische Theologie in Hamburg und war dort von 1978–1982 Pfarrer. 1982 wechselte er von der Kanzel ins Studio und betätigte sich bis 2004 als Leiter der Kirchenfunkredaktion von Radio Bremen. Er veröffentlichte zahlreiche Artikel, Sendungen, Interviews und Reportagen, u. a. im ZEIT-Magazin und im »Kursbuch«. Als faszinierter Beobachter des Alterns vertritt Ezzelino von Wedel die These, dass die Zeit eine fast perfekte Illusion ist, hinter der sich die Ewigkeit verbirgt.

»Ehe der silberne Strick zerreißt und die goldene Schale zerbricht«: was dem Alterspessimismus des Predigers Salomo entgegenzusetzen wäre

von Oda-Gebbine Holze-Stäblein

Es war der pure Zufall. Beim Blättern in der kleinen Schrift des Predigers Salomo, im Alten Testament zwischen den Sprüchen und dem Hohen Lied zu finden, blieb mein Blick an diesen Zeilen hängen: »... ehe der silberne Strick zerreißt und die goldene Schale zerbricht ...« Was für schöne, poetische Worte, dachte ich – und zugleich wunderte ich mich. Wie kann ein silberner Strick zerreißen und eine goldene Schale zerbrechen? Gold und Silber sind doch von Dauer! Neugierig geworden, las ich das ganze Kapitel zwölf beim Prediger Salomo. »Freue dich, Jüngling, in deiner Jugend«, beginnt es, »und lass dein Herz guter Dinge sein in deinen jungen Tagen ... ehe die bösen Tage kommen und die Jahre sich nahen, da du wirst sagen: Sie gefallen mir nicht.« Und dann schildert der Prediger Salomo, was in diesen Jahren auf den Menschen wartet:

....

Wenn die Hüter des Hauses zittern und die Starken sich krümmen und müßig stehen die Müllerinnen, weil es so wenige geworden sind; wenn finster werden, die durch die Fenster sehen; wenn die Türen an der Gasse sich schließen, dass die Stimme der Mühle leiser wird, und wenn sie sich hebt, wie ein Vogel singt; wenn man vor Höhen sich fürchtet und sich ängstigt auf dem Weg, wenn der Mandelbaum blüht ... und die Kaper aufbricht; ehe der silberne Strick zerreißt und die goldene Schale zerbricht; der Eimer zerschellt an der Quelle, das Rad zerbrochen in den Brunnen fällt.
Der Staub muss wieder zur Erde kommen, wie er gewesen ist, und der Geist wieder zu Gott, von dem er genommen ist.
Es ist alles ganz eitel, sagt der Prediger, ganz eitel.

Ein rätselhafter Text! Ich musste mich erst in Kommentaren schlau machen, um zu verstehen, wovon hier die Rede ist. Was so poetisch klingt, das ist in Wahrheit gar nicht poetisch: Es ist eine Schilderung der Gebrechen des Alters. Der Prediger trauert der verlorenen Jugend nach und beschreibt in verschlüsselter Form das zerbrechende Gehäuse des Leibes und des Lebens.

Die zitternden Hüter des Hauses und die gekrümmten Starken sind die zittrig gewordenen Hände und die krumm gewordenen Beine. Die wenigen Müllerinnen, die müßig stehen, sind die wenigen Zähne im Mund, die keine feste Kost mehr kauen können. Die finster durch die Fenster sehen, das sind die schwachen Augen. Die Türen an der Gasse, die sich schließen: die taub gewordenen Ohren. Die leiser und höher werdende Stimme der Mühle: Das ist die eigene Stimme, dünn und brüchig.

Der alte Mensch ist unsicher auf den Beinen. Jeder Schritt ängstigt ihn. Weiß wie der blühende Mandelbaum ist das Haupthaar, und die aufbrechende Kaper steht für die verschwundene sexuelle Potenz. Der silberne Strick, die goldene Schale: Auch das Schöne, auch Geld und Gut halten und sichern das Leben nicht mehr. Nichts kann verhindern, dass es zerrinnt wie Wasser aus einem zerschellten Eimer; dass ich aus der sprudelnden Quelle des Lebens nicht mehr schöpfen kann. Mein Lebensrad zerbricht und stürzt in den »tiefen Brunnen der Vergangenheit«. Es geht verloren im Abgrund der Zeit. Der Mensch ist Staub. Letztlich ist alles nichtig. Darum – so der Prediger – freue dich an deiner Jugend, denn nur in ihr macht das Leben Freude.

Ein unglaublicher Text! Er muss schon damals als so anstößig empfunden worden sein, dass der Prediger Salomo Verschlüsselungen zur Hilfe nahm, um diese makabre Litanei ein wenig abzumildern. Dennoch bleibt ihre Aussage bestehen. Alt sein heißt, es geht alles gegen Null. Altsein ist die Erfahrung von Defizit, Defekt und am Ende vielleicht gar Demenz. Kein Wunder, dass sich damals wie heute die Menschen davor gefürchtet haben, diesem Alter ins Gesicht zu sehen. Wozu leben, wenn am Ende nur die Rückkehr zum Staub steht; wenn Gott am Ende den Geist des Menschen wieder einvernimmt, als wäre nichts gewesen.

Ist das die ganze Wahrheit über das Alter, die Wahrheit gar über das Leben?

Kürzlich habe ich beim Stöbern in meinen Fotoalben ein altes Schwarz-Weiß-Foto wiederentdeckt, das aus den fünfziger Jahren stammt: Eine Frau sitzt in einem Korbsessel neben einem runden Tisch auf einer mit einer Steinmauer eingefassten Terrasse. Hinter ihr eine Hauswand mit geöffneten Fensterläden, dahinter ein Garten. Die noch winterkahlen Zweige einer Eiche ragen hinter der Hauswand in den Garten. Es ist ein sonniger Vorfrühlingstag, vielleicht Ostern, denn auf dem Tisch steht neben einer Vase mit Zweigen eine Schale mit bemalten Eiern.

Die Frau im Korbsessel ist sicher über achtzig Jahre alt. Zwei Krückstöcke lehnen neben ihr. Sie trägt ein schwarzes Kostüm, das an den Ärmeln und an den Jackentaschen mit Biesen verziert ist; darunter eine hochgeschlossene schwarze Bluse. Ein Anhänger ziert den Ausschnitt und über dem linken Ärmel trägt sie eine zierliche Armbanduhr. Das Weiß ihrer sorgfältig frisierten Haare verschmilzt mit dem hellen Himmel. Sonne fällt auf das Gesicht, aber die Augen und der Mund liegen im Schatten. Sie schaut ernst, aber auch etwas streng und bestimmend in die Kamera. Auffallend groß wirken ihre Hände, die sie im Schoß übereinandergelegt hat. Man sieht den Fingern an, dass sie von der Gicht gekrümmt sind. Dennoch vermitteln sie den Eindruck von Kraft.

Die Frau auf dem Foto, das ist Omi. Für mich verkörpert sie die andere Wahrheit über das Alter. Ich nenne sie Omi, aber sie ist nicht meine leibliche Großmutter. Im Jahre 1947 kam ich als Vierjährige auf einen großen Gutshof im Westfälischen. Meine Familie war durch den Krieg auseinander gerissen, es gab keine gemeinsame Bleibe für uns. Wir sechs Kinder wurden bei Verwandten und Freunden untergebracht oder auch fremden Menschen wie Kuckuckseier ins Nest gelegt. So kam ich als Flüchtlingskind auf diesen Hof.

Ich war gut versorgt; wahrscheinlich besser als die Geschwister. Die Natur war herrlich. Heute kaum zu glauben: Wiesen und Bäche mit Fröschen, ein riesiger Garten, ein Teich zum Spielen und Dämmebauen und vor allem: ein gemütlicher, warmer Pferdestall. Im Winter gab es dicken Schnee und furchterregende Gewitter im Sommer. Eigentlich war es ein Paradies.

Aber ich war eine Last, und das spürte ich; immer im Weg auf einem so großen Hof. Was mir fehlte, das waren die Menschen, die mir vertraut waren. Mitten in diesem Nachkriegsparadies war ich einsam und todunglücklich. Wahrscheinlich war ich ein schweigsames, schwieriges Kind.

Doch ein Lichtblick war da: Omi. Sie muss gespürt haben, wie es diesem Kuckucksei im fremden Nest ging, diesem hergewehten Flüchtlingskind. Und sie nahm sich meiner an. Ihr Zimmer lag in dem großen Gutshaus am Ende eines langen Ganges. Wenn ich ihr Zimmer betrat, dann war ich in einer anderen Welt. Da stand ein großer dunkler Schreibtisch mit einer ledernen Schreibunterlage. Hier schrieb sie mit ihrer feinen Schrift ihre Briefe. Es gab einen Eckschrank und ein Klavier, und hinter einem Vorhang standen ihr Bett und die Waschkommode. Sie war immer schwarz gekleidet, immer »akkurat«. Das war ein Lieblingswort von ihr. Sie ging am Stock, später, nach einem Sturz, an zwei Stöcken. Man hörte sie von weitem kommen.

Sie lebte aber keineswegs nur in ihrem Zimmer. Sie kochte auch das Essen für die Familie, für die Knechte und Mägde. Mit ihren gichtigen Fingern schälte sie die Kartoffeln, und die Schale ringelte sich in einem Stück in die Schüssel auf ihrem Schoß, so dünn, dass man durch sie Zeitung hätte lesen können. Omi war keine abgeschobene Altenteilerin. Sie war nicht irgendwie beschäftigt, um sich nicht nutzlos zu fühlen. Im Arbeitsablauf dieses Gutshofes hatte sie ihren festen Platz. Man zählte auf sie, und auf verborgene Weise regierte sie, immer noch. Sie war die Besitzerin des Hauses und hatte sich auch im hohen Alter die Würde der Herrin bewahrt. An ihrer etwas herrischen Tochter konnte man sehen, wie sie früher vielleicht gewesen war. Das Alter hatte Omi weichere Züge verliehen, hatte sie gütiger gemacht. Und sie als Einzige auf dem großen Hof spürte, dass dieses Flüchtlingskind mehr brauchte als Essen und Kleidung und ein Bett. So fand ich bei ihr, was ich brauchte: Zeit, Geduld, mit Strenge gepaarte Güte, Angenommensein.

Sie brachte mir die ersten Akkorde auf dem Klavier bei, das sie wegen ihrer Gichtfinger nicht mehr spielen konnte. Sie hörte sich geduldig mein Blockflötengetute an. Sie war nachsichtig, wenn mein Häkelstück immer grauer wurde und nicht gelingen wollte, und erlaubte mir, es wegzulegen. Mit ihren gichtigen Fingern umhäkelte sie Taschentücher mit feiner Spitze und brachte auch mir später manche feinere Handarbeit bei. Und manchmal ging sie an den Eckschrank und holte Grimms Märchen heraus oder den Band mit den Balladen und las mir mit ihrem westfälischen R die Ballade von dem Pferd vor, das von Hornissen tot gestochen wurde. Bei Omi lernte ich »Harre meine Seele« und andere Choräle. Sie schickte mich am Sonntagmorgen zum Kindergottesdienst in die einige Fußkilometer entfernte kleine evangelische Kirche.

Ich wusste, dass sie sehr alt war. Ich sah es an ihren weißen Haaren, ihrem Gang, ihrer welken Haut und an der großen Lupe auf dem Schreibtisch. Ihre schwarzen Kleider waren die Tracht ihres Alters, gewissermaßen ihre »Amtskleidung«. Sie standen ihr zu und machten einen Teil ihrer Würde aus. Ich wäre nie auf den Gedanken gekommen, sie freudlos zu finden. Ich achtete und liebte sie. In der Fremde war sie mein Zuhause.

Sie arbeitete nicht nur und saß nicht nur in ihrem Zimmer. Sie verreiste gelegentlich, machte auch Kuren. Sie war eine wohlhabende Frau, die aus einer anderen Zeit kam und doch ihren Platz in dieser Zeit gefunden hatte. Sie hatte das Recht, anders, eben alt zu sein und büßte doch nichts von ihrer Würde ein. Mir gab sie Liebe, hatte Zeit für mich. Sie war nicht zärtlich zu mir, und ich war nicht ihr Enkelkind. Aber sie ließ mich spüren, dass ich ihr wichtig war.

Was der Prediger Salomo über das Alter schreibt, ist wahr. Niemand kann bestreiten, dass dies alles zum Alter dazu gehört. Es ist unsere vergängliche Kreatürlichkeit. Ich bin sicher: Omi hat mit dieser Seite des Alters wahrlich ihre Last gehabt. Aber es ist nicht das Bestimmende gewesen, weder für sie noch für mich. Sie hat mit abnehmender Körperkraft, aber in der wachsenden Weisheit und Güte des Alters auf dem großen Gutshof und im Leben eines hergelaufenen Kindes eine wichtige, ja entscheidende Rolle gespielt. Sie war für mich das Urbild des alten Menschen schlechthin, hat mein Bild vom Altsein unverlierbar geprägt. Zu diesem Bild gehört: das Altsein annehmen und mit Würde leben. Sich von den Jüngeren unterscheiden wollen und dürfen. Nicht so tun, als wäre man nicht alt. Damit aber auch dem Alter ein neues Gesicht geben. Und diese verdammte Verschämtheit loswerden, als wäre das Alter eine Krankheit.

Dann: einen Platz finden, den man ausfüllen kann, und Menschen suchen, für die man etwas sein und tun kann. Wie viele Kinder, deren Eltern durch ihre Berufe überlastet sind, könnten alte Menschen, könnten Pflegegroßeltern brauchen, die sie an die Hand nehmen und ins Leben einführen! Die Psychologen behaupten, dass das Urvertrauen im ersten Lebensjahr entstehen muss, damit ein Kind zu einem liebesfähigen Menschen wird. Das ist sicher richtig, doch der Mensch ist sein ganzes Leben über lernfähig. Ein heimatloses Kind kann sich auch aus der Liebe eines alten Menschen die emotionale Unterfütterung für sein Leben holen, die es braucht. Vielleicht nicht Urvertrauen, aber ein stabiles »Erst-Vertrauen« kann nachgelernt werden.

Man widerspricht der Bibel nur ungern. Aber der Alterspessimismus des Predigers und seine Glorifizierung der Jugend sind nicht der Altersweisheit letzter Schluss. Wir sind nicht dazu geboren, die eigene Befindlichkeit als junge oder alte Menschen zu kultivieren. Es liegt Segen auf einem Leben, das sich selbst loslässt und dem anderen zuwendet. Wer das kann, der muss sich nicht selber nach den großen »Ds« beurteilen: Defizit, Defekt, Demenz. Es gibt anderes, das zählt: Liebe, Geduld, Güte.

Ein paar Wünsche habe ich für das Alter: Ich möchte einige Menschen um mich haben, die mir etwas bedeuten – und ich ihnen. Ich brauche einige echte Aufgaben und ein so gutes Gedächtnis, dass ich nicht vergesse, woran ich glaube. Und vielleicht auch einen Apfelbaum. Nicht Luthers Dennoch-Bäumchen gegen den Weltuntergang. Es ist ein alter Traum von mir: Ich sitze unter einem knorrigen, alten Apfelbaum und lese Kindern vor oder erzähle ihnen Geschichten. Dann sind hoffentlich die Augen noch so gut, dass sie sehen, was der Prediger Salomo auch noch gesagt hat: »Es ist das Licht süß und den Augen lieblich, die Sonne zu sehen. Wenn ein Mensch viele Jahre lebt, sei er fröhlich in ihnen allen.« Das gefällt mir besser als der silberne Strick und die goldene Schale, trotz aller Poesie.

Oda-Gebbine Holze-Stäblein wurde 1942 in Magdeburg geboren. Sie studierte u. a. in Marburg, Heidelberg und Chicago Theologie. 1972 übernahm sie ihre erste Pfarrstelle in Stade. Vier Jahre später arbeitete sie als Dozentin für Vikare am Religionspädagogischen Institut in Loccum. Von 1981 bis 1999 war sie Pastorin in Hannover, u. a. an der Marktkirche. Danach war sie Superintendentin des Kirchenkreises Burgdorf, und seit 2001 ist sie Landessuperintendentin (Regionalbischöfin) für den Sprengel Ostfriesland mit Sitz in Aurich. Oda-Gebbine Holze-Stäblein war langjährige Sprecherin des »Wortes zum Sonntag« in der ARD.

Alle Jahre wieder …
von Renate Kirsch

»Warum sind denn immer noch sechs Türchen am Adventskalender zu?«, stöhnt unser Enkel. »Heute ist der vierte Advent, da muss doch gleich danach Weihnachten sein!« Im Stillen denke ich: Wie gut, du hast noch ein paar Tage Zeit, all das vorzubereiten, was immer üblich war in unserer Familie, vierzig Jahre oder mehr. Von A wie roter Apfel am Christbaum bis Z wie Zimtstern auf den Plätzchentellern. Ob das immer so bleiben muss, sei dahingestellt.

Als wir gemeinsam die Äpfel polieren und Fäden daran binden, bittet mich Max, doch mal von früher zu erzählen, wie Weihnachten war, als ich, seine Großmutter, so alt war wie er heute. Das ist lange her. Weihnachten 1945, vor sechzig Jahren.

Langsam hatten wir Kinder den Sommer über damals wieder die leisen Töne entdeckt. Unsere Ohren hörten nun Bienensummen, Vogelgezwitscher und im Herbst das Rascheln der welken Blätter unter unseren Füßen. Kein Flugzeugbrummen mehr, kein Sirenengetöse, kein Bombenkrachen. Darum konnten wir nun auch hören, wie wundersam an Weihnachten die Christbaumkerzen knackten und knisterten. Geheimnisvoll, so, wie später nie wieder. Die sieben Kerzen, die die Eltern schließlich aus Wachsresten, von überallher zusammengesammelt, selbst gegossen hatten, waren undefinierbar in ihrem Farbton. Aber sie leuchteten auf dem ersten Nachkriegsbäumchen in der Zweizimmerwohnung und versprühten – den späteren Wunderkerzen gleich – immerzu geheimnisvolle Staubpartikel in den Raum. Sie brannten schnell herunter, doch sie reichten gerade, alle die Weihnachtslieder miteinander zu singen, die wir im Kopf hatten.

Für die Bescherung brauchten wir kaum noch Kerzenschein. Die fiel an diesem Heiligabend ganz sparsam aus. Dennoch: Es war ein wunderbares Weihnachtsfest. Denn *Friede auf Erden und den Menschen ein Wohlgefallen,* diese Botschaft sangen die Engel ja für uns, ganz besonders für uns Kinder. Wir kannten bislang doch nur den Krieg. Nun wurde uns richtiger Friede versprochen. *Denn euch ist heute der Heiland geboren.* Da werden die Menschen keinen Bombenalarm mehr machen. Nie mehr. Dachten wir damals.

Dann wurde ich älter. Ich sehe mich noch ein paar Jahre später am Heiligabend als Kind mit straff geflochtenen Zöpfen vor dem Tannenbaum stehen. Der strahlt mittlerweile wieder im Licht vieler, vieler Kerzen. Das Kind sagt der versammelten Familie die Weihnachtsgeschichte auf. Auswendig. *Es begab sich aber zu der Zeit ...* Das Kind hat lange geübt, bis es die Geschichte von der Geburt Jesu fehlerfrei im Kopf hat. Es wollte nicht ein Gedicht aufsagen, wie es in der Schule zu Weihnachten üblich war, wollte nicht »von draußen vom Walde« her kommen, es wollte die Weihnachtsgeschichte aus der Bibel ins Wohnzimmer holen. Die Familie hört gespannt zu. »Ich will es richtig machen«, denkt das Kind, »nichts falsch sagen.« Bisher ist alles gut gegangen. Maria und Josef sind schon im Stall angekommen: *Und sie gebar ihren ersten Sohn und wickelte ihn in Windeln und legte ihn in eine Krippe.* Da liegt er einstweilen gut, denkt das Kind beruhigt. Denn nun heißt es, sich um die Hirten zu kümmern und die Botschaft der Engel laut und fehlerfrei zu verkünden.

Das Wort von der großen Freude zwischen Himmel und Erde nimmt alle Anspannung weg. Es ist noch heller geworden im Zimmer, wärmer, schöner. Alle spüren das und dem Kind ist nicht mehr bange. Es kann die Hirten nun fröhlich in den Stall begleiten *und sie fanden beide, Maria und Josef, dazu das Kind in der Krippe liegen.* Die Geschichte geht aufs Ende zu – schade –, aber die Hirten müssen ja hinausgehen und *das Wort ausbreiten, das zu ihnen von diesem Kinde gesagt war.* Und alle Welt wird sich darüber wundern. Die Familie im Weihnachtszimmer soll sich auch wundern und soll sich freuen, das möchte das Kind. Darum hat es sich so viel Mühe gegeben. Nun fehlt nur noch der letzte Satz, der mit Maria. Den mag das Kind besonders gern: *Maria aber behielt alle diese Worte und bewegte sie in ihrem Herzen.* Genau wie ich, denkt das Kind, Maria und ich, wir vergessen nichts von dem, was wir gehört und gesehen und gelernt haben!

All die Jahre wieder hat es die Weihnachtsgeschichte erzählt: *Es begab sich aber zu der Zeit* ... Und so, wie Maria ihr Leben lang nicht mehr davon loskam, was in Bethlehem mit ihr und der Welt geschehen ist, so ist's auch dem Kind, so ist es mir gegangen.

»Kannst du die Weihnachtsgeschichte immer noch auswendig?«, will Max wissen. »Ja«, sage ich, »denn das ist eine von meinen Lieblingsgeschichten, daran habe ich mein ganzes Leben lang Freude gehabt. Und wenn ich traurig bin, dann sage ich sie mir auch schon mal mitten im Sommer auf.« »Und dann bist du nicht mehr traurig?« »Na ja, dann geht's mir bestimmt ein bisschen besser. Und wenn ich dann noch ›Jauchzet, frohlocket‹ aus Bachs ›Weihnachtsoratorium‹ höre, dann geht es mir ganz gut.« »Bach«, sagt Max versonnen, »Bach ist das Höchste!« Ob er diese Meinung sein Leben lang beibehalten wird? Ich würde es ihm gönnen und möchte ihm dabei helfen, soweit es in meinen Kräften steht.

Plätzchenbacken muss sein zu Weihnachten! Während Max Herzen und Sterne aussticht, knete ich den Teig für das sogenannte Belgrader Brot, unsere »politischen« Plätzchen nach altem Familienrezept. Ich habe mit diesem Gebäck von klein auf eine Menge gelernt über politische Zusammenhänge, über Ost und West. Und das kam so:

Von meiner Urgroßmutter nur handschriftlich überliefert, wurde und wird das Belgrader Brot bei uns alle Jahre wieder zu Weihnachten gebacken. Vielleicht hat ja – vor mehr als hundertzwanzig Jahren – meine Urgroßtante ihrer Mutter das Plätzchenrezept direkt aus Belgrad mitgebracht, denn damals war diese prächtige Stadt ein beliebtes Reiseziel. Als sich meine Mutter etliche Jahre nach dem Krieg das Rezept aus dem Heft der Ahnin abschrieb (darin wurde Kuchen noch mit Safran und sagenhaften sechzehn Eiern zubereitet!), herrschte Tito in Jugoslawien. Ich lernte von meiner Mutter nicht nur den Teig bereiten, ich hörte auch vom Ostblock, vom Kommunismus und seinen Schrecken. Trauer und Abscheu darüber wurden mit in den Plätzchenteig geknetet und später auch Wut.

Als unsere Tochter anfing, Belgrader Brot zu backen, war die Stadt in Milosevics Hand gefallen. Er und seine Helfer zerbrachen und zerstörten das Land, quälten und mordeten die Menschen. Zehn Jahre lang haben wir von Weihnachtsbäckerei zu Weihnachtsbäckerei gewartet und gehofft, dass wir den Teig endlich würden ohne Tränen kneten können. Aber jedes Jahr brachte neue Schrecken aus Belgrad für die Menschen in Bosnien, im Kosovo ... Dann endlich, zu Weihnachten 2000, haben wir Unmengen Belgrader Brot gebacken und verschenkt aus Freude darüber – oder zumindest in der Hoffnung –, dass es von nun an ein Friedensgebäck werde. Ein Vorgeschmack auf eine Welt, wie sie uns vorschwebt, wie sie an Weihnachten aufscheint und wie Gott sie haben will. Himmelsbrot, das uns zwar immer wieder zerbröseln kann. Aber ich werde nicht müde, es als Hoffnungsgebäck alle Jahre wieder zu backen. Vielleicht wird auch Max bald verstehen, was Politik mit Plätzchenbacken zu tun haben kann.

»Gibt es hier bei euch zu Weihnachten ein Krippenspiel?«, fragt Max, der über Weihnachten zu Besuch ist. »Ich möche dort hingehen!« »Ja, wenn es in der Kirche aufgeführt wird, in einem Gottesdienst.« Es soll nicht in die weihnachtliche Märchenkiste rutschen: Frau Holle, Hänsel und Gretel und nun das Christkind im Stall von Bethlehem.

Ich muss dabei an den kleinen Sven denken, der damals gerade so alt war wie Max heute, sechs oder sieben. Der wäre an unserem Krippenspiel beinahe verzweifelt. Wie alle Jahre hatten wir den ganzen Dezember über mit großem Eifer geübt und geprobt. Dann kam die Aufführung im Weihnachtsgottesdienst unter großer Anteilnahme der Gemeinde – Kinder, Eltern, Großeltern. Als das Spiel vorbei war, das letzte Lied gesungen und der Pfarrer seinen Segen dazu gegeben hatte, stürmte Sven in den Altarraum, direkt auf die Krippe zu. Er riss Heu und Stroh heraus und rief, nein, er schrie es geradezu: »Habe ich mir doch gleich gedacht, gar kein Jesuskind in der Krippe! Die bescheißen einen doch alle mit Weihnachten!« Tränen standen in seinen Augen. Er sah so enttäuscht und traurig aus, dass ich ihn gern in den Arm genommen hätte. Hier hatte uns einer mit unserer Engelbotschaft: *Euch ist heute der Heiland geboren* beim Wort nehmen wollen, wollte zum Jesuskind in der Krippe kommen – und es war nur leeres Stroh darin. Ich hatte den Eindruck, dieser aufgeweckte kleine Junge hatte so etwas wie seinen letzten Versuch machen wollen, ob an der Weihnachtsgeschichte wirklich was dran ist oder ob alles nur ein Glitzermärchen der Erwachsenen ist. Nun wusste er es. Er ließ sich nicht mehr für dumm verkaufen.

Was tun? Ich nahm die große Bibel vom Altar, und während die anderen den Stall von Bethlehem wieder abbauten, wandte ich mich dem kleinen Jungen zu.

»Hier in dem dicken Buch«, sagte ich, »steht das alles besser drin, als wir es gespielt haben. Bald kannst du es selber nachlesen. Und noch viel mehr Geschichten von Jesus stehen darin: Wie er den Menschen von Gott erzählt hat, wie er sie alle lieb hat, ganz besonders die Kinder. Wie die Traurigen wieder fröhlich wurden und die Kranken, denen er begegnete, wieder gesund wurden, das steht alles in der dicken Bibel hier. Irgendwann wirst du auch verstehen, dass es gar nicht wichtig ist, ob wir hier in der Krippe ein Baby drin hatten oder nicht. Wer hätte uns denn wohl seins geliehen?« Sven durfte nun probieren, wie schwer die Altarbibel ist. »Ungefähr so schwer«, sagte ich, »war Jesus, als er geboren wurde.« Und dann hat Sven die Bibel am Altar vorbei in die Sakristei getragen. Ganz vorsichtig, als hätte er das Jesuskind auf den Armen. Das hat ihn sichtlich getröstet.

Max dreht gern am Globus und guckt sich die Welt an. »Ist eigentlich überall auf der Welt Weihnachten? Bei den Eskimos oder in Amerika oder in Afrika?« »Überall auf der Welt – rund um den Globus – gibt es Menschen«, sage ich, »die Weihnachten feiern. In manchen Ländern ganz viele, in anderen gibt es nur wenige, die Christen sind und die Geschichten von Jesus kennen.«

In Afrika habe ich einmal etwas Schönes erlebt. Das war in Tansania bei den Makonde. Das sind schwarze Menschen, die wundervoll schnitzen können. Sie nehmen dazu schwarzes Holz, Ebenholz. Die Makonde sind berühmt für ihre Schnitzereien. Manche schnitzen Giraffen, andere Elefanten, und einen traf ich, der schnitzte nur Weihnachtskrippen. Er war gerade dabei, den Stern aus etwas hellerem Holz zu schnitzen. »Der

Stall von Bethlehem«, sage ich zu ihm. »Gefällt er dir?« fragt er. »Ich habe noch mehr davon hinten in meiner Werkstatt.« Wie gut, denke ich, dass die Krippe aus Ebenholz ist. In Afrika muss sie schwarz sein. Und laut sage ich: »Ich war schon mal in Bethlehem.« Ungläubig schaut er mich an und schüttelt den Kopf. Dann zeigt er auf seine Krippe. »In Bethlehem?«

Da geht mir endlich auf, dass für ihn Bethlehem nur der geschnitzte Stall ist mit Jesus, Maria und Josef und dem Stern, aber es ist kein Ort auf der Landkarte, wo man hinfahren kann, ein Dorf, das es wirklich gibt. Und den Stall von Bethlehem? Nein, den habe ich nicht gesehen. Aber Menschen, die wie er die Krippe in Holz geschnitzt haben. Nun ist sein Staunen grenzenlos. In Bethlehem leben Menschen – Palästinenser schiebe ich schnell noch ein –, die schnitzen wie er hier in Afrika Krippen! Sind es Schwarze? Und das Holz, ist es Ebenholz wie hier? Nein, die Leute von Bethlehem sind Weiße, erkläre ich, aber nicht so bleich wie die Deutschen, und zum Schnitzen nehmen sie Olivenholz, Holz vom Ölbaum. Das ist hellbraun. In der Bibel wird oft vom Ölbaum erzählt, will ich noch ausführen, aber er kann gar nicht mehr zuhören. Es wird ihm fast zu viel: Bethlehem gibt es wirklich und da leben Menschen, die tun dasselbe wie er, die schnitzen Krippen. Das ist so erstaunlich, das genügt ihm für heute. »Wenn du wiederkommst, bring mir eine geschnitzte Krippe aus Bethlehem mit«, ruft er mir noch zum Abschied nach.

»Und«, fragt Enkel Max, »hast du ihm schon eine hingebracht?« »Leider nein, ich war seitdem nicht mehr in Afrika. Und nach Bethlehem kann ich zur Zeit auch nicht so einfach fahren. Aber das ist eine andere Geschichte.«

Beim guten alten Fontane findet sich ein Gedicht, es heißt »Weihnachten«, das genau das meint, was mir mit zunehmendem Alter am Weihnachtsfest immer wichtiger wird:

Noch einmal ein Weihnachtsfest,
immer kleiner wird der Rest,
aber nehm' ich so die Summe,
alles Grade, alles Krumme,
alles Falsche, alles Rechte –
rechnet sich aus all dem Braus
doch ein richtig Leben heraus.
Und dies können ist das Beste
wohl bei diesem Weihnachtsfeste.

»Immer kleiner wird der Rest« – das soll mich aber nicht verdrießen, sondern dankbar machen, für das was war, und neugierig auf das, was noch kommt.

»Weißt du was? Es ist gar nicht so schlimm«, meint auch Max, »dass immer noch nicht alle Türchen am Adventskalender offen sind. Da kannst du mir bis Heiligabend doch noch viele Geschichten von Weihnachten erzählen.« Recht hast du, denke ich, und wir haben beide unsere Freude daran. Und doch frage ich mich: Ist Weihnachten nun, je älter man wird, nur noch ein Fest für alte Geschichten? Oder auch für immer wieder neue? Wohl beides – schließlich hat alles mit einer mittlerweile sehr alten Geschichte angefangen, die allerdings alle Jahre wieder für mich unfassbar neu und strahlend wird.

Renate Kirsch wurde 1937 in Duisburg geboren, ist verheiratet und hat drei längst erwachsene Kinder. Sie studierte in Münster und Göttingen Evangelische Theologie und Germanistik und war nach langer Familienpause 18 Jahre lang im Schuldienst tätig.

Seit 1988 ist sie in kirchlichem Auftrag bei verschiedenen Rundfunksendern zu hören, drei Jahre lang war sie auch zu sehen: als Sprecherin beim Wort zum Sonntag. Daneben ist sie in der Erwachsenenbildung (Weltgebetstag) tätig. Renate Kirsch lebt mit ihrem Mann, einem pensionierten Gemeindepfarrer, in Oberbayern, genießt die Alpen und ihren großen Blumengarten.

Die Jungen sollen Visionen haben und die Alten Träume träumen

von Jörg Machel

Mit der Geburt unserer Tochter habe ich Ruven neu und anders kennen gelernt. Er hat sich sichtbar gefreut, als er von unserem Elternglück erfuhr. Und schon als Baby erwiderte unsere kleine Clara seine Freundlichkeit, seinen Tonfall mochte sie, und wenn er ihr Lieder vorsang, dann strahlte sie über das ganze Gesicht.

Wenn Ruven heute bei Clara auf dem Sofa sitzt, ihr auf seiner Mundharmonika vorspielt, sie ausfragt und selbst aus seinem Leben erzählt, dann wirken die zwei schon nach kurzer Zeit wie alte Freunde, obwohl sie sich gar nicht so häufig sehen. Die beiden sind durch fast sieben Jahrzehnte Lebenszeit getrennt und scheinen einander doch so nahe zu sein, dass ich mich fühle, als schaute ich von einem anderen Stern herüber. Clara ist fast acht und Ruven ist Mitte siebzig. Ich gehöre zur Arbeitswelt, in die Welt der Geschäftigkeit, mein Tag ist durchgeplant. Die Muße und Gelassenheit gehört ihnen, dem Kind und dem alten Mann. Ich achte zwar sehr darauf, dass da auch Zeit für die Tochter ist. Wir spielen gern miteinander, gehen schwimmen, oft auch spazieren, doch diese Momente der Ruhe sind selten. Oft steht ein Telefon zwischen uns, das Klingeln von Besuchern, der kleine Kampf um Absprachen und Pflichten.

Kinderwelt und Erwachsenenwelt sind zwei Paar Stiefel. Das wissen wir und werden immer wieder daran erinnert. Mit Clara und Ruven ist das anders. Sie steht am Anfang des Lebens und Ruven geht mit deutlichen Schritten auf das Ende zu. In ihrem Zeitbegriff aber scheinen sie einander trotzdem nahe zu sein. Es ist eine besondere Kumpanei zwischen den beiden zu spüren. Sind sie zusammen, so schauen sie gern etwas verschmitzt zu mir und meiner Welt herüber, und sie scheinen sich darin einig, dass das die wahre Welt nicht ist.

Sie blicken drein, als verstünden sie mehr von den Dingen als ich. Ein Bibelwort klingt mir im Ohr, wenn ich die Zwei über die Welt philosophieren höre: »Die Jungen sollen Gesichte sehen und die Alten sollen Träume haben!« (Joel 3,1) Wir dazwischen erledigen unsere Aufgaben.

Clara und Ruven sind jedenfalls nicht böse, wenn ich mich zurückziehe an den Schreibtisch oder zu einem Termin, der nur mir allein unglaublich wichtig scheint. Ruven ist ein Virtuose auf der Mundharmonika. Er kennt unzählige Weisen. Muntere und traurige, vertraute und ganz fremd klingende Lieder. Zwei, drei hebräische Melodien kennt Clara aus dem Kindergottesdienst. Die hört sie besonders gern.

Das eine oder andere Wort singt sie hinein in die vertrauten Klänge, und Ruven nickt ihr zu und macht ihr Mut, es weiter zu versuchen. Sie lernt jetzt Flöte spielen. Ob Ruven wohl den Anstoß gab? Ich weiß es nicht, aber es könnte so sein. Zu vielen Fragen jedenfalls gab Ruven den Anstoß. Warum viele Leute seinen Namen so verschieden aussprechen, will sie zum Beispiel von ihm wissen. Die einen sagen Reuven, manche nennen ihn Ruben und wieder andere trennen in Re-uben.

Ruven erzählt Clara, dass er Jude sei und dass sein Name aus dem Hebräischen komme. Ruven war in vielen Ländern zuhause und überall hat man seinen Namen anders ausgesprochen. Schnell werden sie sich einig, worauf es wirklich ankommt: dass ein Name mit Freundlichkeit ausgesprochen wird und mit Achtung. Dann freut man sich, gerufen zu werden, selbst wenn die Aussprache auch noch so ungewohnt ist. Der Lebensweg von Ruven ist verwirrend für das Kind. Von vielen Weltgegenden ist die Rede, wenn Ruven aus seinem Leben erzählt. Geboren wurde Ruven im Norden Rumäniens, in einem kleinen Schtetl. Die Geschichten aus dieser Zeit liebt Clara ganz besonders. Da ging es zu wie in Cardemomme, in ihrem Kinderbuch, so findet sie. Ruven hatte einen schrecklichen Lehrer. Der war streng, wollte alles kontrollieren, ließ den Kindern nur wenig Freiheiten. Mit genüsslichem Schauder will sie immer wieder hören, wie Ruven von ihm für sein Geigenspiel bestraft wurde und wie er es dennoch schaffte, das Instrument zu lernen.

Clara erfährt, dass es sein altes Schtetl so nicht mehr gibt. Die Menschen wurden vertrieben, viele starben, und die, die überlebten, verstreuten sich in alle Winde. Durch die Erzählungen von Ruven lernt Clara unsere Geschichte kennen: die jüdische und die deutsche. Gern erzählt ihr Ruven von den guten Menschen, die ihm in diesen Schreckensjahren begegnet sind.

Da ist zum Beispiel die Geschichte von dem rumänischen Bahnhofsvorsteher, der seinem Vater das Leben gerettet hat. Dafür wird Ruven ihm sein Leben lang dankbar sein. Das war zu einer Zeit, als die Stimmung zwischen Rumänen und Juden sehr gespannt war. Die Rumänen hielten die Juden für Vaterlandsverräter, und der kleinste Anlass genügte, um ein Pogrom auszulösen. Es war an einer Bahnstation, da hatte sich ein rumänischer Soldat ausgerechnet den Vater von Ruven zum Opfer ausgewählt. Der Soldat provozierte den Vater so lange, bis der sich wehrte, und schon war die Waffe auf ihn gerichtet und die Katastrophe schien unausweichlich. Da begann der kleine Ruven aus Angst um seinen Vater so markerschütternd zu schreien, dass der Bahnhofsvorsteher angelaufen kam. Der begriff sofort, was los war, und wies den Soldaten zurecht. Hier auf seinem Bahnhof habe er die Befehlsgewalt und alle Fahrgäste stünden unter seinem persönlichen Schutz, so brüllte er den Soldaten an. Wenn er sein Gewehr nicht sofort herunter nähme, dann würde er ihn vor das Kriegsgericht bringen. Da bekam es der Soldat mit der Angst zu tun und verschwand mit leisem Fluchen. Der Bahnhofsvorsteher sorgte noch dafür, dass Vater und Sohn durch einen befreundeten

Kutscher sicher in ihr Schtetl zurückgebracht wurden. Damals erkannte der kleine Ruven, dass es in jedem Volk Verbrecher und Helden gibt.

Wichtig sind Ruven aber nicht nur Heldengeschichten, vielleicht noch wichtiger sind Geschichten von Leuten, die sich einfach nur ein wenig menschlicher benehmen, als man es von ihnen eigentlich erwartet hätte. So wie in Ruvens Geschichte von dem armen Chassiden, der auf die Frage, warum er eigentlich in all seiner Not und Armut immer noch so lustig sei, antwortete: »Weil es immer noch schlimmer sein könnte.« Schlimmer hätte es auch für die Familie von Ruven kommen können, als deutsche Soldaten in ihrem Schtetl einquartiert wurden. Seine Familie musste einen Feldwebel und einen Gefreiten aufnehmen. Sie hießen Willi und Gerd. Die beiden waren anständige Menschen, so erinnert er sich, und mit Willi hat sich der kleine Ruven sogar etwas angefreundet. Er hat Ruben sogar beschützt, als rumänische Kinder ihn als Juden verspotteten.

Doch aus seinen Erzählungen muss die kleine Clara auch erfahren, wie böse Menschen sein können. Sie wird mit ihm zornig, wenn Ruven erzählt, wie junge deutsche Soldaten seinem alten Großvater einfach so zum Schabernack den langen weißen Bart abschnitten und ihn demütigten. Wichtig aber ist es Ruven, immer auch von dem Leid der Menschen in Deutschland zu sprechen. Man versteht gar nichts von der Geschichte, wenn man die Opfer und die Täter fein säuberlich trennen will, sagt er. Alle Menschen wollen eigentlich gute Menschen sein, und alle Menschen sind in der Gefahr, furchtbar böse Dinge zu tun. Die Schuld der anderen sehen wir leicht, über die eigene Schuld sehen wir leicht hinweg.

Um zu zeigen, wie er das meint, hat Ruven Clara die Geschichte von David und Nathan erzählt:

Einmal, da bat der Prophet Nathan den großen König David um Rat. Was soll mit einem Mann geschehen, so fragt er ihn, der selbst eine große Schafherde hat, als er aber einen Gast bewirten soll, da schont er seine eigene Herde und nimmt statt dessen einem armen, rechtlosen Mann dessen einziges Schäflein weg und lässt es für sein Festessen schlachten. Empört fordert David: Der Mann muss hingerichtet werden! Doch statt ihn für seinen Gerechtigkeitssinn zu loben, sagt Natan zu David: Du selbst bist der Mann. Denn David hatte etwas ganz Ähnliches getan: Er hat einem seiner Offiziere die geliebte Ehefrau weggenommen, und als der sich das nicht gefallen lassen wollte, hat er ihn umbringen lassen.

Ruven sagt, dass das eine Geschichte ist, die man sich in seinem Volk seit vielen, vielen Generationen erzählt. Doch es ist eine Geschichte für alle Völker. Wer diesen Satz »Du bist der Mann!« nicht auch auf sich selbst zu beziehen vermag, dem ist nur schwer zu helfen.

Ruven war gerade wieder einmal in Deutschland, als jüdische Siedler im Gazastreifen sich verraten fühlten. Sie baten alle anständigen Menschen um Unterstützung gegen ihre Vertreibung. Vertreibung – das ist psychische Folter, so ließen sie sich von Psychologen bestätigen. Gewaltsamen Widerstand hielten sie deshalb für erlaubt. Diese Leute merkten gar nicht, dass sie in die gleiche Falle getappt sind, die Nathan dem David schon vor dreitausend Jahren gestellt hatte. Diese Männer forderten für sich ein Recht, das sie den Palästinensern seit Jahrzehnten verweigern.

Ruven merkt so etwas sofort, und er kann so davon erzählen, dass es ein Kind versteht. Es ist schön, ihm zuzuhören. Bei Ruven kreuzen sich die wunderbaren Geschichten der Bibel immer wieder mit seiner Lebensgeschichte. Die Grenzen zwischen Vergangenheit und Gegenwart sind bei ihm fließend, nicht nur für Clara. Vielen seiner Zuhörern geht es so, dass sie manchmal einen Propheten in ihm zu erkennen glauben, wenn er erzählt, wenn er tobt, wenn er leidet. Manchmal aber ist es Ruven zu viel, was Leute in ihm sehen wollen. Er fühlt sich nicht besonders groß und dem David eigentlich viel näher als dem Nathan. Aber in der Gegenwart von Kindern spielt das keine Rolle. Kinder mögen seine Geschichten. Sie mögen seinen Gesang. Sie mögen ihn einfach, so wie er ist.

Ruven wohnt mit seiner Frau Warda in Jerusalem, der Stadt Jesu. Das weiß Clara aus ihrer Kinderbibel. Dass Jerusalem auch eine Stadt im Krieg ist, weiß sie inzwischen auch. Sie fragt viel nach Ruven, wenn er wieder daheim ist. Bei jedem Bombenattentat in Israel denkt sie an Ruven und Warda und will wissen, ob ihnen auch nichts passiert sei. Wie können die so etwas tun, wo er den Palästinensern doch helfen will? Sie kann es nicht begreifen und wir können es auch nicht begreifen. Und doch müssen wir Position beziehen, das fordert Clara von uns. Wir sind dankbar, dass wir Ruven an unserer Seite haben, denn vieles, was bei uns hilflos klingt, bekommt Klarheit und Tiefe, wenn er davon spricht.

Eine Geschichte lässt sich Clara von Ruven immer wieder erzählen, so ausdauernd, wie es nur Kinder in diesem Alter einfordern. Es ist die Geschichte, wie Ruven zu seiner Mundharmonika kam. Das war im

Sechs-Tage-Krieg. Ruven war Soldat und wollte sein Land verteidigen. Er hatte Angst vor den Arabern. Es gab arabische Politiker, die prahlten damit, dass sie alle Juden ins Meer treiben würden. Als er in dieser Zeit auf Streife war, sah er allerdings, dass nicht nur er Angst hatte. Noch größer war die Angst der Araber, wenn sie ihn mit seinem Sturmgewehr kommen sahen. Er war immerhin bewaffnet, sie fühlten sich schutzlos.

Da kam er in ein arabisches Dorf und sah zwei Mädchen in einem Garten. Weil Ausgangssperre herrschte, versteckten sie sich vor ihm. Ruven winkte ihnen zu und bot ihnen Orangen an – zum Zeichen, dass sie ihn nicht fürchten müssen. So wagte sich auch der Vater aus dem Haus, und sie begannen zu reden.

Beide waren sie Lehrer und beide wollten sie, dass Araber und Juden endlich Frieden finden, Frieden für sich und für ihre Kinder. Im Gespräch gelang es ihnen, die Furcht voreinander zu überwinden, einander in die Augen zu sehen, einander zuzulächeln und so aus der Spirale der Angst herauszukommen.

Das war seine wichtigste Friedenserfahrung, erzählt Ruven, wie sie es damals geschafft haben, von Feinden zu Freunden zu werden. Als Ruven nach dieser Begegnung weiterziehen wollte, gab ihm eines der Mädchen eine Blume, von der anderen aber bekam er eine Mundharmonika geschenkt. Und Clara versteht Ruven sofort, wenn er heute sagt, dass dieses Instrument für ihn zu einem Werkzeug des Friedens geworden ist.

Vor Palästinensern, vor Deutschen, vor Juden, vor Kindern und vor Alten – vor allen spielt er auf dieser Mundharmonika seine Friedenslieder und bringt die Menschen dazu, mitzusummen, mitzusingen, mitzutanzen. Wenn ich den beiden so zuhöre, habe ich eine

Ahnung, worin die Kunst des Alterns bestehen könnte: Es muss wunderbar sein, mit der Weisheit, die man in einem wechselvollen Leben gewonnen hat, zum Anstifter einer friedlicheren Zukunft zu werden.

Jörg Machel wurde 1952 geboren. Er wuchs in Frankfurt an der Oder auf, begann in Weimar ein Ingenieurstudium, wechselte dann aber zum Theologiestudium an das Sprachenkonvikt in Berlin. Nach dem Studium übersiedelte er in den Westen der Stadt und absolvierte ein Jahr seines Vikariats in Nordindien, Bangladesh und Nepal. Seit 1984 arbeitet er als Gemeindepfarrer in Berlin-Kreuzberg. Jörg Machel ist verheiratet und seit 1997 Vater einer Tochter. Er ist langjähriger Hörfunkautor evangelischer Sendungen.

Hurra, ich bin Großvater
von Norbert Blüm, Königswinter

»Vater werden ist nicht schwer, Vater sein dagegen sehr« – das wusste schon Wilhelm Busch.

Beim Großvater aber erscheint es umgekehrt. Großvater werden ist schwer. Großvater sein dagegen nicht. Um Großvater zu werden, bedarf es zwar der Kinder, aber es steht nicht in Großvaters Macht, ob seine Kinder auch Kinder bekommen. Kinder haben immer Eltern, aber nicht alle Eltern haben Enkel. Die Existenz des Großvaters hängt also am seidenen Faden der Kinderwünsche seiner Kinder. Man wird Großvater ohne eigenes Zutun, was man vom Vaterwerden Gott sei Dank nicht sagen kann. Immerhin: ohne Vater kein

Großvater. Nichts geschieht ohne Ursache. Der Großvater ist eine entfernte Ursache der Enkel.

So viel zu den prekären Bedingungen der Entstehung eines Großvaters. »Jedes Alter hat sein Spielzeug«, behauptet ein altes französisches Sprichwort. Man könnte meinen, Enkel seien das Spielzeug der Alten. Dafür spricht vieles. Man macht sich ein paar schöne Stunden mit den Enkeln, für die schweren sind die Eltern zuständig. Zweimal freut sich der Opa: Einmal, wenn die Enkel kommen, und einmal, wenn sie gehen.

Doch mit dem Spielzeug Enkel ist das so eine Sache. Enkel sind nämlich keine Sachen wie beispielsweise Bauklötzchen oder die Märklin-Eisenbahn. Enkel spielen ihre eigenen Spiele, und dafür sind manchmal sogar Oma und Opa das malträtierte Spielzeug. Wer also spielt mit wem? Beide miteinander: Großeltern mit Enkeln und Enkel mit Großeltern.

»Wenn Ihr nicht werdet wie die Kinder, könnt Ihr nicht ins Reich der Spiele kommen.« Diese Assimilation an die kindliche Spiellust ist für Großeltern bisweilen eine anstrengende Mimikry, die hin und wieder dem Nachhilfeunterricht für Schwererziehbare und Lernfaule gleicht.

Ich habe von meinen Enkeln viel gelernt, zum Beispiel Fragen zu beantworten, die ich mir gar nicht mehr gestellt hatte, weil ich sie allesamt für beantwortet hielt. »Nonno« (so nennen mich die Enkel, was der italienische Name für Großvater ist und mich vor Verwechslung mit dem konkurrierenden Opa schützt), »Nonno« also fragte mich Lili, »warum gibt es Geld?« Mein ganzes Lexikonwissen habe ich ausgekramt: »Tauschmittel«, »Wertaufbewahrungsinstrument« etc.

Wann immer ich triumphierend eine Antwort präsentierte, konterte Lili mit dem nervigen, ewigen: »Warum?«

Je mehr ich redete, umso unverständlicher wurden meine Ausführungen für Lili. Ich habe schließlich kapituliert und heimlich die wildesten Geldtheorien studiert. Selbst bei Karl Marx schaute ich vorbei. »Allgemeine Hure«, der »allgemeine Kuppler der Menschen und Völker« nannte er das Geld. Geld verwandele alles in Ware, und es mache alles kaufbar. Bist du hässlich, kannst du Schönheit kaufen. »Ich – meiner Individualität nach – bin lahm, aber das Geld verschafft mir 24 Füße; ich bin also nicht lahm.« Mit Geld kannst du Ehre, Wissen und Speise kaufen. Es ist »die sichtbare Gottheit der Verwandlung aller menschlichen und natürlichen Eigenschaften in das Gegenteil«, sagt Marx, zu dem ich Zuflucht vor Lilis nie zufriedengestellter Fragerei gesucht hatte. Lili ist mein Sokrates, der mich mit seinen »dummen« Fragen in immer große Verlegenheit bringt, bis ich da lande, wo Lili und Sokrates schon am Anfang waren: »Ich weiß, dass ich nichts weiß.«

Franka fragte mich nach dem Tod von Tante Agathe: »Woher weiß Gott, dass die Seele von Tante Agathe zur Tante Agathe gehört? Fragt er: ›Bist du die Agathe-Seele?‹« Erst lachte ich über diese kindliche Frage. Dann jedoch erkannte ich, dass Franka ein Problem berührt hatte, mit dem sich die Philosophen seit Jahrtausenden herumschlagen. Es ist die Frage nach der Individuation des Menschen. Ist unsere Leiblichkeit belanglos für unsere Identifikation? Was ist das Selbst in unserer Selbsterkenntnis? Lilis und Frankas Fragen sind ein philosophisches Exerzitium. Mit Antworten, mit denen ich meinen Chef, meinen Professor, selbst Wähler längst ruhig gestellt hätte, sind meine Prüfer Lili und Franka noch lange nicht zufrieden.

Jetzt kann ich es als Großvater ja zugeben, dass ich einst als Vater nicht alles so genau wusste, wie ich es gegenüber meinen Kindern behauptete. Offensichtlich erkannten meine Kinder die väterliche Autorität widerstands- und fragloser an als meine Enkel. Was hat meinen Respektverlust nur herbeigeführt? Als Großvater bist du nicht auf andauernde Anerkennung angewiesen. Dein Arbeitsverhältnis ist befristet. Du bist nur Springer am Fließband der Erziehung. Das reduziert das Herrschaftsgebaren und schwächt den Durchsetzungstick. Mit anderen Worten: Man wird gelassener.

Großvaters härtester Konkurrent ist die Großmutter. Sie besitzt in diesem Wettbewerb natürliche Vorteile und der Großvater ein angeborenes Handicap: Er hat nie ein Kind geboren, noch nicht einmal »gestillt«. Seine untauglichen Versuche zum »Stillen« schreiender Babys erschöpfen sich im Schaukeln eines Wiegenbettchens. Und diese handwerkliche Variante ist gegenüber der Mutterbrust von geradezu provozierender Künstlichkeit.

Sei es, wie es sei. Großvater ist im Beziehungskampf hoffnungslos unterlegen und kann sich nur durch mühsame Kompensation in die Sichtnähe der großmütterlichen Position vorarbeiten. Großmutter und Tochter/Schwiegertochter hüten einen Erfahrungsschatz, den der Opa durch kluge Reden anerkennen oder ablehnen kann. Mehr bleibt ihm nicht übrig. Großvater tröstet sich mit der selbst gemachten Hoffnung: »Deine Zeit kommt noch.« Und tatsächlich:

Seine Chancen steigen mit der Zeit. Für alles, was mit Mut und Kraft zu tun hat, liefert Großvater im weiteren Fortgang der Erziehung die Vorlage, was freilich die alten Rollenklischees befestigt. Mein Gott, ich kann nichts dafür, dass Gott den Adam körperlich stärker gemacht hat als die Eva. In einer der beiden biblischen Schöpfungsvarianten ist die Eva ja sogar nur mit Hilfe eines Ersatzteiles von Adam, nämlich seiner Rippe, zur Welt gekommen.

Man muss die Gleichmacherei, die so tut, als wären Männer und Frauen, Buben und Mädchen austauschbar, nicht auf die Spitze treiben. Schließlich wären die schönsten Liebesgedichte nicht geschrieben worden, wenn die Liebenden im Anderen nur den Gleichen gesucht hätten. Der Unterschied zwischen Mann und Frau, Bube und Mädchen sollte allerdings niemals die Rechtfertigung von angeblich angeborenen männlichen »Herr«schaftsrechten liefern. Frauen sind zum Herrschen ebenso begabt wie Männer, aber auch ebenso gefährdet, es zu übertreiben. Elisabeth war auch nicht zimperlicher im Umgang mit ihren Feinden als Peter. Beide gingen leider als »Große« in die Geschichtsbücher ein.

Zurück zu den Enkeln. Das bedeutet auch, zurück in die Zeit, als Großvater Enkel war. In der Rückschau erscheinen meine Großeltern allesamt als liebenswerte Gestalten, und selbst als fast Siebzigjähriger erfasst mich ein Hauch Heimweh nach Blüm-Omas großem Rock, nach damals, als ich auf der Ofenbank vor der geöffneten Herdtür auf ihrem Schoß jene Kuhle fand, die ein unangreifbarer Zufluchtsort war. Zu Blüm-Omas leisen Wiegenliedern, gesungen im Gleichklang mit dem leise vor sich hinbrummenden Wasserkessel auf dem Herd, bin ich in den Schlaf gesunken, welcher fast so fest war wie der Schlummer in Abrahams Schoß. Wenn ich eingeschlafen war, beförderte mich die Blüm-Oma mit allem Drum und Dran, mit Schuhen und Strümpfen, ins Bett. Sie selbst legte sich ebenfalls in ihren Kleidern ins Bett und hatte dafür die unwiderlegbare Begründung, so seien wir bei Fliegeralarm schneller im Luftschutzkeller. Sie selbst verließ allerdings das Bett nie schon dann, wenn die Alarmsirene heulte, sondern erst, wenn es krachte; dann aber schnell und, wie gesagt, ohne zeitverzögerndes Anziehen.

Beck-Opa war ein stolzer Buchdrucker und, wie es sich damals für einen ordentlichen Jünger Gutenbergs gehörte, überzeugter Sozialdemokrat. Lieschen, seine Frau, war treue Zentrumswählerin und Mitglied des katholischen Kirchenvorstandes. Ich habe den Sprengstoff, der in einer solchen Konstellation liegt, nie erkannt. Sie hatten sich bis an ihr Lebensende lieb. Das allerdings hat der Enkel mehr gespürt als gewusst.

Blüm-Opa war eine verschüchterte Beamtenseele, der alles wollte, nur nicht auffallen. Er war Stellwerksmeister des größten deutschen Rangierbahnhofes. Darauf war der Enkel stolz. Babett, die Blüm-Oma, war ein Kraftpaket. Sie zerbrach armdicke Äste über ihrem angewinkelten Knie – auf einem Bein stehend. Lieschen, ihr Pendant mütterlicherseits, war dagegen zierlich und zerbrechlich, mit gebeugtem Rücken und krummen Beinen. Sie beschränkte unsere Beziehung auf Anstandsübungen. Zu jedem Handschlag musste ich einen Diener machen, besonders tief vor Priestern. Babett hätte gar nicht gewusst, dass ein »Diener« auch eine Begrüßungsform sein konnte.

Die Bilder der Großeltern sind im Fotoalbum längst vergilbt und ihre Gräber sind aufgehoben. Es gibt sie nicht mehr. In meiner Vorstellung jedoch kann ich an ihrer Hand immer noch spazieren gehen, als wäre es gestern gewesen. Und merkwürdig: Ich sehe mir dabei selbst zu.

Vita brevis: Das Leben ist kurz – zwischen Großvater- und Enkel-Sein. Erst bist du der Jüngere und dann der Ältere. Einmal ist der Großvater der andere und später du selbst.

Ohne Kinder und Enkel gerät das Leben in Gefahr, sich in Spurenlosigkeit zu verlieren. Enkel sind eine nachhaltigere Hinterlassenschaft als alle Häuser und sonstige Erbschaften. In den Enkeln entschlüsselt sich Herkunft. Die Nase des Urgroßvaters, die Augen der Mutter, die Hände der Oma verweisen uns auf die Lebensweisheit: Niemand beginnt bei Null. Wir stehen als Glied in einer langen Lebenskette.

In den Enkeln die eigene Kindheit wiederzuerkennen ist eine Erinnerungsübung besonderer Art: Das Leben geht weiter. Angesichts eines Neugeborenen kann man darüber sinnieren, was dem »kleinen Wesen« im Leben wohl alles bevorsteht: Glück, Leid, Trauer, Freude, Sieg und Niederlage. Darüber zu rätseln ist eine Anleitung, über sich selbst hinauszudenken. Lili, Malou, Franka, Felize, Linus und Gilbert wird es – so Gott will – noch geben, wenn die Großeltern längst nicht mehr sind.

Selbstverwirklichung als Alleinverwirklichung ist verweigerte Transzendenz. Enkel öffnen den Blick in die Zukunft über die eigene Lebensgrenze hinaus, und im geglückten Fall sind sie sogar eine besondere Form von Himmelsleiter. Sie erinnern daran, dass es, so hoffen wir, ein Leben danach gibt und nicht nur das Grab.

Überschreiten des eigenen Lebens »nach vorne« ist eine Dimension der Transzendenz, die auch »nach oben« weist.

Großeltern haben viel Vergangenheit und wenig Zukunft. Bei den Enkeln ist es umgekehrt. Enkel sind lebendige Zukunft und Großeltern personifizierte Erinnerung.

Norbert Blüm wurde am 21. Juni 1935 in Rüsselsheim geboren. Nach einer Lehre als Werkzeugmacher arbeitete er bei der Adam Opel AG. Schon früh wurde er Mitglied der CDU und engagierte sich in der Gewerkschaft und in der Katholischen Arbeitnehmer-Bewegung. Er studierte Philosophie, Germanistik, Geschichte, Theologie und Soziologie in Köln und Bonn. Danach arbeitete er als Redakteur der Zeitschrift »Soziale Ordnung«. Im Folgenden war Norbert Blüm Hauptgeschäftsführer der Christlich Demokratischen Arbeitnehmerschaft (CDA), danach Vorsitzender ihres Landesverbandes Rheinland-Pfalz und Bundesvorsitzender der CDA. 1980 übernahm er den stellvertretenden Vorsitz der CDU-Bundestagsfraktion. Von 1982 bis 1998 war er Bundesminister für Arbeit und Sozialordnung. Norbert Blüm ist verheiratet und hat drei Kinder.

Väter und Töchter
von Annette Bassler

Wenn ich ihm besonders nah sein will, setze ich mich ans Ufer des Meeres und schaue über die unendliche Weite des Wassers. Wie es sich sanft kräuselt oder sich zu hohen Wellen auftürmt, lieblich sanft oder lebensbedrohlich. Wenn ich ihm nah sein will, atme ich tief ein und stelle meinen Blick auf unendlich. Bis hinüber zum Horizont, wo die Erde mit dem Himmel das Blau wechselt. Dann bin ich ganz gegenwärtig und zugleich ganz nah dieser anderen Welt, in der er jetzt ist, mein Vater.

Viele Jahre schon ist er dort und schweigt. Aber auch als er noch lebte, hat er oft geschwiegen. Woher komme ich? Wohin gehe ich? Und wer bin ich für dich?, habe ich ihn gefragt. Aber er konnte mir keine Antwort geben. Oder wollte er nicht? Auf eine Art ist mir mein Vater immer ein Rätsel geblieben. Lange Zeit dachte ich, es sei meine Unfähigkeit gewesen, ihn zum Reden zu bringen. Aber ich fand im Laufe der Jahre immer mehr Frauen, denen es ähnlich ergangen ist, für die der Vater auf eine ähnliche Weise faszinierend und rätselhaft geblieben ist, so wie für mich das Meer.

Doch ich bin kein Fisch. Ich bin weder stumm noch kalt. Und ich brauche Antworten, wenn ich nicht kalt und stumm werden will, Antworten auf die Frage: Woher komme ich? Wohin gehe ich? Und wer bin ich für dich? Lange habe ich versucht mit den Fragen zu leben und auf die Antworten zu verzichten. Bis mir klar wurde, dass mich dieser Verzicht daran hinderte, erwachsen zu werden, ja schließlich mich auch daran hinderte, alt werden zu können. Denn so blieb ich die Tochter, welcher der Vater noch etwas schuldig ist: überzeugende Antworten, mit denen sie sich hätte versöhnen können, versöhnen mit mir und mit ihm.

Als mein Vater dann starb, gab ich die Hoffnung auf, von ihm eine Antwort zu bekommen. Doch meine Sehnsucht nach einem versöhnenden Gespräch blieb ungebrochen. Was sollte ich tun? Die Lösung kam, als die Zeit dafür reif war. Da begegnete mir ein Mann, der mein Vater hätte sein können, was das Alter betrifft, und der in seiner Art meinem Vater in manchem ähnlich war. Ich fragte ihn, ob er sich mit seinen inzwischen erwachsenen Kindern versöhnt habe. Da erzählt er mir von seinen Kindern und wie schwierig ihr Verhältnis oft war. Abschließend sagte er:

Versöhnung kommt nur zustande, wenn wir den Mut haben, einander noch einmal zu vertrauen. Aber das braucht Zeit und die Bereitschaft sich zu öffnen. Das habe ich im Laufe der Jahre von meinen Kindern gelernt. Vertrauen kann nicht wachsen, wenn wir einander vorrechnen, was wir uns schuldig sind, was wir aus Pflicht oder Dankbarkeit zu tun und zu lassen haben.

Vertrauen also – das steht am Anfang. Sich öffnen und riskieren, noch einmal verletzt zu werden, was aber nicht mehr so schlimm ist wie früher. Denn je älter man wird, desto stärker wird man darin, Verletzungen auszuhalten.

Worum geht es mir als Tochter? Es geht mir um das Schweigen des Vaters. Ein Schweigen, das es der Tochter schwer macht, erwachsen zu werden. Das Schweigen hält sie fest in der Rolle der Tochter, die von ihrem Vater noch etwas will, die sich abhängig und auf ihn angewiesen fühlt und sich ihrer selbst nicht gewiss wird.

Woher komme ich? Wohin gehe ich? Und wer bin ich für dich? Oft habe ich meinem Vater diese Fragen gestellt, mehr oder weniger direkt. Er musste es doch wissen! Er hat mir viele Geschichten aus seinem Leben erzählt. Wie er mit siebzehn Jahren von zu Hause fortging und sich bei der Marine meldete, wie er dann den Rest seiner Jugend auf dem Meer verbracht hat, auf einem U-Boot. Er war sechs Jahre lang auf Feindfahrt, monatelang auf dem offenen Meer, nichts als Wasser und hin und wieder feindliche Schiffe, die das U-Boot mit Wasserbomben und Torpedos angriffen. Brennende Schiffe und ertrinkende Matrosen. Und bei jeder Feindfahrt die Ungewissheit, ob man jemals lebend wieder das Land erreichen würde.

Angesichts dieser Unendlichkeit vor Augen fragte ich ihn: Woher kommen wir? Wohin gehen wir? Und wer bin ich für dich? Aber dann wurde mein Vater einsilbig und schließlich stumm. Nach dem Krieg ergriff er einen Beruf, bei dem es nur um Technik ging und der es ihm ermöglichte, solchen Fragen auszuweichen. Dass ich keinen »handfesten« Beruf ergriff, sondern Pfarrerin wurde, hat ihn überrascht. Ich schien aus der Art zu schlagen. Und noch mehr hätte ihn überrascht, wenn ich ihm gesagt hätte, dass er es war, der mich mit dem »Heiligen« in Berührung gebracht hat, dass er es war, der mir die faszinierende und erschreckende Unendlichkeit nah gebracht hat und mich gelehrt hat, das Blau zu lieben, dort am Horizont des Meeres, wo Erde und Himmel sich berühren. Hätte ich ihm all das erzählt, er wäre wahrscheinlich überrascht gewesen und hätte verlegen lächelnd geschwiegen.

Heute weiß ich, dass sein Schweigen Teil seines Schicksals war: das Schicksal einer Generation von Männern, mit denen niemand geredet hat, als sie Todesangst hatten, als sie mutterseelenallein auf dem Schlachtfeld oder auf dem Meer um ihr Leben kämpften und niemand danach fragte, wie es ihnen ging. Heute verstehe ich sein Schweigen, und doch schmerzt es mich noch immer, dass er mir nicht anvertraut hat, wie er all das erlebt hat und woran er jetzt noch glauben kann. Eines Tages ergab sich die Gelegenheit, jenem Mann davon zu erzählen, der mein Vater hätte sein können. Ich dachte, er würde mich auffordern, damit endlich abzuschließen. Aber er sagte etwas anderes:

Den Schmerz, von dem Sie da sprechen, kenne ich auch. Nur anders. Mein Problem war: Wie gibst du deinen Glauben weiter? Als junger Mensch habe ich so tiefe Erfahrungen gemacht – auch im Krieg. Es war wie ein Wunder, dass wir das alles überlebt haben. Und noch mehr staune ich heute, dass ich nicht als kaputter Mensch da heraus gekommen bin. Für mich hat das was mit Gott zu tun. An solchen Erfahrungen ist mein Glauben gewachsen: Du bist davongekommen. Bewahrt. Gott führt nicht Krieg mit dir. Er ist dir gut. Aber ich konnte diesen Glauben nicht an meine Kinder vererben. Das ging nur häppchenweise. Jedenfalls Kirchgänger wurden sie nicht. Gelegentlich leuchtete Glauben auf, aber es war immer anders, als ich mir das vorstellte. Das ist bis heute schmerzhaft.

So seltsam das erscheinen mag: Diese Worte haben mich getröstet. Es scheint ein wechselseitiges Unverständnis zu geben, eine Fremdheit auf beiden Seiten und die Unfähigkeit, diese Fremdheit zu überwinden. Inzwischen habe ich Frauen gefunden, denen es ähnlich ging wie mir. Frauen, deren Väter ihre Jugend auch als Soldaten im Krieg verbracht haben.

Väter und Töchter – was hat die Bibel dazu zu erzählen? Nicht sehr viel. Im Alten Testament erfahren wir von den Töchtern vor allem dann etwas, wenn sie ins heiratsfähige Alter gekommen sind und vom Vater verheiratet werden mussten. Laban zum Beispiel, der Erzvater von Lea und Rahel, hatte es dabei nicht einfach. Als Jakob seine jüngste Tochter Rahel heiraten wollte, hatte er ein Problem. Denn da war ja noch eine ältere Tochter, Lea. Die musste zuerst versorgt werden. Der pfiffige Vater aber nützte die Verliebtheit von Jakob in Rahel aus, um ihm zuerst noch Lea »unterzuschieben«. Laban handelte als fürsorglicher Vater, denn nur eine Ehe bot damals einer Frau Schutz vor Unrecht und Willkür. Ob Lea die Fürsorge ihres Vaters gefiel, oder ob sie lieber auf einen Anderen gewartet hätte, darüber breitet die Bibel den Mantel des Schweigens.

Angesichts der gesellschaftlichen rechtlichen Situation einer unverheirateten Frau tat Laban recht, dass er Lea, wenn auch als geduldete Zweitfrau, so doch immerhin grundlegend versorgte. Aber wer hat die gesellschaftliche und rechtliche Situation unverheirateter Frauen geschaffen? Wer hat die Gesetze gemacht? Es waren die Väter.

Noch heute kennen und lieben viele Frauen das Ritual, dass ihr Vater sie zum Traualtar führt und sie ihrem Ehemann »übergibt«. Sie sind berührt von der Fürsorge ihres Vaters. Doch gab es im Leben der Tochter eine Zeit, in der sie gelernt hat, ohne männlich-väterliche Fürsorge zu leben und sich behaupten zu können? Gab es eine Zeit, in der aus der »schutzbedürftigen« Tochter eine eigenständige Frau werden konnte, die sich selbst zu schützen weiß und ihrem Zukünftigen als Frau und Partnerin zu begegnen vermag, die nicht insgeheim hofft, von ihrem Mann vor allem versorgt und geschützt zu werden? Wenn aber eine Tochter nicht zur Frau und Partnerin werden konnte, wie kann sie dann reif und in Würde alt werden können?

An einer Nahtstelle der Bibel, nämlich am Ende des Alten und am Beginn des Neuen Testamentes, gibt es eine bemerkenswerte Aussage über das Verhältnis zwischen Vätern und Söhnen. Im Buch des Propheten Maleachi – dem letzten Buch im Alten Testamentes – finden wir in den letzten Versen eine Vision vom Ende der Zeit. Maleachi kündigt den »großen und furchtbaren

Tag des Herrn« an, den Tag des Gerichtes über alle Menschen. An diesem Tag wird der Prophet Elia wiederkommen. Dann wird er sein letztes Werk tun und Gottes geliebtes Volk retten. Und wie wird er das tun? Er wird die Generationen miteinander versöhnen. »Er wird«, so Maleachi, »das Herz der Söhne den Vätern und das Herz der Väter den Söhnen zuwenden.« (Mal. 4,6)

Diese Versöhnung zwischen Vätern und Söhnen schafft den Frieden, der vor dem Gericht und dem Bannfluch Gottes rettet. So endet das Alte Testament. Und das Neue Testament beginnt mit dem »Buch der Abstammung Jesu Christi«. Der Evangelist Matthäus schreibt: »Abraham zeugte den Isaak. Isaak zeugte den Jakob, Juda zeugte den Perez …« – und so weiter und so weiter. Auch hier gibt es nur Väter und Söhne.

Warum kommt an der Nahtstelle zwischen Altem und Neuem Testament die »andere Sorte Mensch« nicht vor, weder beim großen Versöhnungswerk des Elia noch bei der Abstammung Jesu? Warum gibt es keine Töchter und Mütter? Warum haben unsere Väter dazu geschwiegen? War es dasselbe Schweigen wie das meines Vaters?

Gewiss, wir sprechen heute von der patriarchalen Gesellschaft in biblischer Zeit. Damals hatten Frauen in der Gesellschaft keine eigene, sondern nur eine vom Mann abgeleitete Identität. Ihre Ehre, ihre Würde und ihr Rang in der Gesellschaft definierte sich ausschließlich über ihren Mann. Finden die Töchter und Mütter deshalb keine Erwähnung, weil eine Versöhnung nur möglich ist zwischen Menschen mit einer eigenen rechtlichen und gesellschaftlichen Identität, also zwischen Personen mit eigenem Rechtsstatus und eigener

Würde? Wenn dem so wäre, dann wird auch verständlich, warum Mütter und Töchter hier nicht genannt werden. Dann wäre auch verständlich, dass Versöhnung immer dann unmöglich ist, wenn Menschen die Verantwortung für sich nicht bei sich selber ansiedeln, sondern sich eher als »Opfer« oder als abhängig definieren und erleben.

Was geschah zu biblischen Zeiten mit den Töchtern, die nie aus dem »Rechtsschatten« ihres Vaters oder später ihres Mannes heraustreten konnten, wenn sie älter wurden und ihre Väter und Ehemänner überlebten? Das erfahren wir in dem wunderbaren Gleichnis von der bittenden Witwe.

Diese Frau hatte bei einem Streitfall vor Gericht kein Recht bekommen, obwohl es ihr zugestanden hätte. Aber sie war kein Mann und hatte keinen Ehemann, der ihr Recht hätte einklagen können. Der zuständige Richter »wollte lange nicht«, wie es heißt. Und auch sonst hat sich niemand gekümmert. Für die Witwe war es eine verzweifelte Situation. Und was tut sie in ihrer Ohnmacht? Sie klagt, bittet und schreit so lange, bis der Richter völlig entnervt aufgibt. Nicht weil er überzeugt ist, sondern weil er seine Ruhe haben will, bekommt sie ihr Recht.

Genau genommen erfindet sie so etwas wie den gewaltfreien Widerstand. Ihre Ohnmacht, verbunden mit der Entschlossenheit, sich von der demütigenden Situation nicht demütigen zu lassen, macht sie so stark. Für die Männer damals muss es ätzend gewesen sein. So ätzend wie das, was wir heute »Zickenalarm« nennen: die über Jahrhunderte geübte Kunst weiblichen gewaltfreien Widerstandes. Jesus stellt diese Kunst seinen Jüngern als vorbildlich hin für die Art und Weise, wie wir mit unserem himmlischen Vater reden sollen, wenn der »lange nicht will«.

Aus der Erfahrung von Ohnmacht und Abhängigkeit ist schon manche segensreiche Erfindung hervorgegangen. Jesus hätte nicht für die Witwe geworben, wäre er nicht davon überzeugt gewesen, dass dies der Weg ist zu einer ganz neuen Qualität der Beziehung zum Vater. Eine Beziehung der Freiheit der erwachsen gewordenen Kinder Gottes.

Nun könnte man meinen, die Zeiten alttestamentlicher Abhängigkeitsverhältnisse seien zumindest bei uns längst vorbei. Immerhin können Frauen in unserer Gesellschaft fast alle wichtigen Positionen einnehmen. Die Töchter der Postmoderne haben Berufe, einen gesetzlich gesicherten Rentenanteil ihres Mannes und verweigern sich zunehmend der Rolle, gebärfreudig die Nachkommenschaft zu sichern.

Und doch kämpfen viele Frauen noch immer um die Anerkennung der Männer, als ob davon ihre materielle Existenz abhinge. Sie lassen sich liften, statt sich selbst zu »ent-falten«. Und sie fürchten, dass mit dem Ende ihrer Gebärfähigkeit auch das Ende ihrer Vitalität und Erotik gekommen sei. Vielen Frauen fällt es schwer, alt zu werden. Und die, die es nicht mehr überspielen können, huschen oft mäuschengrau und unauffällig durch die Stadt, wie jene lorenzsche »Schar der Tiere«, die in der Anonymität der Masse besser geschützt ist vor dem Angriff eines wilden Tieres – in ihrem Fall des »Jugendlichkeitswahns«. Es scheint, als ob sie noch immer darauf warten würden, dass eine Art väterliche »Instanz« ihnen eine eigene Würde und ein Existenzrecht zuspricht. Eine Würde, die nicht von ihrer Gebärfähigkeit abhängt, sondern ganz allein von ihren Stärken und Begabungen, von ihren Eigenheiten und Träumen, von ihrer Vitalität und ihren Visionen.

Aber was tun, wenn die Töchter mit ihren Vätern nicht mehr reden können, weil sie zu alt geworden sind oder weil sie nicht mehr leben? Ich bin einem Mann begegnet, der mein Vater hätte sein können. Und im Gespräch mit ihm habe ich angefangen, die Mauer des Schweigens zwischen meinem Vater und mir zu überwinden. Was er sagte, hat mich immer wieder überrascht.

Vieles lässt sich nicht so gut mitteilen von Vater zu Sohn oder Tochter. Und umgekehrt ist das ja auch so. Aber vielleicht müssen wir gar nicht so viel sprechen. Es war für mich ein ganz wichtiger Moment, als ich im Umgang mit meinen erwachsenen Kindern entdeckte: Wir müssen nicht alles voneinander wissen. Das war wie eine Befreiung. Ich kann meine Kinder und die Art, wie sie leben und arbeiten, sein lassen und respektieren. Ich weiß, der Sohn, die Tochter sind da. Im entscheidenden Augenblick werden sie da sein, wenn ich sie brauche. Und ich werde da sein, wenn sie mich brauchen. Ich muss nicht alles wissen, ich muss nicht überall hineinreden und sie auf mich aufmerksam machen. Ich kann vertrauen.

Vielleicht ist es das, was wirkliche Versöhnung ausmacht: dass wir einander respektieren, so rätselhaft, wie wir füreinander sind. Dass wir anerkennen, wie fremd wir einander doch sind und es vielleicht bleiben werden. Dass wir vieles nicht in Sprache fassen und einander verständlich machen können. Das ist schmerzlich. Aber wenn wir einander respektieren, wie wir sind, entsteht etwas Neues. Wir bekommen unsere

Würde zurück, die wir schon immer besessen haben. Unsere Würde vor unserem Vater im Himmel. Ein großes Geheimnis. Erschreckend und zugleich faszinierend wie das Meer, an dessen Ufer ich mich so gerne setze, weil ich mich dort meinem Vater so nah fühle. Nicht nur, weil er es bereist hat rund um die Erde. Nicht nur, weil er darin den Krieg überlebt hat. Ich liebe das Meer, weil es mich gelehrt hat, ins Schweigen hineinzuhorchen. Es hat mich dazu verführt, meinen Blick von dem, was unmittelbar vor mir liegt, zu lösen und dem Horizont zuzuwenden. Diesem Punkt, wo Himmel und Erde miteinander das Blau wechseln.

Annette Bassler wurde 1954 in Karlsruhe geboren. Zunächst studierte sie Naturwissenschaften, wechselte aber nach einem Jahr zum Theologiestudium. Nach ihrem Vikariat in verschiedenen Gemeinden in Freiburg i. Br. widmete sie sich in Mainz zunächst ehren- und dann hauptamtlich der kindgerechten Seelsorge in verschiedenen Mainzer Kliniken. Sie erhielt eine analytisch fundierte psychotherapeutische Ausbildung und arbeitete in einer Frankfurter Beratungsstelle. Vier Jahre lang war sie Mitglied der liturgischen Kommission der EKHN. Seit 1983 ist sie Autorin zahlreicher Rundfunksendungen, u. a. im SWF, SWR, HR, Deutschlandfunk, und Deutschlandradio Kultur. Seit 1998 ist sie Beauftragte der Evangelischen Kirchen in Rheinland-Pfalz beim Südwestrundfunk. Annette Bassler ist verheiratet und hat drei erwachsene Kinder.

Mit warmer Hand
von Klaus Möllering

Denn mir Kölsche, mir klääve
wie d'r Düüvel am Lääve
uns Kölsche nimp keiner –
ejal wat och wed,
dä Spaß für zo laache,
dä Bock jet zo maache,
mir klääven am Lääve,
uns kritt keiner klein!
(Bläck Fööß)

(Denn wir Kölschen, wir kleben
wie der Teufel am Leben
uns Kölschen nimmt keiner -
egal, was auch wird,
den Spaß, um zu lachen,
die Lust was zu machen,
wir kleben am Leben,
uns kriegt keiner klein.)

Es war einer dieser Tage auf dem Höhepunkt der fünften Jahreszeit im Rheinland, mitten im Karneval. Wir saßen gemütlich zusammen bei einem Freund, während man sich draußen für die Karnevalsumzüge zusammenfand. Unser Freund ist Bestatter und wie viele aus dieser Zunft ein durchaus vergnügter Mensch. Aber jetzt war er eigentlich ganz froh über die Pause, während auf der Straße die Jecken johlten, eine der dicken Trommeln sich warm rumpelte und die Straßenbahn versuchte, die Gleise von unvorsichtigen Verkleideten freizuklingeln. Plötzlich ging bei Bestatters die Tür auf und eine leuchtend rosa Federboa schlängelte sich herein, darunter ein Arm, nein, ein ganzes Kostüm im Leopardenlook, darüber eine knallrote Perücke und ein Gesicht mit ziemlich viel Makeup, aber einem fabelhaften Augenaufschlag. Dazu eine sehr karnevalstrainierte Stimme: »Alaaf. Nur dat du Bescheid weiß, Schäng. Isch bin jetzt auf'm Zoch. Mit den Sachen weißte ja, wo die sind – wenn wat is. Tschöhöhh!«

Die Stimme war mindestens siebzig, aber deren Besitzerin wirbelte jugendlich mit ihrer Federboa, machte grazil kehrt auf ihren hohen Absätzen, winkte dem Bestatter kokett mit der Zigarettenspitze zu und war schon wieder rausgestöckelt, bevor er »Viel Spaß!« sagen konnte.

»Das war Dora«, meinte er. »Die hat vor einigen Jahren schon alles mit mir geregelt. Jetzt sagt sie mir immer mal Bescheid, wenn sie loszieht. Ich habe einen Schlüssel für ihre Wohnung – für alle Fälle.«

»Wie – für alle Fälle?«

»Na ja, ich weiß, wo das Testament liegt. Das kann ja ganz schnell gehen in dem Alter. Und dann ist alles klar: Sarg, Beerdigungsablauf, wer erben soll. Haben wir alles genau miteinander abgesprochen. Da ist sie übrigens nicht die Einzige von meinen Kunden, die das so im Voraus geplant hat, den Ernstfall.«

Aber ihren Spaß hatte Dora durchaus schon zuvor. So, wie es der Bestatter ihres Vertrauens dann schilderte, schien sie umso vergnügter auf die Grenze ihres Lebens zu und an ihr entlangzubalancieren, seit sie wusste, dass für alles gesorgt war, was sie hinterlassen würde – falls sie sich dann plötzlich auf der anderen Seite wiederfinden würde.

Mein Onkel war das genaue Gegenteil von Dora. In seinem norddeutschen Dorf hat kein Mensch je an Karneval gedacht, würde auch nie daran denken. Zwar hatte auch der Onkel Vorkehrungen für den Todesfall getroffen. Er hatte eine seit langem sehr pflegebedürftige Ehefrau, die Tag für Tag in ihrem Bett vor sich hin dämmerte und nur noch wenig von der Welt mitbekam. Er selbst – sie waren ohne Kinder geblieben – schaffte es nur noch mühsam, für sie zu sorgen. Seit er dabei die Treppe heruntergestürzt war, verfolgten ihn die Schmerzen im Rücken, in den gebrochenen Rippen, überall, unbarmherzig.

Schließlich machte er sich daran, sein Testament zu machen. Alles Mögliche wurde geregelt: wer das große, alte Fachwerkhaus mal erhalten sollte, ob man es nicht zur Auflage machen könne, das Haus als Museum zu erhalten mit seiner ganzen erlesenen Einrichtung, mit dem Pferdestall, dem Swimmingpool – wenigstens für eine Reihe von Jahren. Das redete ihm zum Glück ein kluger Freund aus. Menschen, denen er sich verpflichtet fühlte, wurden einzeln und genau überlegt bedacht. Sogar die beiden sehr alten Reitpferde, die seit Jahren keinen Reiter mehr hatten tragen müssen, bekamen ihr Gnadenbrot in diesem Testament zugesichert; so lange sie leben würden, unwiderruflich.

Dann starb der Onkel überraschend. Und das Staunen war groß, als das Testament eröffnet wurde: Für alles hatte er vorgesorgt, doch was mit seiner Frau werden sollte, die nun in ihrem großen Haus ganz allein im Bett lag, dazu fand sich kein einziges Wort in diesem Testament. Nichts dazu, wer sie nun pflegen würde. Kein Wort darüber, wer jetzt ihre Interessen wahrnehmen würde.

Wem fällt nicht, wenn es um das Ende des Lebens geht, der Psalmvers ein: »Herr, lehre uns bedenken, dass wir sterben müssen, auf dass wir klug werden.« Vermutlich ist er die Nummer Eins auf der Hitliste der am häufigsten gewählten Beerdigungsweisheiten. Zum Glück ist der Vers im allgemeinen »Wir« gehalten und er fällt einem vor allem dann ein, wenn es um das Lebensende anderer geht – sterben tun die anderen, klug sollen wir alle werden. Ein doppelter Irrtum, finde ich, gerade auch im Blick auf die zwei so entgegengesetzten Lebensweisen, die mir begegnen bei Dora und bei meinem Onkel.

Denn bei Dora war es deutlich zu sehen: Sie war klug geworden, traf deshalb weit im Voraus Vorsorge, suchte dafür einen Menschen ihres Vertrauens und hielt freundlichen Kontakt mit ihm. Sie hatte sich also der Erkenntnis gestellt, dass sie irgendwann in nicht mehr allzu ferner Zukunft sterben wird. Dem zum Trotz lebte sie ausgesprochen vergnügt, aber nicht einfach nach dem weit verbreiteten Motto: »Lasst uns essen und trinken, wir sterben ohnehin bald.« (Jes. 22,13) Dora hatte vielmehr den Entschluss gefasst, nicht krampfhaft festzuhalten. Wer im Ernstfall was bekommen sollte, das hatte sie geregelt, und sie war bereit, ihren Besitz dann ebenso loszulassen wie das eigene Leben, wenn es denn soweit war. Loslassen – vermutlich kann das ohnehin jemand besser, der gut zu feiern versteht: den Gütern seines Lebens ihre guten Seiten abgewinnen und sie nicht unbedingt aufsparen für schlechtere Zeiten oder nur für sich selbst. Wer die Feste feiert, wie sie fallen, am besten mit anderen, der hat ein Gespür für den rechten Augenblick, für den *kairos,* wie die Theologen dazu vornehm sagen. Und ich vermute, Dora kann auch so sterben, wie sie darauf zulebt: gelassen.

Ganz anders mein Onkel. Doch ich kann ihn verstehen. Er gehört zu der Generation, der früh schon alle Sicherheiten zerbrachen im Fiasko des letzten Krieges: der Flakhelfer-Generation, die nach dem Zusammenbruch schmerzlich gelernt hatte, dass sie sich nur auf das verlassen kann, was sie selbst aufgebaut hat, was sie selbst in den Händen behalten und selbst regeln kann. Diese Kriegskinder haben, das wissen wir heute aus zahlreichen Untersuchungen, sich ihren Verletzungen und Erschütterungen aus dieser Zeit nur selten gestellt. Am liebsten hätte mein Onkel sein Leben noch ein wenig poliert und in sein persönliches Museum gestellt – für alle Ewigkeit. Nie wäre dann der geeignete Augenblick, der *kairos,* gekommen, sich die Angst einzugestehen, dass auch seine Kräfte begrenzt sind, seine Lebenszeit endlich, seine Gesundheit verschwunden. Und dass er für seinen Tod Vorsorge treffen muss. So ist auch er wohl gestorben, wie er gelebt hat: Plötzlich überwältigt vom Tod, überrumpelt. Aber bis zuletzt mit dem

Anspruch, alles im Griff zu haben – auch die Fürsorge für seine kranke Frau: »Wenn einer von uns beiden stirbt, sorge ich für alles Weitere.«

Kein *kairos*, nirgends.

Rechtzeitig, das heißt mit dem Gespür für den rechten Zeitpunkt sich darauf einstellen, die Dinge immer mehr, ja weit gehend aus der Hand zu geben – das ist eine Kunst, eine Frage der Haltung, im Leben wie im Sterben und darum auch beim Vererben. Man stirbt so, wie man gelebt hat. Warum hat mein Onkel, wie viele andere, sich in ein Altersheim eingekauft, aber zuverlässig verpasst, darin einzuziehen? Das hätte für ihn sicher bedeutet, die eigene Unabhängigkeit aufzugeben, sich in die Abhängigkeit von anderen zu begeben, sich ihnen auszuliefern.

Dagegen die Sorge und Nachsorge für sich selbst auch anderen überlassen, sich ihnen anvertrauen, so hat es Dora gemacht. Sich ausliefern oder sich anvertrauen, das sind zwei Lebensweisen: verlassen oder gelassen.

So oder so bewegt die Menschen also die Vorsorge für den eigenen Tod, egal, ob einem dies eher unheimlich ist oder ob man dies ganz gelassen angeht, gerade auch mit dem Blick auf die Zeit, die man selber nicht mehr erleben wird. In jedem Fall bewegt die Summe der »Erbfälle« eine Riesenmenge Geld und Güter in unserer Gesellschaft. Jahr für Jahr werden gewaltige 200 Milliarden Euro in Deutschland vererbt. Von diesem Geld könnte man fast den gesamten Bundeshaushalt eines Jahres bezahlen. Man kann sich so viel Geld kaum vorstellen: Jemand müsste ein ganzes Jahr Geldscheine mit der Kohleschaufel von einem auf den anderen Haufen schippen, Tag und Nacht, um dieses Geld zu bewegen.

Innerhalb einer Generation, also rund alle dreißig Jahre, kommt fast jeder Mensch mindestens einmal in den Genuss einer Erbschaft. Auch wenn, statistisch gesehen, die eine Hälfte leider nur wenig erben wird, Schulden gar oder allenfalls so viel, dass ein Extra-Urlaub dabei herausspringt. Die andere Hälfte aber – schließlich haben deren Vorfahren in den vergangenen fünfzig Friedensjahren fleißig Vermögen anhäufen können – wird in den allermeisten Fällen zwischen 80000 und 300000 € erben. Häufig bestehen diese Erbschaften aus einer Immobilie: aus Omas – kleinem oder größeren – Häuschen.

Nur ein kleines Klübchen, ungefähr 2 Prozent der Erben, wird ein beachtliches Viertel der Erbmasse einsacken. Das sind dann die Millionenerben, von denen wir Normalos in den Boulevardblättern lesen. Auch unter diesen gibt es die, die loslassen können wie Dora, und die anderen, die festhalten wollen. Die einen, die ihr Geld nach Monaco oder in die Schweiz bringen, und die anderen, die – übrigens in wachsender Zahl – stiften gehen, im wörtlichen Sinne: Die Bereitschaft unter den Wohlhabenden ist spürbar gewachsen, sich für einen guten Zweck von seinem Besitz oder wenigstens von einem Teil davon zu trennen, zum Nutzen für Kultur, Wissenschaft, Religion oder um Menschen in Not zu helfen. Wer so seine Werte größeren Werten zu- und unterordnet, wer Bleibendes hinterlässt, damit etwas Besseres daraus entsteht, zeigt eine Grundhaltung, die eine Gesellschaft und auch jede Glaubensgemeinschaft aufblühen lässt. Das Thema Erben entpuppt sich auch an dieser Stelle als ein Glaubensthema.

Glauben setzt Vertrauen voraus, genau wie Erben, selbst in der ganz durchschnittlichen »Einfamilienhaus-

Sparbuch-Aktiendepot-Eigentumswohnung«-Variante. Je mehr man an diesen Werten hängt, desto schwieriger ist es, sie an Kinder, Neffen, nächste Angehörige weiterzureichen. »Geben ist seliger als nehmen« – das sagt sich so leicht. Aber es ist nicht leicht, schon, wenn es »nur« um ideelle Werte geht. Als ich vor einiger Zeit mein über viele Jahre lieb gewonnenes Violoncello – gar kein furchtbar wertvolles Instrument – an die eigene Tochter weitergeben wollte, da wurde mir das deutlich. Meine Tochter, größer geworden, brauchte nun ein passendes Cello, eben meines. Aber genau darum fiel es mir schwer, es aus der Hand zu geben: Es war *mein* Cello.

Anderen erleichtern es lebendige Beziehungen, nahen Angehörigen etwas weiterzuvererben. Wir sind, das ist eine Erkenntnis seit Adam und Eva, Beziehungswesen. Es ist auch in dieser Hinsicht nicht gut, dass der Mensch allein sei. Gerade das, was vor der Zeit von ihnen weitergegeben wird, bindet die Geber an die, die es erhalten. Und umgekehrt.

Ein Beispiel ist das so genannte Nießbrauch–Modell, was Steuerspar-Experten gelegentlich empfehlen. Dabei vererben Eltern oder andere nahe Verwandte eine Immobilie noch zu Lebzeiten, lassen sich aber weiterhin ihr Wohnrecht oder ihr Recht auf die Mieteinnahmen als »Nießbrauch« zusichern. Eine größere Erbschaft kann so in mehreren Teilen in jeweils zehnjährigen Abständen steuerfrei vererbt werden.

Ähnlich machen es diejenigen, die praktisch eine Generation überspringen, indem sie ihren Enkeln ein Haus vermachen. Sie können vereinbaren, weiter darin zu wohnen – alles bleibt also äußerlich so wie zuvor. Nur das Finanzamt schaut in die Röhre, weil natürlich bei der Weitergabe über zwei Generationen statt einer die entsprechende Erbschaftssteuer einmal entfällt.

Rein rechnerisch sind das vernünftige Lösungen. Aber wer weiß schon, wie groß damit die Gefahr wird, dass der Ausdruck »Familien-Bande« zwischen Gebern und Nehmern bald allzu wörtlich empfunden wird, sich auf der einen oder der anderen Seite also das Gefühl breit macht, abhängig zu sein? Werden die Enkel einen in Ruhe wohnen lassen, auch wenn sie selbst die Wohnung oder das Geld, das ihnen deren Verkauf verschaffen würde, gut brauchen könnten? Werden sie einen unterstützen, gerade wenn es für den Altenteiler später mühsam wird? Werden sie in der Nähe wohnen bleiben, auch wenn es sie woanders hin lockt?

Das sind letztlich Beziehungsfragen, die sich in Zeiten knapper Rücklagen und sinkender Renten für die Älteren noch drängender stellen. Schließlich gibt es gerade für diese Generation, die in ihrer Jugend oft alles verloren und seitdem das meiste selbst erarbeitet hat, doch auch sehr nachvollziehbare Gründe, ihren Besitz als Sicherheit zusammenzuhalten.

In unserem Freundeskreis hat sich eine Frau ein wunderbares Denkmal gesetzt, als sie ihrer Nichte und deren Mann den entscheidenden Batzen Geld schenkte für den Bau eines eigenen Häuschens. Das junge Paar, dessen Kinder jetzt einen Garten zum Spielen und ein eigenes Zimmer haben, bekam die freundliche Gabe der Tante mit den Worten: »Ich habe noch genug. Und ihr könnt es jetzt brauchen. Besser mit warmer Hand gegeben als mit kalter.« Und so geschah es, einfach so. Die Tante hätte das Geld auch anderweitig verwenden können, und unsere Freunde hätten sich zu großem Dank verpflichtet, vielleicht auch irgendwie genötigt fühlen können. Nichts davon geschah. Es war einfach der rechte Zeitpunkt, das rechte Vertrauen und eine Beziehung, die Bindung und Freiheit in die rechte Balance brachte – drei entscheidende Aspekte, wenn es ums Erben geht.

Ist es nicht eigenartig? Auch für das Glaubensleben sind diese drei entscheidend: wach zu sein für den richtigen Zeitpunkt, den *kairos;* vertrauen und sich verlassen können und sich in aller Freiheit an etwas binden, auf gewisse Weise verbindlicher zu leben. Manche werden trotzdem meinen, dass das eine nichts mit dem anderen zu tun hat. Aber ich vermute, wer dies in Glaubensdingen übt, wird darin auch beim Erben nicht so schnell scheitern. Und ich glaube, Dora würde mir darin zustimmen. Bei meinem Onkel wäre ich mir da nicht so sicher. Aber gewiss hat er nun ohnehin eine sehr viel höhere Einsicht, als ich sie je in meinen Erdentagen gewinnen werde.

Klaus Möllering wurde 1953 in Köln geboren und wuchs im Rheinland auf. Er studierte Evangelische Theologie in Berlin und Bonn. Nach dem Vikariat dort arbeitete er von 1984 bis 1986 in Hörfunk- und Fernsehredaktionen des WDR. Danach war er einer der beiden evangelischen Beauftragten beim WDR. Seit 1994 ist er der evangelische Senderbeauftragte für Deutschlandradio Kultur und Deutsche Welle. Klaus Möllering lebt in Berlin, ist verheiratet und hat zwei Töchter.

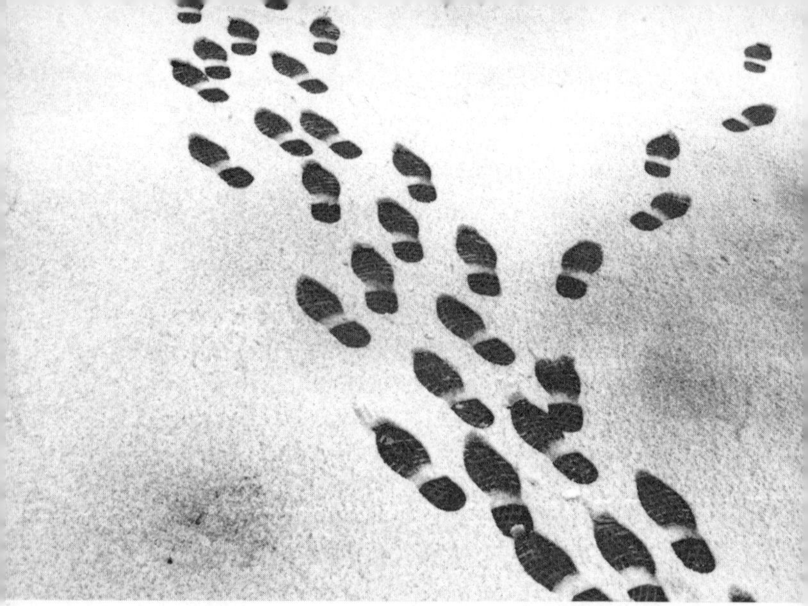

Über die Kunst, mit Fragen zu leben
von Curt Hondrich

Ich entsinne mich, dass wir so ein Stundenglas auch in meinem Elternhaus hatten. Die Verengung, durch die der rote Sand rinnt, ist so haardünn, dass es zuerst scheint, als ob der Sand im oberen Hohlraum gar nicht abnehme. Nur ganz zuletzt, da scheint's schnell zu gehen und schnell gegangen zu sein. Nur dem Ende zu.
Aber das ist so lange hin, dass es des Daran-Denkens nicht wert ist. Und im letzten Augenblick ist keine Zeit mehr, da bleibt uns keine Zeit mehr zum Daran-Denken.[1]

Das sagt der Komponist Gustav von Aschenbach in dem Film »Der Tod in Venedig«, den Luchino Visconti

1971 nach der gleichnamigen Novelle von Thomas Mann drehte. Das Bild trifft präzise, was in mir als älter werdendem Mann vor sich geht. Ich fühle mich vital und stark, als ob ich immer noch aus der Fülle, also aus dem oberen »Hohlraum des Stundenglases« lebte. Die Anderen aber sehen mich als jemanden, der schon im unteren Teil des Glases angekommen ist.

Das schmerzt, diese Differenz zwischen der Selbst- und der Fremdwahrnehmung. Ich selbst bin ja so alt, wie ich mich fühle. Und im Durchschnitt der Tage fühle ich mich gut, kreativ, leistungsfähig. Aber für die ehemaligen Berufskollegen und -kolleginnen bin ich so etwas wie ein abgelegter Fall, der aus dem aktiven Leben, aus dem beruflich-sozialen Geflecht ausgetreten ist. Allenfalls noch tauglich für ehrenamtliche Beschäftigungen. Niemand stellt die Frage: Was wirst du tun? Alle gehen davon aus, dass schon alles hinter mir liegt. Sollte das meine neue Positionsbeschreibung sein: keine Zukunft mehr, nur noch Vergangenheit? Und die Gegenwart?

Kaum etwas ist für mich als Rentner so niederschmetternd wie die vielleicht gut gemeinte Frage: »Und was machst du jetzt so?« Das ist eine Frage, die viel Unausgesprochenes beinhaltet: »Erzähl doch mal. Ich möchte sehen, ob ich von dir etwas abgucken kann für später, wenn ich erst einmal so weit bin. Später. Viel später natürlich.« Das ist das eine. Ein Anderes: »Was wirst du schon machen, jetzt, wo du raus bist. Na was schon? Vermutlich verbringst du Stunden am Fenster und siehst zu, wie die Regentropfen die Scheibe hinunter laufen, wie die Menschen vor deinem Fenster ihre Leben leben, die Kinder lachend und schreiend zu ihren Computerspielen nach Hause laufen.«

»Und was machst du so?« Was immer ich auch antworten mag, ich spüre die Unterstellung, meine Tage seien große leere Flächen, die ich emsig zu füllen versuche, um beschäftigt zu wirken, um dem Vakuum um mich herum und in mir zu entkommen. Fallen sind um mich herum aufgestellt, Fallen der sozialen Leere, des freien Falls ins Aus. Und in vielen Gesichtern erahne ich die Neugier, mir zuzusehen, wie es sein wird mit mir, dann ...

»Ach«, sagte die Maus, »die Welt wird enger mit jedem Tag. Zuerst war sie so breit, dass ich Angst hatte, ich lief weiter und war glücklich, dass ich endlich rechts und links in der Ferne Mauern sah, aber diese langen Mauern eilen so schnell aufeinander zu, dass ich schon im letzten Zimmer bin, und dort im Winkel steht die Falle, in die ich laufe.« — »Du musst nur die Laufrichtung ändern«, sagte die Katze und fraß sie.[2]

Die Wegbeschreibung in Franz Kafkas »Kleiner Fabel« ist präzise. Natürlich: Was immer ich auch tue, mein Leben ist ausweglos begrenzt durch den Tod. Aber was bedeutet diese Grenzziehung für mein Leben? Entwertet sie mein Leben zu einer fortdauernden Passionsgeschichte, zu einer Depression mit allzu gewissem Ausgang?

Auch jenseits der Pensionsgrenze fühle ich mich lebendig und meistens auch fit. Ich hänge an meinem Leben und will es mir nicht zu einer Veranstaltung der Tristesse einschwärzen lassen. Gerade angesichts der Verneinung des Lebens durch den Tod habe ich das Recht auf Würde und auf einen aufrechten Gang. Es ist das Recht des Lebens, sich selbst genug zu sein. Albert Camus hat das bei den Menschen in Algier beobachtet:

Ich glaube sagen zu können, dass diese Menschen nicht gegen das Leben gesündigt haben. Denn wenn es eine Sünde gegen das Leben gibt, so besteht sie vielleicht nicht so sehr darin, an ihm zu verzweifeln, als darin, auf ein anderes Leben zu hoffen und sich der unerbittlichen Größe dieses Lebens zu entziehen. Diese Leute haben nicht gemogelt. Mit zwanzig Jahren waren sie durch ihre glühende Lebensgier die Götter des Sommers und sind es immer noch, obwohl ohne jede Hoffnung. Zweie von ihnen habe ich sterben sehn. Das Entsetzen malte sich auf ihren Zügen, aber sie sagten nichts. So soll es sein. Aus der Büchse der Pandora, in der alle Übel der leidenden Menschheit wimmelten, ließen die Griechen als letztes und schrecklichstes die Hoffnung schlüpfen. Ich kenne kein erschütternderes Symbol. Denn Hoffen heißt zuletzt entsagen, wenn man auch das Gegenteil zu glauben pflegt. Und Leben heißt: nicht entsagen.[3]

Das Fest des Lebens feiern. Aber leben ohne Hoffnung? Ernst Bloch, der Philosoph der Hoffnung, widerspricht:

Die Hoffnungslosigkeit ist selber, im zeitlichen wie im sachlichen Sinn, das Unhaltbarste, das ganz und gar den menschlichen Bedürfnissen Unerträgliche.[4]

Das ist wohl zutreffend. Aber wann geht es denn im Leben nach unseren Bedürfnissen? Jeder – denke ich – hat das Bedürfnis nach Frieden. Aber ist deshalb auch Frieden? Was meint denn der Vers aus dem 90. Psalm: »Lehre uns bedenken, dass wir sterben müssen, auf dass wir klug werden«?

Der Vers ist typisch für das Alte Testament, in dem fast nirgends über die Todesgrenze hinaus gedacht und auch nicht hinaus gehofft wird. Vielmehr soll diese Grenze das Motiv sein, das Leben zu heiligen. Und das heißt, den Geboten entsprechend zu leben. Der Tod ist also Handlungskorrektiv für das Leben und nicht die Quelle der Depression. Ich sitze eben nicht da und warte darauf, dass es kommt, das Ominöse, das Sterben. Auch im Alter ist das nicht so. Altern ist nicht die Kunst des Wartens auf den Tod. Natürlich bin ich ihm näher. Er ist nicht mehr länger nur eine Möglichkeit wie in der Jugend. Immer mehr wird er zu einer Gewissheit. Vertraut bin ich mit ihm nicht. Ich fürchte ihn. Oder genauer: Ich fürchte das Sterben. Da geht es mir ähnlich wie Jean Améry, der in seinem Essay »Über das Altern« schrieb:

Ich fürchte das Sterben, mit dem ich in vertrauter Feindschaft alternd zusammengeriet, an das ich mich in trügerischer Intimität gewöhnte. Ich glaube, ich habe Angst vor der Enge. So unstatthaft ist es wohl nicht, Sterben gleichzusetzen mit der Verengung meines Lebens. Vom Leben verlassen werden, den letzten Atemzug tun, »verseufzen«, ... verstehe ich als Ersticken, ob vielleicht auch die medizinische Wissenschaft diesen Begriff als klinisch unpräzise abweise. Mit dem Atmen aber, das mir dann versagt sein wird, kenne ich mich aus, so gut wie jedermann. Ich habe Atemnot gehabt wie irgendwer: da wurde mir klar, dass der Wunsch nach Freiheit rückführbar ist auf das drangvolle Verlangen nach Atemfreiheit. Im Sterben aber wird die Menge Oxygen, die ich so durchaus für mich will, mir nicht mehr gewährt sein. Mit der verwehrten Atemfreiheit werden alle Freiheiten sich mir entziehen. Mit Bangen um Luft muss ich weitermachen, das ist die Niedertracht, mit einer Furcht, die ich mit großer Wahrscheinlichkeit immer genauer werde kennen lernen.[5]

Das also soll das Schicksal des älter werdenden Menschen sein: Ein Leben in Furcht vor der Folter des Sterbens oder – wie Améry meint – des Erstickens? Dieser Vision des Grauens hoffnungslos ausgeliefert? Das Leben ein Alptraum, der mit Gewissheit Wirklichkeit wird? Wie Recht Ernst Bloch hatte: Das ist unseren menschlichen Bedürfnissen unerträglich. Also doch auf die Hoffnung setzen? Auf Religion?

Religion will gelebt werden, wenn ihre Inhalte in der Gesellschaft überzeugend zum Tragen kommen sollen. In unserer westlichen Gesellschaft sind die Überzeugungen der christlichen Religion weitgehend abhanden gekommen. In seinen »Briefen an einen jungen Dichter« beschreibt Rainer Maria Rilke überaus treffend, dass selbst die Voraussetzungen für Religion verloren gegangen sind.

Wir müssen unser Dasein so weit, als es irgend geht, annehmen; alles, auch das Unerhörte, muss darin möglich sein. Das ist im Grunde der einzige Mut, den man von uns verlangt: mutig zu sein zu dem Seltsamsten, Wunderlichsten und Unaufklärbarsten, das uns begegnen kann. Dass die Menschen in diesem Sinne feige waren, hat dem Leben unendlichen Schaden getan; die Erlebnisse, die man »Erscheinungen« nennt, die ganze sogenannte »Geisterwelt«, der Tod, alle diese uns so anverwandten Dinge, sind durch die tägliche Abwehr aus dem Leben so sehr hinausgedrängt worden, dass die Sinne, mit denen wir sie fassen könnten, verkümmert sind. Von Gott gar nicht zu reden.[6]

Vielleicht hat Rilke ja Recht. Vielleicht sind uns neuzeitlichen Menschen durch Aufklärung und naturwissenschaftliches Denken diese speziellen Sinne für die Erscheinungen jenseits dieses Denkens abhanden gekommen. Vielleicht fällt es uns deshalb so schwer oder ist es uns gar unmöglich, mit einer Verheißung wie der Auferstehung der Toten etwas anfangen zu können.

Der Theologe Rudolf Bultmann vermittelte mir, dass Jesus ins »Kerygma der christlichen Urgemeinde« auferstanden sei, also in die Verkündigung der Gemeinde. Dieses Verständnis ließ eine Auslegung der Auferstehung offen. Sie konnte als tatsächlich geglaubt oder aber symbolisch als Trost für die Bewältigung des Lebens verstanden werden, als Aufforderung, sich dem Leben zuzuwenden. So wie Dorothee Sölle in ihrer »Theologie nach Auschwitz«, in ihrer »Theologie nach dem Tode Gottes« es getan hat.

Als die Zeit erfüllt war, hatte Gott lange genug etwas für uns getan. Er setzte sich selber aufs Spiel, machte sich abhängig von uns und identifizierte sich mit den Nichtidentischen. Es ist nunmehr an der Zeit, etwas für Gott zu tun.[7]

Das ist eine Anweisung zum Handeln, zum Leben also. Es ist eine Art Auferstehung vor dem Tod. Christentum, so verstanden, misst sich an der Lebenspraxis. Da sind keine speziellen Sinne, wie Rilke sie vermisste, nötig. Nötig ist christliche Orthopraxie: richtiges Handeln im Sinne der biblischen Überlieferung. Lebensgestaltung.

Was heißt dann Lebensgestaltung vor der Wirklichkeit des Todes? Lebensgestaltung im Alter also? Nun ist es nicht mehr angebracht, ein Auge zuzudrücken und die Auseinandersetzung mit Tod und Auferstehung auf einen späteren Zeitpunkt zu verschieben.

Dieser Zeitpunkt ist zu real, zu nah heran gekommen. Jetzt muss ich mich stellen, Farbe bekennen. Vor mir selbst, versteht sich. Ich muss rückhaltlos offen sein. Und was sehe ich da? Keine klare Antwort, hinter die ich mich stellen könnte. Ich muss mir eingestehen: Ich weiß es nicht und kann deshalb das Unerklärliche, die Auferstehung, nicht glauben, ohne dabei sagen zu können, sie sei unwahr. Ich bleibe vor Ja oder Nein stehen, ohne zu wissen, ohne glaubend zu wissen. Die Wirklichkeit nach dem Sterben bleibt dunkel. Eine offene Frage, die ich für mich nicht beantworten kann.

Also doch im Terror der Todesangst verharren? Oder sich trösten mit der Zuversicht der Natur-Erkenntnis, dass nichts verloren geht, also auch ich nicht? Ein bisschen ist das schon der Trost der Vernunft, die sich mit der Hoffnung verbindet. Aber ein persönlicher Trost ist das nicht. Er betrifft meine Moleküle, meine energetischen Stoffe. Aber was ist mit mir als Person? Gehe auch ich nicht verloren? Und wer oder was ist das, diese meine Ich-Person? Ist sie das, was die Tradition »Seele« nennt? Oder ist sie nur eine Funktion des Gehirns und löst sich mit dem Hirntod auf? Kehrt das, was von mir bleibt, anonym zurück in den warmen Strom, aus dem das Leben entsteht?

Fragen, offene Fragen. Sie offen stehen zu lassen, sie ohne verzweifelte Antwortversuche stehen zu lassen, vielleicht ist das der Mut, von dem Rilke schrieb. »Mutig zu sein zu dem Seltsamsten, Wunderlichsten und Unaufklärbarsten, das uns begegnen kann.« Diese Art von Mut ist es wohl , die mir im Alter die Würde verleihen könnte, die Albert Camus an den Menschen in Algier so bewunderte, weil sie sich der »unerbittlichen Größe des Lebens« gestellt haben.

Also nicht angstvoll verharren vor der schrecklichen Gewissheit des Todes, sondern weitergehen ins Leben, das so lange gelebt werden will, wie es dauert. Bis zum Schluss.

»Und wenn ich wüsste, dass morgen die Welt verginge, ich pflanzte heute noch mein Apfelbäumchen«, soll Luther gesagt haben. Das ist der christliche Pfeiler der menschlichen Würde angesichts der Sterblichkeit. Den humanistischen Pfeiler hat Simone de Beauvoir gezeichnet:

Wollen wir vermeiden, dass das Alter zu einer spöttischen Parodie unserer früheren Existenz wird, so gibt es nur eine einzige Lösung, nämlich weiterhin Ziele zu verfolgen, die unserem Leben einen Sinn verleihen: das hingebungsvolle Tätigsein für einzelne, für Gruppen oder für eine Sache, Sozialarbeit, politische, geistige oder schöpferische Arbeit. Im Gegensatz zu den Empfehlungen der Moralisten muss man sich wünschen, auch im hohen Alter noch starke Leidenschaften zu haben, die es uns ersparen, dass wir uns nur mit uns selbst beschäftigen. Das Leben behält einen Wert, solange man durch Liebe, Freundschaft, Empörung oder Mitgefühl am Leben der anderen teilnimmt. Dann bleiben auch Gründe, zu handeln oder zu sprechen ... Besser ist es, nicht zuviel ans Alter zu denken, sondern ein möglichst engagiertes und möglichst gerechtfertigtes Menschenleben zu leben, an dem man auch dann noch hängt, wenn jede Illusion verloren und die Lebenskraft geschwächt ist.[8]

Und was sage ich? Nun, ich weiß, dass ich nicht weiß. Ohne zu klagen, ohne zu verzweifeln. Ich weiß, dass ich ein Glied in der Kette meiner Ahnen bin und die Kette verlängert habe um meine Kinder und Enkelkinder. Das ist der biologische Aspekt. Der spirituelle ist aufgehoben in einem Bild, das Rose Ausländer gedichtet hat:

Ich bin der Sand
im Stundenglas
und rinne
ins Tal der Zeit
die mich umarmt[9]

Curt Hondrich wurde 1939 in Köln geboren und studierte nach dem Besuch eines naturwissenschaftlichen Gymnasiums Evangelische Theologie und Philosophie. Im Anschluss an das Studium arbeitete er als freier Journalist und Rundfunkautor. Zunächst war er Pressereferent beim Deutschen Evangelischen Kirchentag, danach wurde er Nachrichtenredakteur beim Evangelischen Pressedienst. Bis zu seinem Eintritt in den Ruhestand Ende 2002 war er Kultur-Redakteur zunächst beim Saarländischen und dann 25 Jahre lang beim Westdeutschen Rundfunk. Curt Hondrich ist verheiratet, hat drei Kinder und lebt heute als freier Journalist und Autor. Er ist Vorsitzender des »Fördervereins Kriegskinder für den Frieden e. V.«.

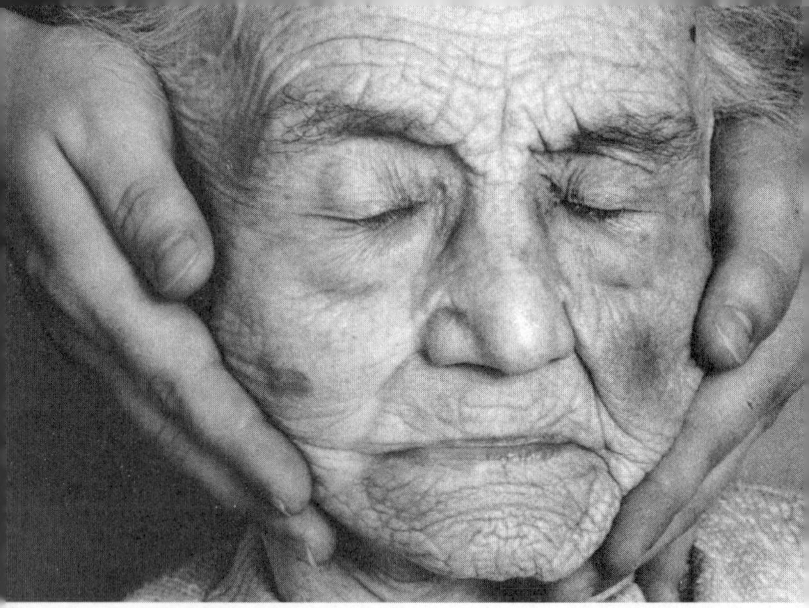

Das Sterben zulassen
von Manfred Kock

Fast siebzig Jahre bin ich alt. »Für dein Alter bist du bei guter Gesundheit«, sagt meine Tochter, die Ärztin. Ich bin dankbar für diese Auskunft, denn Gesundheit ist ja nicht selbstverständlich, vor allem nicht im Alter. Dabei mache ich mir nichts vor: Die Körperkräfte haben deutlich nachgelassen. Auch die geistige Spannkraft lässt Mängel erkennen. Die Anzeichen, dass mein Leben begrenzt ist, sind unübersehbar. Doch noch kommt der Tod zu anderen.

Mein ganzes Leben als Pfarrer bin ich mit Sterbenden in Kontakt gewesen, und in den letzten Jahren erlebe ich in meiner Umgebung, in der Familie und im

Freundeskreis, wie schwere Krankheiten und schmerzliche Abschiede zunehmen. Wie qualvoll das Sterben sein kann, weiß ich daher sehr wohl und habe manchmal Angst davor. Dann wünsche auch ich mir einen schnellen, schmerzfreien Tod.

Aber ich weiß, dass das Sterben des Menschen Bestimmung ist. »Vergänglich und vergeblich ist alles menschliche Tun«, heißt es im 90. Psalm. Der Mensch »ist Staub und ist Gras, das morgens blüht und abends abgehauen wird und verdorrt«. Das Leben »fliegt dahin, als flögen wir davon«. Siebzig oder achtzig Jahre währt es, wenn es denn seine ganze Fülle erreicht. Die Wirklichkeit sah damals anders aus, so wie heute in vielen Ländern Afrikas. Da liegt die durchschnittliche Lebenserwartung eben bei dreißig Jahren.

Aber was ist schon die Dauer der Zeit? Ein einziger Leidenstag kann sich hinziehen wie eine Ewigkeit, während siebzig oder achtzig mal 365 Tage dahingeplempert werden können. Siebzig oder achtzig Jahre, aber die sind voller Arbeit, Mühe und Plage, sagt der Psalmbeter. Wie erleben wir unsere Tage? Wie haben wir sie gelebt? Als erfüllte Zeit oder als sinnloses Treiben? Auch das entscheidet ja darüber, wie leicht wir uns damit abfinden, wenn unsere Zeit zu Ende geht.

»Lehre uns bedenken, dass wir sterben müssen auf dass wir klug werden«, heißt es weiter im 90. Psalm – oder anders übersetzt: »Lehre uns unsere Tage zu zählen, dass wir ein weises Herz gewinnen.« Das heißt: Lass mich meine Grenzen annehmen. Jederzeit kann es ja ans Sterben gehen. Wenn ich mich darauf einstelle, werde ich lernen, mit meinem Sterben gut umzugehen. Zudem kann ich die mir geschenkte Zeit bewusst annehmen, mein Leben wird nicht sinnlose Vergeblichkeit. Menschen, die plötzlich von dem Schock einer schweren Krankheit oder von einem Unfall überrascht wurden, berichten nach ihrer Genesung von einem zweiten Geburtstag. Sie nehmen jeden Tag als ein Geschenk und sagen, dass sie seitdem viel bewusster und dankbarer leben.

Der Fortschritt der Medizin hat viel Segen gebracht. Viele Krankheiten, die früher unweigerlich zum Tode geführt haben, haben ihre Bedrohung verloren. Viele an Krebs Erkrankte können heute mit Chemo- und Strahlentherapie geheilt werden oder bekommen wenigstens eine früher nicht mögliche Lebensverlängerung geschenkt. Die durchschnittliche Lebenserwartung wird immer höher. Aber zugleich verlängert sich damit auch die Phase, in der die Menschen zunehmend schwächer werden. Viele haben Angst, die sonst so segensreiche medizinische Technik könnte sie am Ende einer sinnlosen Lebens- und Sterbeverlängerung aussetzen. Sie befürchten, dass sie selbst, ihre Angehörige oder Freunde in eine Situation unerträglicher Leiden geraten, aus der kein Ausweg möglich scheint.

In der Tat sterben vier von fünf Menschen nach einer langen Zeit abnehmender Kräfte und zunehmender Hilflosigkeit. Auch ich mache in der Familie und im Kreis der Freunde immer wieder die schmerzliche Erfahrung, dass alte Menschen lange sehr hilfsbedürftig sind. In vielen Fällen ist der körperliche Zustand noch besser als die Kräfte ihrer Sinne. Dann zieht sich das Sterben oft quälend lange hin.

So etwas löst die Angst aus, auch das eigene Sterben könnte unendlich lange dauern. Viele möchten deshalb über den Zeitpunkt ihres Todes gerne selbst bestimmen. Man spricht von selbstbestimmtem Sterben und stimmt den Forderungen zu, die aktive Sterbehilfe durch Ärzte gesetzlich zu erlauben. Man verweist auf entsprechende Gesetze in den Niederlanden und in Belgien.

Der von mir hoch verehrte evangelische Christ Walter Jens gehört zu denen, die immer wieder für eine Straffreiheit in bestimmten Fällen aktiver Sterbehilfe plädieren. Jens betont die Selbstbestimmung des Einzelnen, der seinen freien Willen auch in den Fragen um Leben und Tod zum Ausdruck bringen darf. Solche Freiheit sei durch Reformation und Aufklärung errungen, und gerade in der Selbstbestimmung über den Zeitpunkt des Todes könne der Mensch seine Würde bewahren.

Am Anfang mag man bei der aktiven Sterbehilfe an einen Ausdruck der Freiheit denken und daraus einen Rechtsanspruch des Sterbenden ableiten, wenn man die Beendigung des Lebens mit Hilfe eines Arztes fordert. Aber ist damit bedacht, welche Zumutung denn solche Regelung für den Arzt bedeutet? Dessen berufliches Selbstverständnis ist auf Lebenserhaltung, nicht auf Lebensbeendigung gerichtet. Darauf müssen wir Menschen uns verlassen können. Wie viel Vertrauen könnten wir noch haben zu Ärzten, bei denen wir immer befürchten müssten, dass sie unseren Tod eigentlich für die bessere Wahl halten und ihn deshalb vielleicht sogar etwas befördern würden durch die Therapie ihrer Wahl? Aus Tötungsregelungen würden sich schnell Zwangslagen für Sterbende entwickeln: Ein Verfügungsrecht über den Zeitpunkt des Todes würde sich in der Gesellschaft etablieren, welches die Einstellung zur Würde des Menschen verändert.

Ich fürchte, die Freiheit würde verspielt, in deren Namen die Legalisierung der aktiven Sterbehilfe gefordert wird. In dem von der Gesetzgebung geschaffenen Klima würden Sterbende sich allzu rasch ausschließlich als Last für ihre Umgebung empfinden und deshalb zur Bitte um Lebensbeendigung genötigt fühlen. Erfahrungen aus der Seelsorgepraxis machen deutlich, dass es schon jetzt eine der Hauptsorgen hochbetagter Menschen ist, anderen zur Last zu fallen. Eine Rechtsordnung, die aktive Sterbehilfe zulässt, beschwört die Gefahr herauf, dass der uneingeschränkte Schutz des Lebensrechts aller Menschen noch an weiteren Stellen gelockert wird. Die Befürchtung, dass die ursprünglich intendierte enge Begrenzung nicht durchgehalten werden kann, wird durch die Entwicklung in unseren Nachbarländern bestätigt. In den Niederlanden wird nur rund die Hälfte der Fälle gemeldet, die Kontrollen haben sich als unzureichend erwiesen, die vorgeschriebene zweite medizinische Stellungnahme fehlt oft. Auch solche Patienten werden von ihrem Leiden »erlöst«, die gar nicht erlöst werden wollen. Diese Verstöße ziehen nur äußerst selten Untersuchungen, nie jedoch Sanktionen nach sich. Jede zweite Tötung wird in Belgien vom Pflegepersonal statt von Ärzten durchgeführt. Inzwischen befürworten manche, auch psychisch Leidenden ihren Sterbewunsch zu erfüllen, ohne dass sie an einer tödlichen Krankheit leiden. Das halte ich für eine schreckliche Tendenz, gerade auch wenn die Argumente für eine Legalisierung der Sterbehilfe meistens eine humane Verkleidung tragen und mit der Attitüde des Mitleids und im Namen der menschlichen Freiheit vorgetragen werden.

Was aber bewahrt davor, dass das Mitleid und die vorgebliche Freiheit selbstbestimmten Sterbens unter den Druck demographischer Kurven und beschwerlicher Rentenformeln geraten? In Zeiten knapper Kassen trauen viele der Qualität unseres Gesundheitssystems nicht mehr. Schon jetzt rechnen 61 Prozent damit, dass in Zukunft Patienten vor ihrer Zeit sterben müssen, weil vor allem an den Schwerkranken und Alten gespart werden wird. Lange Sterbeprozesse sind teuer. Die aktive Sterbehilfe könnte das Problem verbilligen, nicht wahr? Oder wie ist das häufig benutzte Argument zu verstehen, wir dürften uns nicht vom Fortschritt medizinischer Forschung abkoppeln und müssten deshalb Dinge tun, die wir zwar irgendwie nicht wollen, die aber ökonomisch unumgänglich scheinen? Schon spricht man von einer Lebensverlängerungsdiktatur der Medizin. Da ist der Quantensprung vom persönlichen Wunsch nach bewusstem Sterben hin zum gesellschaftlich erwünschten, weil »sozialverträglichen« Sterben unausweichlich. Gerade in Deutschland wissen wir durch die Erfahrungen der Vergangenheit, wohin es führen kann, wenn Menschen von Dritten für nicht mehr lebenswert erklärt werden, statt in ihrer Schwäche, Krankheit oder Behinderung als Menschen akzeptiert und nach ihren Bedürfnissen umsorgt zu werden.

Trotz der wachsenden Zahl von Hospizen, trotz einer steigenden Aufmerksamkeit für Sterbebegleitung: Viele sind allein, wenn es ans Sterben geht. Die Ausklammerung des Sterbens aus dem Bewusstsein der Gesellschaft sorgt immer noch für die Verdrängung der Sterbenden. Man weicht ihnen aus. Ich möchte nicht moralisierend von denen sprechen, denen es einfach über ihre Kräfte geht, einem schwer kranken oder sterbenden Freund oder Angehörigen beizustehen oder ihn zu besuchen. Oft ist es die Angst, die hier belastet. Viele Menschen und ihre Angehörigen werden völlig unvorbereitet von dieser Situation überrollt, obwohl jeder weiß, dass Schwäche, Krankheit und Sterblichkeit zum letzten Weg dazugehören. Diese Situation ist aber, davon bin ich überzeugt, nicht dadurch zu heilen, dass den Ärzten der Vollzug der Sterbehilfe gesetzlich auferlegt wird.

Christen glauben: Der Mensch gibt sich nicht selbst das Leben, und darum darf er es weder sich noch anderen nehmen. Das Leben steht nicht zu unserer Disposition, sondern unter dem Eigentumsvorbehalt Gottes. So überliefert es die christliche Kultur, und darum steht in Deutschland das Leben unter dem Schutz unseres Grundgesetzes.

Die Bibel als Glaubensgrundlage enthält für viele Fragen keine Handlungsanweisungen. Gerade für Bereiche, die vor 2000 Jahren nicht denkbar waren, können direkte Regeln nicht abgelesen werden. Ethische Fragen, die sich angesichts des medizinischen Fortschritts neu ergeben, haben sich damals so nicht gestellt. Aber die Bibel liefert Orientierungen und steckt den Rahmen ab, innerhalb dessen wir unsere Handlungsspielräume auszuloten haben. Insbesondere sind alle ethischen Leitlinien daran zu messen, ob sie mit dem Verständnis des Menschen übereinstimmen, das die Bibel dem christlichen Glauben vorgibt.

Darum ist das Leben jedes Menschen der willkürlichen Verfügung – durch sich selbst und andere – entzogen. Weil sich der Mensch nicht sich selbst verdankt, kann er keine gesetzlich garantierte, absolut freie Entscheidung über sein Lebensende beanspruchen, erst recht nicht über den Umweg der Beihilfe zum so genannten »Freitod«, die die aktive Mitwirkung anderer zwingend voraussetzt.

Jedes »Ethos des Heilens« muss um seine Grenzen wissen, um menschlich zu bleiben. Das schließt die Einsicht ein, dass Krankheit, Sterblichkeit und Tod zum Menschsein gehören. Es ist ein wesentlicher Teil des dem Menschen aufgegebenen Reifungsprozesses, die eigene Endlichkeit anzunehmen, mit ihr zu leben und zu sterben. Menschen haben einen Anspruch auf medizinische Hilfe und Beistand in der Krankheit und beim Sterben; ein Recht, von Krankheit oder vom Tod verschont zu bleiben oder befreit zu werden, gibt es nicht. Die Tötung darf nicht legalisiert werden.

Die Alternativen zur Tötung sind umfassende Sterbebegleitung, Leidensminderung durch Schmerztherapie und die Betreuung durch Angehörige und in Hospizen. Gerade weil ich Menschen als Seelsorger und als ihnen Nahestehender wiederholt bis zum Sterben begleitet habe, weiß ich, wie wichtig es ist, sie in ihren Ängsten nicht allein zu lassen. Aber unerlässlich ist auch eine Grenze, die vor der nur scheinbar hilfreichen Sterbehilfe schützt.

Ethisch verantwortbar und auch rechtlich erlaubt ist es, den Wunsch eines sterbenden Menschen zu respektieren, an ihm keine lebensverlängernden Maßnahmen mehr vorzunehmen und dem Sterbeprozess seinen Lauf zu lassen. Es geht darum, beim Sterben zu helfen. Hier kommt in erster Linie der Möglichkeit eine besondere Bedeutung zu, für das Ende des Lebens Verfügungen zu treffen in Form von Patienten-, Vorsorge- oder Betreuungsverfügungen. Die können für den Arzt eine wichtige Entscheidungshilfe sein. Der Arzt jedenfalls hat die Entscheidung zu treffen, wann der unumkehrbare Zeitpunkt des Sterbeprozesses eingetreten ist. Denn Patientenverfügungen dürfen nur unter der Voraussetzung eines unumkehrbaren Sterbeprozesses gelten, nicht aber, wenn sie auf die Erfüllung eines Sterbewunsches zielen, ohne dass die Krankheit einen tödlichen Verlauf genommen hat.

Die Grenze zwischen der aktiven Sterbehilfe und der Beendigung lebenserhaltender Maßnahmen ist nicht so klar, wie es scheint. Die Diskussion um die Patientenautonomie und ihre Grenzen weist hin auf die Grauzonen im Bereich von Leiden und Sterben. Dem entspricht, dass in den »Grundsätzen zu Sterbebegleitung« der Bundesärztekammer auch nicht von passiver Sterbehilfe gesprochen wird, sondern von Aufgabe des Therapiezieles der Lebenserhaltung, wenn der Tod nicht länger ohne Belastung und Leiden hinausgeschoben werden kann.

Aber als Christ halte ich mich an eine grundsätzliche Einsicht unseres Glaubens. Schon im Buch Hiob heißt es: »Der Mensch – geht auf wie eine Blume, fällt ab, flieht wie ein Schatten und bleibt nicht.« Sterblichkeit ist unsere Bestimmung. »Lehre uns bedenken, dass wir sterben müssen«, betet der 90. Psalm. Diese Weisheit der jüdisch-christlichen Gottes- und Lebenserfahrung hilft, das Sterben anzunehmen für unsere Lieben und für uns selbst. Die medizinische Forschung hat gute Möglichkeiten entwickelt, quälende Schmerzen zu überwinden. Wenn wir den Sterbenden menschliche Nähe schenken und ihnen bis zum letzten Atemzug die Gewissheit vermitteln, dass sie nicht allein sind, tragen wir dazu bei, dass Menschen in der letzten Lebensphase nicht verzweifeln müssen.

Manfred Kock wurde 1936 geboren. Er studierte Evangelische Theologie in Bethel, Münster und Tübingen und war als Assistent an der Kirchlichen Hochschule Bethel tätig. Nach seinem Vikariat arbeitete er als Pfarrer in Recklinghausen und Köln. 1980 wurde er Superintendent des Kirchenkreises Köln-Nord, acht Jahre später Stadtsuperintendent aller evangelischen Kirchenkreise Kölns. Von 1997 bis 2003 war Manfred Kock Präses der Evangelischen Kirche im Rheinland und Vorsitzender des Rates der Evangelischen Kirche in Deutschland. Manfred Kock ist verheiratet und hat drei Kinder und sechs Enkel.

Hoffnung auf den ewigen Gott
von Wolf Krötke

Ich kenne ein Dorf, wo viele Menschen von der Binnenschifffahrt leben. Da gibt es unter den Schiffern eine alte Tradition. Die meisten von ihnen treten in jungen Jahren aus der Kirche aus. Wenn sie dann aber das Rentenalter erreicht haben, treten sie wieder ein. Warum sie das machen, ist wie bei vielen alten Traditionen nicht ganz klar. Aber es signalisiert doch eines deutlich: Mitten im Leben, wenn sie da mit ihren Kähnen auf Havel, Spree und Elbe herumschippern, hat die Kirche nicht viel zu suchen. Aber wenn das Leben zur Neige geht, dann wird sie wieder etwas mehr zuständig. Sie sorgt für eine schöne Beerdigung und öffnet vielleicht sogar, wenn es so etwas denn wirklich geben sollte, ein Türchen zum ewigen Leben auch für einen wettergegerbten Fahrensmann.

Ich weiß nicht, ob ich es wirklich gut finden soll, wenn unsere Kirche da mitspielt. Denn hier gewinnt die Öffnung von Menschen für Gott nun doch etwas schlitzohrig Geschäftsmäßiges, das dem Ernst des Lebens und des Glaubens an Gott unangemessen ist. Auf der anderen Seite kann man aber doch auch nicht übersehen, dass die Alten das Erscheinungsbild unserer Kirche ziemlich stark prägen. In der Regel ist das ein Grund zur Klage. »Zu viele Alte« bedeutet, die Kirche stirbt aus. Aber ich erinnere mich, diese Klage schon gehört zu haben, als ich selbst noch jung war – nämlich vor mehr als fünfzig Jahren –, und die Kirche ist immer noch nicht ausgestorben. Die Alten, die damals im Gottesdienst saßen, sitzen heute immer noch da. Irgendwie müssen sie ja nachgewachsen sein. Wenn das aber so ist, dann hat die Kirche offenkundig für alte Menschen etwas besonders Attraktives.

Einer der Gründe könnte sein, dass viele alte Menschen einsam sind. Hier finden sie eine Gemeinschaft, in der sie wichtig sind und in der sie sich wohl fühlen können. Hier erwarten sie mit Recht Verständnis für die Probleme des Altseins und Trost, wenn es ihnen schlecht geht. Nicht zuletzt aber ist hier ein Ort, an dem die *christliche Hoffnung* eine große Bedeutung für ihr alt gewordenes Leben bekommen kann. Denn wo eine christliche Kirche ist, wird von dieser Hoffnung geredet, mehr noch: Da sind Menschen, welche diese Hoffnung in sich tragen und andere zu ihr ermutigen. In der Sprache des Neuen Testaments handelt es sich um die Hoffnung, dass Gott uns vom Tode erwecken werde.

Leider gibt es heute innerhalb und außerhalb der Kirche viele Menschen, die eine solche Hoffnung nicht haben. Entweder glauben sie nicht an Gott. Dann können sie von ihm auch nichts erhoffen. Oder sie glauben zwar an Gott, meinen aber, dass er nur für dieses irdische Leben zuständig ist und deshalb auch gegenüber unserem Tod nichts ausrichten kann. Sowohl die einen wie die anderen müssen darum irgendeine Lebenskunst finden, wie sie damit fertig werden, dass sie sterblich sind. Die meisten machen es so wie unsere Schiffer. Sie verdrängen den Gedanken an ihren Tod, so lange es geht. Aber irgendwann geht das nicht mehr. Da meldet sich der Tod von alleine, z. B. wenn Menschen sterben, die uns nahe stehen, und ihr Tod schlimme Lücken in unserer Leben reißt, wenn wir selber schwer erkranken, und spätestens dann, wenn wir alt und älter werden. Dann nimmt die Macht, die unser Ende auf uns ausübt, deutlich zu. Denn die Zeit, in der wir sterben müssen, rückt schneller und schneller heran und wir können immer weniger so tun, als lebten wir ewig. Unsere geistigen und körperlichen Kräfte schwinden langsam. Immer mehr der Bekannten und Verwandten um uns herum sterben. Wir sind auf die Hilfe von anderen angewiesen, um überhaupt noch unsere Lebenstage zu bewältigen. »Was gibt es jetzt noch für mich zu hoffen?« – diese Frage kann man sehr häufig von alten Menschen hören.

Es ist eine tieftraurige Frage, eine Frage, die schon vom Tod infiziert ist. Denn sie erwartet die Antwort: »Nichts.« »Nichts, Schluss, aus« ist die Sprache des Todes, die sich nach und nach des alten Menschen bemächtigt. Das Schlimme an dieser Aussage besteht darin, dass sie unser ganzes Leben als nichtig durchstreicht und selbst die Zeit, die wir noch haben, entwertet. Sie macht auch Angst vor den Schrecken des Sterbens, so dass viele Menschen sich ausmalen, wie es ist, wenn sie ersticken oder wenn sie die Alzheimer-Krankheit bekommen, bei der ihr Bewusstsein verlöscht und ihr Leib – dieser schöne, blühende Leib von einst – für andere bloß noch eine Last ist. Der Tod, der seine mächtigen Schatten auf das Leben von alten Menschen wirft, kennt viele Arten, sie in seine Fänge zu nehmen und sie den Tod erleiden zu lassen, längst ehe sie sterben.

Ich bin darum froh, zu einer Gemeinschaft von Menschen zu gehören, in der diese Sprache, die das ganze Leben am Ende mit dem Tode infiziert, nicht wuchert. Und ich bin auch froh, dass alte Menschen diese Gemeinschaft suchen, damit die Wellen des Todes ihr Leben nicht ganz überschwemmen. Hoffnung heißt immer, dass dem Tode die Macht genommen wird, im Leben von Menschen mit seinen langen Schatten herumzuwüten. Hoffnung gibt der Zukunft des Lebens mehr Gewicht als dem Sterben und Vergehen. Das ist auch ohne den Glauben an Gott so. Wer sich von der Zukunft nichts mehr erhofft, fühlt sich wie tot. Jeder neue Tag wird ihm zum Totengräber. Er schaufelt das Leben bloß mit der Vergangenheit zu; je älter er wird, umso mehr.

Die Hoffnung dagegen spannt die Flügel unserer Seele auf, so dass wir voranfliegen in Zeiten schöner Erfahrungen, in Zeiten der Erfüllung unserer Wünsche, in Zeiten neuer Erkenntnis und vieler Überraschungen, die uns Freude bereiten. Solche Hoffnung macht sogar vor der Grenze unseres Todes nicht halt. Deshalb gibt es auf der Welt sehr viele religiöse Vorstellungen von einem Leben nach dem Tod. Sie stehen zwar alle im

Verdacht, nur Illusionen zu sein. Doch selbst Atheisten träumen davon, in ihren Kindern weiterzuleben. Derartige Träume der Hoffnung schenken uns offenbar Lebensmut, weil wir uns, solange wir leben, nur schwer vorstellen können, dass unser Leben bloß dazu da war, in Schmerz und Trauer wieder zu verschwinden. Die Frage »Was kann ich hoffen?« muss darum bei alten Menschen nicht eine vom Tode infizierte Frage sein. Sie kann Ausdruck des Mutes werden, mit dem wir gerade in der Nähe zur zeitlichen Grenze unseres Lebens das Alter als besondere Lebenszeit anzunehmen vermögen.

Allerdings braucht eine solche Hoffnung auch gute Gründe. Auf den Flügeln unserer Träume können wir zwar sehr weit fliegen. Wir können aber auch ganz schön hart abstürzen, wenn sich herausstellt, dass sie keinen richtigen Anker in unserem wirklichen Leben hatten. Und das stellt sich leider oft und besonders in den Härten des Alters heraus. Auch die christliche Hoffnung ist gegen einen solchen Absturz nicht gefeit. Schon im Neuen Testament hatte es Paulus mit Leuten zu tun, die sich Christen nannten, aber bei denen der Grund der christlichen Hoffnung nicht richtig in ihrem Leben verankert war. Sie haben darum gesagt. »Es gibt keine Auferstehung der Toten.« (1. Kor. 15,12) Paulus hat darauf geantwortet: »Hoffen wir allein in diesem Leben auf Christus, dann sind wir die elendesten unter allen Menschen.« (1. Kor. 15,19) Warum? Wir trauen dann dem ewigen Gott gar nichts zu, der uns in Christus begegnet ist. Wir machen ihn zu einem Gott von begrenzter Reichweite, eingeschränkt auf den Aktionsradius seiner sterblichen Geschöpfe, also letztlich zu einem Götzen.

Wer an Gott glaubt, lebt in der Tat zuerst in seiner Gegenwart, in der er uns mit seinem Geist belebt, uns bejaht, aufrichtet und ermutigt, wie seine Geschöpfe zu leben. Aber indem das geschieht, berührt er uns schon mit seiner Ewigkeit, in der er vor Beginn unseres Lebens lebendig war und auch am Ende unseres Lebens lebendig sein wird. An Gott glauben heißt in dem Lebensgefühl zu existieren, vom ewigen Gott umgeben zu sein. Wo ich als Christ auch hingehe, hoffe ich darum, dass er mir entgegenkommt und mit seinen göttlichen, ewigen Möglichkeiten für mich da ist. Hoffnung auf Gott beginnt darum ganz gewiss nicht erst im Alter. Wahrscheinlich haben es Menschen, in deren Leben die Hoffnung auf Gott keinen Anker fand, als sie auf der Höhe ihrer Lebenszeit waren, sogar besonders schwer, diese Hoffnung zu fassen. Ich bin da im Blick auf unsere Havelschiffer nicht sehr optimistisch. Sie denken vermutlich, in der Kirche sollen sie Zutrauen zu irgendwelchen Unsterblichkeitspraktiken fassen. Vielleicht machen sie sich auch die abenteuerlichsten Vorstellungen über das, was in der Bibel »Auferstehung« heißt.

Doch an irgendwelchen Vorstellungen über irgendwelche jenseitigen Zustände hängt das Aufleben der Hoffnung nicht. Es hängt vielmehr an der Erfahrung des ewigen Gottes, in dessen Händen es allein liegt, was aus mir wird, wenn ich sterbe. Er hat ja schon mein kleines irdisches Leben mit dem Pulsschlag seines ewigen göttlichen Lebens überreich gemacht. Was soll mich hindern, darauf zu hoffen, dass er mich in meinem Tode mit dem göttlichen, mit dem ewigen Leben auffangen wird? »Mit wem Gott redet, der ist wahrhaft unsterblich«, hat Martin Luther gesagt. Christinnen und Christen hoffen darauf, dass er sie bei ihrem Namen rufen wird, wenn sie sterben, und dass sein ewiges Leben darum auch sie – über alles hinaus, was wir uns vorstellen können – verewigen wird.

Wer in dieser Weise auf der Höhe seines Lebens hoffen gelernt hat, wird in sein Alter sicherlich nicht bloß irgendwie hineinstolpern. Doch gerade das erleben wir immer wieder bei alten Menschen. Zuerst erscheint der Rentenbeginn als die große Chance, frei vom Stress des Berufsalltags in Ruhe sein Leben genießen zu können. Aber bald wirkt er wie der große Hammer, der uns vom nützlich-tätigen Leben trennt. Es dauert nicht lange, dann folgt der große Jammer, der alten Menschen früher die Bezeichnung »Greis« oder »Greisin« eingebracht hat. Dieses Wort ist von »gries« abgeleitet und bedeutet einerseits »zermahlen« und andererseits »grau«. Ein »Greis« ist ein vom Leben zerriebener und gebrechlicher Mensch, ein graues, verschwindendes, griesgrämiges Wesen. Dieses Wort ist Gott sei Dank heute aus unserer Sprache verschwunden. Man nennt die Alten »Seniorinnen« und »Senioren«, um mit diesem Fremdwort ein besonderes Gewicht und eine besondere Aktivität von alten Menschen zum Ausdruck zu bringen. Das ist ja auch gut so. Mir käme es mit meinen sechsundsechzig Jahren auch komisch vor, wenn man mich einen Greis nennen würde.

Aber so wie einer, der auf den ewigen Gott hofft, in sein Alter hineingeht, fände ich es auch nicht schlimm, ohne Fremdwort-Geschwafel nüchtern damit zu rechnen, dass alte Menschen nun in einem Alter sind, in dem der Tod sich in ihrem Leben nachdrücklich melden kann. Für eine Christin und für einen Christen meldet er sich ja schon lange. Jeden Morgen, wenn ich in mein Arbeitszimmer gehe, werfe ich seit langem einen Blick auf den Gekreuzigten. Er erinnert mich täglich daran, dass ich sterblich bin und dass jeder Tag eine einmalige Gelegenheit ist. Mit der heute so verbreiteten Todesverdrängung kommt ein Christ darum bestimmt nicht in seinem Alter an. Aber auch nicht mit all der Jammerei darüber, dass das Leben nun irgendwie ins Nichts abrutscht. Es rutscht nicht ab. Denn was abzurutschen scheint, das fängt Gott auf, auf den ein Christenmensch hofft.

Altwerden im Hoffen auf Gott gibt uns darum die Kraft, zwischen dem zu unterscheiden, was wir selbst vermögen, und dem, was wir getrost in Gottes Hände legen können. Dieses Hoffen schenkt uns eine eigenartige Gelassenheit, die wir so in unserer Jugend nicht kannten. Wenn wir jung sind, dann strotzen wir nur so von Möglichkeiten. Wenn wir erwachsen sind, haben sich unsere Möglichkeiten auf das eingependelt, was wir vermögen. Wenn wir aber alt werden, dann freuen wir uns der Möglichkeiten, die wir haben, auf besonders intensive Weise und trauern nicht den Gelegenheiten nach, die wir nicht mehr haben. Was gestern war, hat der ewige Gott unterdessen ja längst in seine Umsicht aufgenommen, so dass wir uns darüber keine quälenden Gedanken machen müssen. Was aber morgen sein wird, darauf können wir nach wie vor gespannt sein. Vielleicht lässt Gott uns so alt werden, dass wir am Ende wie Abraham lebensüberdrüssig werden oder mit Johann Sebastian Bach singen: »Ich habe genug.« Vielleicht stehen uns auch schwere Prüfungen unser Hoffnung bevor. Wir wissen es nicht. Die Hoffnung auf Gott ist kein Wissen. Aber ein Lebenselixier des Alters – das ist sie schon.

Wolf Krötke wurde 1938 in Berlinchen (Neumark) geboren. Von 1957 bis 1965 studierte er Theologie in Leipzig, Naumburg und Berlin und war während des Studiums in Waldheim/Sachsen aus politischen Gründen inhaftiert. Nach seiner Promotion im Jahre 1967 wirkte er als Gemeindepfarrer in Görschen (Kreis Naumburg), als Studentenpfarrer in Halle an der Saale und als Dozent am Sprachenkonvikt in Berlin. 1990 wurde er mit dem Karl-Barth-Preis ausgezeichnet. 1991 folgte er einem Ruf an die Humboldt-Universität in Berlin auf den Lehrstuhl für Systematische Theologie. Wolf Krötke ist Mitglied der Akademie der Wissenschaften und wirkt auch nach seiner Pensionierung 2004 regelmäßig bei der Pfarrerausbildung in Berlin und Brandenburg mit.

Aufhören, um neu anzufangen
von Cornelia Coenen-Marx

»Schönen Feierabend«, ruft mir gelegentlich jemand nach, wenn ich abends das Büro verlasse. Dann denke ich – je nach Gemütsverfassung – an einen Kinobesuch, ein Glas Wein im Freundeskreis, eine heiße Badewanne oder an ein paar gemütliche Stunden auf dem Sofa. Zugegeben, ich habe nicht immer Freizeit, wenn ich nach Hause gehe, oft tausche ich nur den einen Schreibtisch gegen den anderen ein. Aber die Minuten, in denen ich die Arbeit im Büro aus der Hand lege und den Computer herunterfahre, markieren eine Schwelle, und wenn ich mich ausstemple, beginnt eine andere Zeit. Feierabend – das klingt nach Freiheit und Selbstbestimmung. Und das kleine Hochgefühl, das damit verbunden ist, koste ich gern ein bisschen aus.

Aufhören ist eine Kunst, die man immer neu einüben muss. Am Abend, am Wochenende, bei einem Berufswechsel – und schließlich am Ende des Arbeitslebens. Ich kenne Ruheständler, die zunächst einfach weitermachen: Sie beraten eine andere Firma, arbeiten freiberuflich in ihrem Feld, halten Vorträge und genießen es, das Gleiche nun etwas ruhiger angehen zu lassen. Andere spüren sehr bald, was ihnen fehlt. Das sind zum Beispiel die Kollegen, die fast zur Familie geworden waren. Jetzt hat plötzlich kaum noch einer Zeit. Die Dinge im Betrieb ordnen sich neu. So räumt man auch selbst auf, wirft manches weg und gesteht sich endlich ein, wie viel vergebliche Liebesmüh man sich gemacht hat.

Wer das Arbeitsleben beendet, fällt früher oder später aus alten Lebenszusammenhängen heraus: keine Stempeluhr und keine Akten mehr, weniger E-Mails und Anrufe – was gestern noch wichtig war, verliert an Bedeutung. Aber die eigene Bedeutung ändert sich eben auch. Manche fühlen sich jetzt leer und gestrandet, andere befreit. Jetzt endlich musst du dich nicht mehr beweisen, auch nicht vor dir selbst. Wer im Ruhestand ist, muss nicht mehr jung, stark und unverletzlich erscheinen. Er kann zu seinen Grenzen stehen und gelassen abwarten, was kommt. »Für mich endet im Jahr 2005 meine berufliche Tätigkeit«, schrieb eine Bekannte, die erst vor wenigen Jahren ihre Dissertation abgeschlossen hatte »Mal sehen, welche Aufgaben jetzt wieder auf mich zukommen! Jedenfalls freue ich mich auf die Zeit danach.«

Wer loslassen kann, entdeckt verschüttete Sehnsüchte und kann aus Enttäuschungen lernen. Gott sei Dank kann man diese Erfahrung lange vor dem Ruhestand machen. Berufswechsel und Zeiten der Arbeitslosigkeit, Familienphase und Wiedereinstieg – wer nicht aufhören kann, bewältigt solche Veränderungen nicht. Der schleppt alte und nutzlose Gewohnheiten mit und schiebt lange Listen aufgeschobener Wünsche vor sich her: endlich einmal Sport treiben, zu einer alten Freundin reisen, ein Buch schreiben. Bei einem beruflichen Wechsel im letzten Jahr konnte ich mir gönnen, das zu tun, was ich mir lange vorgenommen hatte.

Als kleines Mädchen hatte ich erlebt, wie mein Vater sich ein Sabbatjahr nahm, um an einem Lexikon zu arbeiten. Die Familie zog um, rückte zusammen und erlebte einen umtriebigen Vater der mit großer Stetigkeit am Schreibtisch saß. Damals war das eine große Veränderung, später eine große Ermutigung. Denn diese Auszeit wurde nach Jahrzehnten zum Fundament für einen ausgefüllten Ruhestand. Mein Vater kehrte an seinen Schreibtisch zurück und arbeitete an einer zweiten Auflage. Seitdem bin ich überzeugt: Es lohnt sich, eine Auszeit zu nehmen, wann immer wir unsere Ziele neu definieren müssen. Wer seinem Leben eine neue Richtung geben will, muss runter mit der Geschwindigkeit und vielleicht auch Gepäck abwerfen.

Wer noch ein Vierteljahrhundert Leben vor sich hat, will natürlich nicht auf die Zuschauerbank. Freiheit, die die dritte Lebensphase bietet, wird man kaum entdecken, wenn man einfach weitermacht. Wer stolz darauf ist, einen Terminkalender zu haben, der den eingespannten Jungen Konkurrenz macht, ahnt vielleicht noch gar nichts davon. Ich meine, die verbreitete Geschäftigkeit kann die Ziellosigkeit kaum überdecken. Vielleicht liegt in den Pausen, in den Festzeiten und Ferien, im kleinen und im großen Feierabend der Schlüssel, der die Tür zu neuen Perspektiven öffnet.

Eigentlich mag ich das Wort Ruhestand nicht besonders. Es klingt ein bisschen nach Altenteil und Müdigkeit. Wahrscheinlich reden deshalb auch manche vom »Unruhestand«. Ein alter Pfarrer grüßt sogar in jedem seiner Briefe mit einem »Gesegnete Unruhe«. Und in einem Interview mit Jörg Zink las ich vor kurzem, er könne sich auch unter der himmlischen Ruhe nichts vorstellen, denn die Begegnung mit Gott würde uns sicher hellwach machen. Wir brauchen doch keine Ewigkeit, um unsere Müdigkeit auszuschlafen, sagt Zink. Hoffentlich nicht. Und hoffentlich brauchen wir auch keine fünfundzwanzig Jahre, um den Stress des Berufslebens hinter uns zu lassen.

Aber ein bisschen Ruhe zwischendurch – die wäre schon gut, wenn wir nicht vorzeitig altern wollen. Das Institut für Gerontologie in Heidelberg fand kürzlich heraus, dass schon eine zweiwöchige Wellness-Kur erhebliche Anti-Aging-Effekte hat. Zwölf Tage totale Entspannung bauen die Stressmarker ab, erhöhen Beweglichkeit und geistige Leistungsfähigkeit und normalisieren den Blutdruck.

Apropos Anti-Aging: Die höchste Lebenserwartung, las ich kürzlich, hätten Beamte, Ministerialräte und Universitätsprofessoren. Bei den Frauen sind es evangelische Pfarrerswitwen, die im Schnitt 87,9 Jahre alt werden. Diese Statistiker wussten offenbar nichts von Diakonissen. Die sind nämlich ein statistisches Wunder. Mit ihrer noch längeren Lebensdauer fallen sie sogar aus den Sterbetafeln der Versicherungen völlig heraus, sie werden eben einfach zu alt. Woran das liegt, weiß keiner so genau. Ist es das leichte Gepäck? Oder die Gemeinschaft, in der man sich lebenslang zu Hause fühlen kann?

Ich bin jedenfalls sicher, dass das statistische Wunder etwas mit dem Lebensstil der Schwestern zu tun hat. Vieles daran ist fast in Vergessenheit geraten und kann doch tiefe Sehnsüchte wecken: die täglichen Morgen- und Abendandachten, das generationen-übergreifende Wohnen und der gemeinsame Mittagstisch, Sonntagsruhe und regelmäßige Einkehrtage – lauter Gelegenheiten übrigens, die Arbeit für eine Weile aus der Hand zu legen. In unserer globalisierten Welt mit ihren Vierundzwanzig-Stunden-Diensten macht ja jeder seine eigenen Pausen, oder er macht eben keine, macht weiter bis zur Erschöpfung. Diakonissen aber machten Feierabend, und wenn ihre Kräfte nicht mehr ausreichten, dann gingen sie in den Feierabend. So wird das bei ihnen genannt, nicht »Ruhestand« oder »Rente«. Sie sind dann »Feierabend-Schwestern«.

Vor gut hundert Jahren wurden die ersten Feierabendhäuser für alte Schwestern gebaut. Hier sollten die, die, wie es damals hieß, »aus der Arbeit ausgespannt waren«, ihre Zeit genießen. Untätig waren und sind die meisten trotzdem nicht. Die Socken, die die Alten stricken, suche ich bis heute auf jedem Mutterhausbasar. Und nirgendwo gibt es eine so tiefe Erfahrung in der Sterbebegleitung wie in den Feierabendhäusern. Die Schwestern übernahmen schon immer Aufgaben, die eigentlich unbezahlbar sind, erst recht im Feierabend.

Aber ihre Arbeit war eben nicht nur Beruf und sicher weit mehr als ein Job. Viele sind wirklich ihrer

Berufung gefolgt. Und auch bei Vierzehn-Stunden-Tagen, bei vielen Einsätzen und Auslandsaufenthalten gehörten die Zeiten der Einkehr immer dazu. Ich glaube, das ist das Geheimnis für ein waches und verantwortliches Leben.

»In diesem Jahr fehlte mir die Zeit zum Geschichtenschreiben«, schrieb Anfang des Jahres ein Freund, der sonst jedes Jahr zu Weihnachten ein Märchen herausgab. Das Jahr 2004 war auch für ihn eine Zeit der Veränderung und des Wandels. Mit sechzig Jahren hat er seine verantwortliche Position verlassen, er wollte noch einmal etwas Neues beginnen. Jetzt engagiert er sich für die Zusammenarbeit der Ostseeanrainerstaaten – mein Freund ist beteiligt am Aufbau des Hanse-Parlaments in St. Petersburg. »Es ist ein wunderbares Erlebnis«, schreibt er, »wie lebendig die historischen Wurzeln sind und mit welchem unerschütterlichen Vertrauen Menschen aus den unterschiedlichen Kulturkreisen der zehn Ostseeländer an der Verwirklichung dieses Traums mitarbeiten.« Sein Brief sprüht vor Unternehmungslust. Man spürt, dass er endlich seine Träume verwirklichen, Visionen erden kann. Beim Lesen dachte ich: Die Zeit seiner Weihnachtsgeschichten ist wohl vorbei. Aber vielleicht findet sich in den alljährlichen Märchen der Schlüssel zu diesem Lebenstraum. Wer so ausdauernd an Märchen geübt hat, kann auch einem außergewöhnlichen Lebenstraum besser folgen.

Nicht jeder hat das Feuer seiner Sehnsucht so konsequent wach gehalten. Aber viele träumen davon, die dritte Lebensphase anders und sinnvoller zu nutzen. Ich kenne eine Ärztin, die mit Mitte fünfzig nach Afrika ging, um dort zu arbeiten. Sie baute aus, was sie früher in Ferieneinsätzen bei Ärzte ohne Grenzen erlebt hatte.

In Ostafrika half sie, in einem Krankenhaus die Labor- und Operationstechnik nach westlichen Standards aufzubauen. Zugleich arbeitete sie viel mit den Frauen der Basisgesundheitsdienste zusammen. Meine Freundin blieb verschont von diagnoserelevanten Berechnungsmodulen und Rationalisierung im Gesundheitswesen. Sie lernte ein ganz anderes Verständnis von Krankheit und Heilung kennen. In charismatischen Gemeinden erlebte sie die Kraft der Gebete. Auf ihrer Homepage fand ich einen ermutigenden Satz: »Alter ist eine einmalige und neue Form der Freiheit, die verstanden und gelebt werden will.« Leute wie sie, die sich neuen Entdeckungen stellen und zwischen Kulturen vermitteln wollen, haben sich kürzlich bei Misereor zusammengeschlossen. »Einfach anders altern« heißt die Initiative von Menschen, die in ihrer dritten Lebensphase noch einmal aufbrechen, um eine gerechte Zukunft zu gestalten. Manche arbeiten in der Entwicklungshilfe, andere übernehmen diakonische Aufgaben.

Ein Pharmaunternehmer aus Aachen hat vor kurzem die Geschäftsführung des Familienbetriebs in andere Hände gelegt. Er will sich ganz der privaten Stiftung widmen, die er vor drei Jahren aufgebaut hat. Es geht ihm um eine Verbesserung der Sterbebegleitung. Eine Stiftungsprofessur wurde besetzt, eine Palliativstation eröffnet. Jetzt gilt sein Interesse den vielen alten Menschen. Er wünscht sich, dass Altenheime von Hospizen und Palliativstationen lernen. Da ist noch viel zu tun in Deutschland. Und das ist nicht nur eine Frage des Geldes. Menschen werden gebraucht, die Zeit haben und sich für andere engagieren, so wie die alten Feierabendschwestern. Diese Mischung aus Freiheit und Verantwortlichkeit, die ich an ihnen bewundere, hat dieser Unternehmer auch. Übrigens steht auf der Einladung zu seinem Abschiedsfest: »Abschied ist die Tür zur Zukunft.« So ist es – immer wieder neu. Ich weiß, was ich diesem Bekannten zum Abschied wünsche, und mir selbst natürlich auch: einen langen, tätigen Feierabend.

Cornelia Coenen-Marx, 1952 geboren, war in den achtziger Jahren Gemeindepfarrerin im Rheinland, danach arbeitete sie als Abteilungsleiterin im Diakonischen Werk der Evangelischen Kirche im Rheinland. Von 1993–1998 war sie dort als Landeskirchenrätin für Publizistik und Öffentlichkeitsarbeit zuständig. Von 1998 bis 2004 stand sie der Kaiserswerther Diakonie in Düsseldorf vor. Im Jahre 2004 wechselte sie zur Evangelischen Kirche in Deutschland (EKD) und leitet dort als Oberkirchenrätin die Überseeabteilung. Cornelia Coenen-Marx war lange Jahre stellvertretende Vorsitzende der Kammer für Soziale Ordnung der EKD und ist Mitherausgeberin des Monatsmagazins »Chrismon«.

Die Kunst des Abdankens
von Fulbert Steffensky

Warum braucht eine Gesellschaft die Alten? Ein Bild steht mir vor Augen: Ich war in diesen Tagen im Elsass in einem alten, breitgefügten Bauernhaus. Es stand in einem großen Garten, umgeben von Nussbäumen. Ich habe das Haus gerne angesehen und darüber nachgedacht, wie viele Kinder in diesem Haus geboren und wie viele Tote aus ihm getragen wurden. Wie es dastand mit seinen Jahren, vermittelte es das Gefühl von Kontinuität und Dauer. So ist es mit alten Leuten. Sie kommen von weit her, haben viel gesehen und erfahren. Sie sind vielleicht nicht weiser geworden mit ihren Erfahrungen, aber sie haben sie gemacht und ihnen standgehalten.

Sie sind geschüttelt worden wie die Nussbäume vor dem Haus im Elsass, und sie sind nicht untergegangen.

Alte Leute geben das Gefühl von langer, beständiger Zeit. Zur Lebensgewissheit gehört das Gefühl von Kontinuität und Dauerhaftigkeit. Sie kann nur erfahren werden, wo mindestens drei Generationen sichtbar sind und miteinander leben. Menschen werden von ängstlicher Zufälligkeit geschüttelt, wenn sie nur sich selbst und die eigene Zeit erleben, höchstens noch die der nächsten Generation. Das wohl macht die Geborgenheit aus, die Kinder bei ihren Großeltern erleben: Alte Leute bauen Brücken über die Zeiten. Sie tun es mit ihrer puren Existenz. Sie tun es, indem sie erzählen.

Das Erzählen ist die Kunst der Alten und man erwartet diese Kunst bei den Alten. Sie haben mehr Zeit und sie haben länger gelebt. Erzählen heißt Zusammenhänge herstellen. Die Erzählung macht aus den treibenden Bruchstücken des Lebens einen Strom aus Zeit und Sinn. Wenn wir unseren Enkeln erzählen, bleiben sie nicht in der stummen Gegenwart eingekerkert. Sie lernen, woher sie kommen und wohin sie gehen. In jedem Märchen, das wir erzählen, in den biblischen Geschichten und in den Geschichten unseres eigenen Lebens flüstern wir unseren Kindern zu: Das Leben geht. Du kannst dem Unglück entrinnen, wie wir Alten entronnen sind, wie Hänsel und Gretel der Hexe entronnen sind und Jona aus dem Bauch des Wals gerettet wurde.

Alte Menschen sind immer weniger zu etwas tauglich und verwendbar. Wenn sie nicht zu alt sind, können sie noch auf die Kinder aufpassen oder Kartoffeln schälen. Aber weniger und weniger können sie sich durch sich selbst rechtfertigen, durch ihre Arbeit, durch ihre Intelligenz und durch ihren Witz. Sie sind, weil sie sind. Sie sind nicht, weil sie etwas leisten. Kinder sind zunächst ebenfalls nicht durch ihre Funktion für die Gesellschaft gerechtfertigt. Aber sie sind immerhin eine »Investition für die Zukunft«, wie Zyniker sagen. Doch da gibt es Menschen, deren Existenz sich nicht durch ihren Leistungs- und Ertragswert ausweisen lässt: Behinderte, dauerhaft Erkrankte, Alte. Sie lehren uns, dass der Mensch nicht für Zwecke da ist. Wenn wir sie dulden und sichtbar sein lassen, lehren sie uns, was Gnade ist – dass der Mensch ungerechtfertigt da sein darf, nicht gerechtfertigt durch die Größe seiner Taten, seiner Stärken, nicht ausgewiesen durch seine Verwendbarkeit. Es ist etwas wundervoll Widerborstiges und Anarchistisches in einer Gesellschaft, die Alte, Kranke, Behinderte sichtbar sein lässt. Eine solche Gesellschaft weiß, dass das Ziel des Menschen nicht seine Verwendbarkeit ist. Dies aber ist ein Grundwissen der Humanität, dass kein Mensch eines Zweckes wegen da ist.

Und diese Einsicht hilft auch den Alten selbst, je älter sie werden, je näher sie dem Tod kommen. Denn das Sterben ist die Einsamkeit, die allen misslingt und mit der niemand fertig wird. Es ist die Stelle, an der alle Souveränität verloren geht. Der Tod ist die letzte große Unverschämtheit des Lebens. Ihm kann ich nichts mehr entgegensetzen – keine Stärke, keine Tugend, keinen Gleichmut. Ich selbst werde mir mit nichts mehr helfen können. Ich werde wehrlos sein und ich muss mich ergeben. Es ist die Stelle meiner letzten und absoluten Bedürftigkeit. Könnte es sein, dass ich dort am meisten bei Gott bin, weil ich am wenigsten bei mir bin? Vielleicht bleibt als letzte Lebensaufgabe, einsamer zu werden, loszulassen, was uns ausmacht, und auf uns selbst zu verzichten. »Das

Alter ist hässlich!«, hat Karl Rahner gesagt. Aber eine Schönheit könnte noch gelingen: dass man es aufgibt, sich durch sich selbst zu rechtfertigen.

Es kommen kalte Zeiten im Alter. Wir stellen mit Schmerz fest, dass unsere Welt, in der wir gelebt, geliebt und geweint haben, schon untergegangen ist und dass unsere Kinder und Enkel in ganz anderen Welten leben. Wir verstehen die Musik nicht mehr, die sie lieben. Wir verstehen die Bücher nicht mehr, die sie lesen und die ihnen wichtig sind. Sie sprechen eine andere Sprache als wir Alten. Außerdem gebrauchen sie den Konjunktiv falsch. Sie kennen die Psalmen und die Lieder nicht, die uns ein Leben lang getröstet haben. Sie schätzen nicht mehr, was uns wichtig ist. Es ist die Zeit der Einsamkeit und des enttäuschten Wartens. Wir sterben aus der Welt unserer Kinder und Enkel weg, lange bevor wir tot sind. Wir sterben nicht erst am Ende unserer Tage. Wir fangen an zu sterben, wenn unsere Kinder uns nicht mehr wirklich brauchen; wenn sie unsere Welt nicht mehr verstehen und wir die ihrige nicht.

Es ist die Zeit der Abschiede. Sie fängt an, wenn man auf dem Friedhof mehr Bekannte hat als unter den Lebenden. Es ist die Zeit der letzten und vielleicht schwersten Lebensaufgabe: die anderen anders sein zu lassen. Es ist die Zeit, da wir die Endlichkeit lernen, nicht nur weil wir wissen, dass unsere Zeit befristet und kurz ist. Wir Alten müssen lernen, dass unser Lebenskonzept, unsere Lebensweise, sogar die Weise unseres Glaubens endlich sind; sie müssen nicht die Konzepte und Weisen unserer Kinder und Enkel sein. Wir müssen unsere Nachkommen gehen lassen. Wir müssen abdanken. Abdanken ist ein schönes, altes Wort. Es heißt, sich mit Dank verabschieden, sich selbst und die eigene Weise den anderen nicht als Diktat hinterlassen, nicht erwarten, dass sie uns ähnlich sind. Abdanken, das heißt sich nicht in Bitterkeit und Resignation abwenden, sondern mit Schmerz, und in Heiterkeit zugeben, dass unsere Kinder und Kindeskinder ihre eigenen Wege gehen, so wie wir sie früher gegangen sind. Unsere Kinder sind nicht dazu da, uns fortzusetzen. Abdanken zu können ist ein Stück Gewaltlosigkeit, die uns Alte schöner macht und die bewirkt, dass unsere Nachkommen mit Güte und Zärtlichkeit an uns denken können.

Was hinterlassen wir unseren Nachkommen, wenn wir sterben? Ich frage nicht nach materiellen Gütern, sondern nach dem Geist und den Lebenskräften, die wir überliefern. Ich stelle die Frage nicht ohne Angst. Wenn ich bei meinen Kindern und Enkeln einen Gesichtsausdruck, eine Reaktion, eine Geste erkenne, die meinen eigenen ähnlich sind, erschrecke ich. Was habe ich ihnen vermacht? In ihr Leben ist alles eingewoben, was mir selbst nicht gelungen ist, was ich versäumt habe, was meine Fehler sind. Und so frage ich mich manchmal, was ich meinen Nachkommen an Lebensmöglichkeiten verwehrt habe. Wir sind auch immer auf die Vergebung unserer Nachkommen angewiesen. Aber, so sage ich mir, wir sind nicht unendlich, auch nicht unendlich in dem, was wir anrichten. Man kann in demütiger Heiterkeit zugeben, dass die Unverwüstlichkeit des Lebens stärker ist als die Verwüstungen, die wir anrichten, besser gesagt: dass Gott größer ist als unsere Schuld. Wir sind nicht allmächtig, auch nicht in unserer Schuld und in dem, was wir falsch gemacht haben. Gott sei dank – wir sind endlich!

Nein, wir hinterlassen unseren Nachkommen nicht nur unsere Lebensschulden. In demütigem Stolz können wir auch sehen, dass die, die nach uns kommen, von den Lebensbroten leben, die wir für sie gebacken haben. Sie sind die Erben unseres kleinen Gelingens, nicht nur unserer Schulden. Sie stehen auf unseren Schultern mit ihrem eigenen Leben, wie wir unser ganzes Leben lang auf den Schultern von anderen gestanden haben. So war unser Leben nicht umsonst. Ich wünsche mir eine Zeit, in der die Eltern und die Großeltern Sorge tragen für die Welt, die Atemluft und die Lebensträume ihrer Kinder; eine Zeit also, in der Menschen nicht in verblendeter Heutigkeit nur an sich denken. Ich wünsche mir eine Zeit, in der die Enkel die Namen ihrer Großeltern kennen, auch wenn sie schon lange gestorben sind. Sorge und Gedächtnis machen die Welt menschlicher und verbinden die Generationen.

Thomas Mann nennt in seinem Josephsroman den alten Jakob »schwer von Geschichten«. Von welcher Schwere sind die Geschichten von uns Alten? Der Dank gegen Gott und der Stolz auf uns selbst erlaubt es, uns zunächst an die Geschichten des Gelingens zu erinnern. Wir hatten eine Kindheit. Obwohl in schrecklichen Zeiten, bestand sie nicht nur aus Schrecken. Wir hatten eine Jugend, in der wir mehr gehofft haben, als unsere Jugendlichen hoffen. Wir hatten Ruhe zum Lernen und zur Ausbildung. Wir hatten Ideen und haben einiges dafür gearbeitet. Wir haben geliebt und wurden geliebt. Und wir hatten Tränen, über die zerbrochenen Lieben zu weinen.

Mit all dem sind wir nicht bis ins Land der Träume gekommen. Vieles ist zerbrochen von dem, was wir hatten. Vieles haben wir nur halb gehabt und gemacht. Aber wir hatten wenigstens die Hälfte. Wer sagt denn, dass die Süße nur in der Ganzheit liegt! Wir sind

»schwer von Geschichten«. Von keinem Vollkommenheitsterrorismus lasse ich mir das Halbe und nicht zu Ende Gebrachte entwerten. Es gibt ein englisches Kinderlied, das uns beschreibt:

Auf halber Treppe sitzen wir.
Keine Stufe ist der halben Treppe gleich.
Es ist nicht oben, nicht unten.
Die halbe Treppe ist die Stufe.
Bis zu der ich immer komme.

Dankbarkeit also für die Hälfte der Treppe, bis zu der wir kommen durften! Aber nun zu der anderen Hälfte der Treppe, die wir nicht geschafft haben, zu den anderen »schweren Geschichten«. Es sind die Geschichten unserer Niederlagen. Wenn wir jungen Menschen etwas voraushaben; wenn es so etwas wie die Weisheit des Alters gibt, dann ist es die größere Anzahl der Niederlagen – der persönlichen und politischen. Vielleicht haben einige davon auch Gutes nach sich gezogen. Vielleicht haben uns einige nicht bitterer, resignierter und zynischer gemacht. Vielleicht haben uns einige von falschen Hoffnungen befreit. Vielleicht hat uns unsere Schwäche humanisiert – wenigstens hie und da.

Schwerer ist es, mit den anderen Geschichten umzugehen: mit den Geschichten unserer Schuld. Zerstörungen haben wir nicht nur erfahren, wir haben sie auch angerichtet und wir haben Leben beschädigt. Wir sitzen auf halber Treppe und können sie nicht neu hinaufgehen. Wir müssen damit leben, dass bestimmte Dinge unseres Lebens nicht wieder gutgemacht werden können, dass sie unwiederbringlich sind und dass keine Chancen auf Heilung bestehen, zumindest nicht durch uns. Was soll man sagen? Und kann man etwas sagen, ohne sich voreilig zu trösten? Vielleicht dies: dass *wir* nicht die Garanten und Retter der Welt sind. Vielleicht muss man an Gott glauben, um nicht grandios zu ersticken in dem, was wir versäumt haben. Die Sünde nicht zu vergessen und nicht so eitel sein zu glauben, sie diktiere die Zukunft – das wäre eine Form der Weisheit, eine geglückte Niederlage.

Was bleibt auf halber Treppe? Zunächst die halbe Treppe, die wir gestiegen sind: all das, was wir gesehen und gehört haben, was wir gearbeitet und gelitten haben, alle Liebe, die sich eingekerbt hat in die Züge unserer Seele. Es bleibt aber auch noch ein Stück Arbeit: sich einzuüben in die sanften Tugenden der Geduld, der Langsamkeit und des Verzichts. Resignation – nicht als verbitterte Zukunftslosigkeit, sondern als Abdanken. Es bleibt noch etwas anderes, vielleicht bis zum letzten Atemzug: die Lebenszugewandtheit und die Lebensneugier, die wir mit Leiden und Lieben gelernt haben.

Am Ende steht der Name Gottes, am Ende unserer Arbeit und am Ende unseres Lebens. Wir wissen nicht genau, was wir sagen, wenn wir ihn nennen. Alt werden heißt erkennen, dass wir nicht genug sind. Wir sind nicht genug, die Welt zu retten und das Leben zu wärmen. Wir einzelnen und wir alle zusammen sind nicht genug, die Stadt zu bauen, in der der Tod entmachtet ist. Der Name Gottes ist unsere große Erleichterung: Wir müssen nicht genug sein. Die Last der Welt liegt nicht auf unseren Schultern. Wir können in Heiterkeit Fragment sein. Es gibt unserem Leben Spiel, dass wir selbst nicht alles sein müssen. Der Gedanke, dass wir an Gott genesen und dass niemand an unserem

Wesen genesen muss, macht uns erträglich für uns selbst und macht uns erträglich für die anderen. Wir können die Arbeit aus den Händen legen, nachdem wir unseren Teil getan haben, gut oder schlecht – wir müssen darüber nicht urteilen. Vielleicht ist das die letzte große Kunst, die wir zu lernen haben: dass wir das Urteil über uns selbst nicht fällen. Wir sind, die wir sind am Ende unseres Lebens. Mehr brauchen wir nicht. Wir brauchen uns nicht zu loben, wir brauchen uns nicht zu verdammen. Wir sind vor den Augen der Güte die, die wir sind.

Jetzt ist es schon beinahe eine Beerdigungspredigt auf mich selbst geworden. Es ist wahr: Was wir Alten haben, ist Frist, ist ablaufende Zeit. Bis dahin aber werden wir weiter träumen. Und wir werden das wundervolle Altersprivileg genießen, dass niemand mehr uns ganz für voll nimmt, nicht einmal wir uns selbst.

Fulbert Steffensky wurde 1933 in Rehlingen/Saar geboren. Er studierte katholische und evangelische Theologie. Nach seiner Assistenzzeit und Promotion war er Professor für Erziehungswissenschaften an der Fachhochschule Köln. Von 1975 bis 1998 war er Professor für Religionspädagogik an der Universität Hamburg. Von 1976 bis 1977 hatte er eine Gastprofessur am Union Theological Seminary in New York inne. Er war mit Dorothee Sölle verheiratet und hat vier Kinder.

Anmerkungen

1 »Der Tod in Venedig«, 1971, Film von Luchino Visconti nach der gleichnamigen Novelle von Thomas Mann. Deutsche Grammophon, Polydor International 1973.

2 Franz Kafka, Kleine Fabel. In: Gesammelte Werke. Beschreibung eines Kampfes – Novellen, Skizzen, Aphorismen. Aus dem Nachlass hrsg. v. Max Brod. Fischer, Frankfurt a. M. 1946, S. 119.

3 Albert Camus, Sommer in Algier. In: Hochzeit des Lichts. Verlag die Arche, Zürich 1954, S. 48.

4 Ernst Bloch, Das Prinzip Hoffnung, Gesamtausgabe Bd. 5, Suhrkamp, Frankfurt a. M. 1959, S. 3

5 Jean Améry, Über das Altern – Revolte und Resignation. Versuche 13. Ernst Klett Verlag, Stuttgart 1971, S. 125 f.

6 Rainer Maria Rilke, Briefe an einen jungen Dichter. Insel Verlag, Frankfurt a. M. 1985, S. 44.

7 Dorothee Sölle, Stellvertretung. Kreuz Verlag, Stuttgart und Berlin 1968, S. 205.

8 Simone de Beauvoir, Das Alter. Rowohlt Verlag, Reinbek 1972, S. 464.

9 Rose Ausländer, Ich bin der Sand. In: Ich zähl die Sterne meiner Worte. Gedichte 1983. Fischer, Frankfurt a. M. 1985, S. 46.